智能时代课堂教学变革与创新

——智慧课堂学科教学案例集锦

◎李逢庆 著

山东大学出版社
SHANDONG UNIVERSITY PRESS
·济南·

图书在版编目（CIP）数据

智能时代课堂教学变革与创新：智慧课堂学科教学案例集锦 / 李逢庆著. -- 济南：山东大学出版社，2021.12

ISBN 978-7-5607-7260-8

Ⅰ. ①智… Ⅱ. ①李… Ⅲ. ①课堂教学－教学研究－中小学 Ⅳ. ① G632.421

中国版本图书馆 CIP 数据核字（2021）第 238553 号

责任编辑 张晓林
封面设计 泽坤广告

出版发行 山东大学出版社
社 址 山东省济南市山大南路 20 号
邮政编码 250100
发行热线 （0531）88363008
经 销 新华书店
印 刷 山东新华印务有限公司
规 格 720 毫米 ×1000 毫米 1/16
19.5 印张 440 千字
版 次 2021 年 12 月第 1 版
印 次 2021 年 12 月第 1 次印刷
定 价 58.00 元

目 录

上编　智慧课堂理论

下编　智慧课堂实践

上编　智慧课堂理论

第一章　智能时代的课堂教学变革与创新

第一节　智能时代的教育变革与转型

随着基于网络物理系统的第四次工业革命时代的到来，人类社会进入了智能技术支持下，高度灵活、个性化、数字化的产品生产与服务模式。以互联网为平台，借助无形“云”和有形“端”共同构建的高度智能物联系统，将人类带入了一个全新技术驱动的数字经济时代。在此时代浪潮中，信息技术作为生产力，直接影响了人类社会生活方式的变化。从衣食住行到移动支付，再到智慧医疗，生长在互联网平台上的全新的各类经济组织，不仅带来了商业模式、组织模式、就业模式的革命性变化，更引发了人类对“互联网 +”未知的深刻思考。作为肩负着为国家和社会培养人才使命的教育，如何“持续推动信息技术与教育深度融合，促进教育信息化从融合应用向创新发展的高阶演进，信息技术和智能技术深度融入教育全过程，推动改进教学、优化管理、提升绩效”[①]成为当前亟待解决的问题。明晰智能时代的教育变革与人才培养转变，首先需要对技术与教育的关系进行审视和思辨。

一、教育的本质目的是育人

教育是一种培养人的活动，教是途径、方法，育是教育的出发点和落脚点，是教育的本真。“育的目的是人的全面发展，是身心的一同成长。”[②]受时代发展的影响，不同阶段对“育什么样的人”的认识也在不断变化。20 世纪 90 年代以来，为应对人才和资源在全球范围内的流动和重新配置带来的挑战，世界各国教育机构和联盟组织纷纷将教育改革与创新作为立足点，着力于构建和适应社会发展所需要的人的关键能力和素养的探讨。

---

① 《教育部关于印发〈教育信息化 2.0 行动计划〉的通知》，2018 年 4 月 18 日，http://www.moe.gov.cn/srcsite/A16/s3342/201804/t20180425_334188.html。

② 核心素养研究课题组：《中国学生发展核心素养》，《中国教育学刊》2016 年第 10 期。

经济合作与发展组织（Organization for Economic Co-operation and Development, OECD）于1997年启动核心素养框架项目，历时6年最终确立三类核心素养：交互使用工具的能力、在异质群体中有效互动的能力和自主行动能力。在汲取OECD成果经验的基础上，欧盟于2006年发布了名为《终身学习核心素养：欧洲参考框架》的文件，强调了核心素养与知识、技能和态度的联系。我国教育界将学生发展核心素养分为“文化基础、自主发展、社会参与”[①]等三个方面，并细分为六大素养和十八个基本要点，在此基础上确立了具体学科的学科核心素养。学科核心素养应该既是核心素养在具体学科教学中的落实和具体化，也应体现出“学科独特价值”，而核心素养既是学科核心素养的整合和提升，也是教育的终极目标。核心素养明确提出人的发展所应具有的关键品格和必备能力，成为当前我国教育改革发展的目标取向，也为信息技术支持的教育发展与变革指明了战略方向。

二、技术支持教育目的实现

回溯教育发展的历史可以发现，技术的更新迭代不断优化教育教学的过程和形式，以更好地促进教育目的的实现。语言的普及和应用为人类教育提供了手段和工具的支持，促进了代际生存经验的传承，从而使人类教育与“动物学习”相区别；文字的发明和使用将人类的思想、智慧和知识更加准确地记录、表达和传播，并为学习者和知识拥有者的分离式学习提供了支持；印刷术在教育领域的广泛应用，有效地推动和支持了大规模教育教学活动的开展。进入工业时代以来，无声电影、电话、广播电视、计算机、卫星及互联网技术的广泛应用，不断加速信息和知识的流动和交换。在此过程中，教育资源的获取更加灵活便捷，课堂和学校对教育教学活动的场域限制被打破，4A（Anyone, Anywhere, Anytime, Anything）环境中的移动学习、非正式学习成为常态，教育教学活动的效率不断提高，人才培养质量不断提升。

进入21世纪，以人工智能、增强现实和虚拟现实等技术支持的个性化教育时代正式来临。人工智能、大数据、自适应等信息技术在学校教育的广泛应用，推动了教学环境智能化、教学决策精准化、教学过程数据化和教学结果可视化，促进了教师的精准化教学和学生的个性化学习，共同支持和满足了人们工作、生活、学习

---

① 《教育部关于印发〈教育信息化2.0行动计划〉的通知》，2018年4月18日，http://www.moe.gov.cn/srcsite/A16/s3342/201804/t20180425_334188.html。

的需求，使人的全面、自主、个性和终身发展成为可能，促进了教育公平和教育质量提升。

三、信息技术对教育教学的重塑

信息技术是人类自觉应用自然科学的结果，从本质上来说属于生产力的范畴。遵从马克思主义关于生产力和生产关系基本原理的论述，信息技术进入教育教学并引领和推动教育教学的变革创新，需要建立与信息技术相匹配的教育生产关系。

教与学的关系是教育领域生产关系的基本形式。建立与信息技术相匹配的教与学关系，需要真正完成从以教师为中心的教学向学生为中心的学习转变，进而促进师生之间平等关系的建立和角色转化。在此基础上，以学生为中心开展教学的流程也将得以重建，从“以教定学”走向“以学定教”，促使学生由被动、接受式的学习向主动、探究式的学习方式转变。与此同时，教与学的环境和场所也从由课堂为主的教与学向多场景、多样态的学习转变，推动课前、课中、课后三阶段的一体化、线上线下相结合的教学活动组织与实施，最终实现对教育教学生态的重塑。

基于上述分析讨论可以发现，从技术角度看，信息技术支持的教育教学是指综合运用多种信息技术支持教师和学生开展线上线下混合式教与学的教育形态；从教育角度看，它是指教育教学资源、教学过程、教学方式、教学评价等的多样化、数据化、智能化和可视化；从技术与教育融合的角度看，它是指通过信息技术与教育教学的深入融合，提升教育教学效率和人才培养质量，促进教育公平，推进教育优质均衡发展；从人才培养目的来看，它是基于信息技术实施人才培养的全过程变革，实现教育教学生态重建，促进人的全面、自主、个性和终身发展。

第二节　作为延续性创新结果的智慧课堂

一、智慧课堂的理论溯源

追溯智慧课堂发展演变的理论缘起，当前教育信息化领域专家学者普遍认同的是钱学森先生提出的“大成智慧学”[①]。该学说强调在辩证唯物论的指导下，利用现代

① 参见祝智庭：《智慧教育新发展：从翻转课堂到智慧课堂及智慧学习空间》，《开放教育研究》2016 年第 1 期。

信息技术，培养信息爆炸时代所需的新型思维方式和思维体系——大成智慧，目的是引导人们尽快获得聪明才智与创新能力。与此同时，该理论深度阐释了人的“量智”与“性智”，强调对人的培养要注重科学与艺术相结合、逻辑思维和形象思维相结合，为人工智能时代如何培养“智慧人”建构了宏大深邃的思想体系。因应时代发展需要，在“大成智慧学”思想体系的指导下，国内于2003年开始了对“智慧教育”的理论与实践研究，并正式确立“追求人的智慧发展成为教育变革的一种基本价值走向”[①]，由此引发“素质教育、智慧教育和应试教育”[②]关系的思考。

课堂是教育教学的主阵地，“课堂教学不仅是促进学生智慧生长的过程，也是教师教育智慧生长和享用的过程”[③]。因此，智慧课堂成为“教育思维和教育情感互动的产物，是师生智慧互动共生的过程与结果”[④]。随着教育信息化的迅猛发展，2008年IBM正式提出“智慧地球”战略，并由此催生出信息化视角下的智慧教育、智慧校园和智慧课堂。

二、智慧课堂的实践发端

自20世纪90年代美国克林顿政府提出“信息高速公路”计划开始，世界各国教育界从未停止对信息技术与教育教学关系的探讨。2010年《国家中长期教育改革和发展规划纲要（2010—2020年）》正式确立“信息技术对教育发展具有革命性影响，必须予以高度重视”[⑤]。促进教育内容、教学手段和方法现代化逐渐成为教育管理者、研究者和实践者的共识，也正式标志着我国教育信息化进入高速发展时期。为顺应教育信息化发展趋势，2010年上海市虹口区“基础教育电子书包”项目落地实施，成为国内最早以电子书包改变传统教学模式的先锋军和探路者。

“电子书包”是以学生为主体的、基于网络学习资源的、以信息终端与网络学习资源为载体的，覆盖备课、上课、辅导、测试和作业五大环节的教育系统平台。[⑥]其在学生学习中的作用主要体现在三个方面：一是学生与学习资源和工具之间联结的媒

---

① 靖国平:《从狭义智慧教育到广义智慧教育》,《河北师范大学学报》(教育科学版)2003年第3期。

② 李红梅:《素质教育、智慧教育与应试教育》，《黑龙江高教研究》2004年第1期。

③ 周荣华、王九红：《智慧课堂：师生诗意的栖居》，《江苏教育》2007年第2期。

④ 吴永军:《关于智慧课堂的再思考》，《新课程研究》（基础教育）2008年第4期。

⑤ 中华人民共和国教育部：《国家中长期教育改革和发展规划纲要（2010-2020年）》，2010年7月29日，http://www.moe.gov.cn/srcsite/A01/s7048/201007/t20100729_171904.html。

⑥ 参见《上海八所学校试点电子书包“智慧课堂”改变传统教学模式》,《中国教育信息化》2011年第18期。

介；二是学生与教师、同学之间交流协作的工具；三是学生开展 4A 学习的信息输入输出终端，并由此“改变了学习者大脑与学习世界的接触方式”[①]。尤为重要的是，电子书包不仅仅是一种信息技术手段和工具，更是一种推动教学方式和学习方式变革的动力来源。正基于此，众多专家学者在借鉴翻转课堂教学结构的基础上，以学生为中心，以电子书包作为核心技术支持，构建课前、课中、课后三环节的基于电子书包的翻转课堂，形成了智慧课堂的最初形态，即智慧课堂 1.0。[②]

三、智慧课堂 1.0 的特征分析

作为一种延续性创新结果，智慧课堂继承了“电子书包 + 翻转课堂”的组合优势，为推动信息技术与课程教学深度融合、促进教与学方式的改变提供了技术支持和模式参照。

从信息技术的角度分析，电子书包的构建涉及移动终端、教育内容、服务平台三个核心要素。[③]其中，移动终端是指以平板为主的便携式移动学习终端，教育内容主要包括数字教材、课件、微视频、课例和题库 5 种类型的数字化教育资源，服务平台主要是指云服务平台、备课平台、教学系统、基础信息管理系统四大核心模块。此外，基于电子书包的智慧教室主要由有线网络、交换机、无线 AP、3G 移动网络、触控一体机或交互式电子白板等设备构成。

从教育教学的角度分析，相较于传统的面对面讲授式课堂，“电子书包 + 翻转课堂”组合式的智慧课堂，强调了教学结构的时序变化，使教学方式和学习方式的变革创新成为现实，由此形成了智慧课堂 1.0 的教学结构流程。课前阶段，学生借助于电子书包通过观看微课等资源进行课前自主预习并完成学习检测。课中阶段，学生在教师的组织引导下，通过分组讨论和集体交流等方式落实学习内容，完成对知识深化和吸收的过程。智慧课堂的普及应用，一方面为学生提供了丰富多样的学习资源，支撑了学生的个性化学习和在线协作学习；另一方面，拓展了学生学习的时空，不仅使学生超越固定物理环境的限制成为可能，还可以连接学生课前、课中、课后的学习活动，

---

① 祝智庭：《中国电子课本—电子书包的发展机遇》，第二届电子课本—电子书包教育应用交流研讨会论文，美国佛罗里达州（Florida），2012 年。

② 参见沈书生、刘强、谢同祥：《一种基于电子书包的翻转课堂教学模式》，《中国电化教育》2013 年第 12 期；胡卫星、张婷：《电子书包的系统构建与教学应用研究》，《现代教育技术》2011 年第 12 期；邵征锋、张文兰、李喆：《基于电子书包的 PBL 教学模式应用探究——以小学数学课为例》，《现代教育技术》2016 年第 5 期。

③ 张乐乐、黄如民：《电子书包的新理念：“云”端阅读与学习》，《教育探索》2014 年第 3 期。

从时间维度拓展课堂学习。[①]

然而，无论是课前学生自主学习还是课中的合作学习，“教师的教学成效实际上离期望比较远，基本上还是以培养学生的记忆和理解能力为主，不常有机会达到培养学生高级思维能力的水平”[②]。究其原因，主要在于以知识点为核心的教学仍然大行其道。因此，实现智慧课堂初级形态的升级蜕变，不仅需要教学结构的变化，更依赖于在信息技术环境中，超越以知识点为核心的教学理念，将促进学生深度学习和培养学生高阶思维能力作为新的目标指向，并以此提升学生的学业水平和能力素养。

第三节　指向核心素养培养的智慧课堂

为应对数字化与全球化给政治、经济、军事、社会等领域带来的前所未有的挑战，世界各国政府纷纷聚焦于信息化时代的教育变革与创新。然而，促进教育改革创新的根本动力在于“人才培养定位的转变与满足学生成长的需要”[③]，以此回应社会需求、推动社会发展。

一、对核心素养的演进考察

自 20 世纪 90 年代起，世界各国围绕 21 世纪的人才培养目标和定位进行了丰富的研究和实践。1997 年，经济合作与发展组织率先启动关于“素养”的研究。受此影响，美国联邦政府的教育部于 2002 年制定了《21 世纪素养框架》。与此同时，欧盟发布的《知识经济时代的核心素养》报告中首次使用了“核心素养”（Key Competencies）这一概念，并对其进行了详细的界定。经合组织于 2003 年出版《核心素养促进成功的生活和健全的社会》，宣告核心素养正式从理论探究阶段走向教育实践。2010 年，欧盟理事会与欧盟委员会联合发布的报告《面向变化中的世界的核心素养》，掀起了全球范围内教育领域“核心素养”本土化的浪潮。在此浪潮之下，新加坡、日本、芬兰等国纷纷出台各种政策报告，直指“互联网 +”时代基于核心素养的新人才观、教育质量观、

① 参见管珏琪、苏小兵、郭毅等：《电子书包环境下小学数学复习课教学模式的设计》，《中国电化教育》2015 年第 3 期。

② 祝智庭、雷云鹤：《翻转课堂 2.0：走向创造驱动的智慧学习》，《电化教育研究》2016 年第 3 期。

③ 王正青：《信息化、“互联网 +”与大数据：当前美国基础教育变革理念与实践》，人民出版社 2018 年版，第 48 页。

课程改革观、课堂教学创新观。2016 年 10 月，我国教育界以培养“全面发展的人”为核心要义，在正式发布《中国学生发展核心素养》的总体框架中，将核心素养分为“文化基础、自主发展、社会参与”[①]三个方面，并将其细分为六大素养和十八个基本要点。

核心素养的提出标志着我国从国家层面回答了“人才培养目标与定位”的问题，在此基础上确立的学科核心素养则试图进一步将核心素养和学科课程标准相结合，以增强学科课程的思想性、科学性、整体性和可操作性。从本质上说，基于核心素养的教育改革要求教育教学从“知识本位”和“学科本位”走向“素养本位”和“发展本位”，强调人自身发展过程中的“必备品格”和“关键能力”的培养。然而，与此相悖的是，当前课堂教学实践中，一方面以“知识点为核心”的教育教学普遍盛行，另一方面纯粹形式主义的“口号运动”和“纸面游戏”大行其道。因此，现有的课堂教学模式与核心素养培养之间存在达成途径上的断层。

二、核心素养培养视域中的智慧课堂

课程教学是培养学生核心素养、落实人才培养目标的根本途径。改革现有课堂教学，不仅需要信息技术环境中“颠倒”已有课堂教学结构，更需要深度思考如何实现从“知识核心”向“素养核心”的使命转换，并以此进行关系重构、资源重组、流程再造、评价重建，进而实现课堂生态系统的重塑。

从信息技术的角度分析，智慧课堂 2.0 阶段的智能化环境以人工智能、大数据、4G 移动网络等信息技术为基础，实现对学校现有教室环境的革新性改造和“智慧化”升级。该阶段的教学环境主要以云端智能学习平台和智能化技术赋能“教室”智慧属性，是服务于教师精准教学、学生个性化学习的泛在学习环境。云端智能学习平台主要指云端备课平台、教学平台、数据收集和智能化分析平台、资源智能化汇聚与推送平台、基础信息管理系统 5 大核心模块。智能化技术主要包括智能移动学习终端、物联网教室、自动录播系统和学习行为分析系统。智慧课堂 2.0 支持性资源的丰富性、多元化、集成化和泛在化程度远远超越智慧课堂 1.0，主要分为两种类型，一是学习支持资源，二是教学支持资源。学习支持资源包括学习工具、交互工具、协作工具、评价工具等。教学支持资源包括资源开发工具、协同教研工具、学科教学工具、分析评价工具等。

---

① 核心素养研究课题组：《中国学生发展核心素养》，《中国教育学刊》2016 年第 10 期。

从教育教学的角度分析，智慧课堂 2.0 的突出变化体现在以下四个方面：一是打破知识本位和学科本位的观念，注重通过学科整合和多元化活动的组织与实施，在学业质量提高的过程中促进能力提升和核心素养的培养。二是推动课堂教学中的师生活动和关系由他组织和控制论走向自组织和生成论，使教学结构流程实现从“叙述逻辑”向“问题逻辑”的转换，进而促进学生的问题解决能力及协作创新能力得以提升。三是在人工智能、大数据、物联网、学习分析技术以及智能推送技术等信息技术的加持下，学生学情的精准化诊断、学习测验的即时性反馈成为可能，由此促进教师的精准化教学和学生的个性化学习，使得学业水平和能力素养提升过程中的减负增效成为现实。四是信息技术支持下的教学评价样态及功能得以修正和完善，实时可视化的数据呈现不仅使教学奖励和晋升更加科学、客观和公正，也为教师教学改进和学生的学习改进提供了丰富的证据支撑。

随着智慧课堂 2.0 的大规模、全学科、常态化应用，大规模因材施教成为可能，但学校已有教育管理制度规范的弊端也日趋凸显，集中体现为智慧课堂中大数据支持的分层走班教学需要与现有体制机制的矛盾冲突。基于辩证唯物论中生产力和生产关系的对立统一，与原有的教育信息化下“自上而下”的行政干预推动教育改革有所不同，智能化技术支持下的智慧课堂逐渐成为“自下而上”推动教育生态重塑的核心动力来源。

第二章　智慧课堂生态系统的构建与实践

当前，以大数据、人工智能、物联网等为代表的信息技术正在深刻改变着教育教学形态。“智慧教育”“智慧教学”“智慧课堂”等概念的提出，正是以教育信息化推动教育教学变革创新的典型代表。而“开展以学习者为中心的智能化教学支持环境建设，加快推动人才培养模式、教学方法改革，发展智慧教育”①，成为当前教育信息化 2.0 的重要战略举措之一。随着信息技术与学科教学的融合应用走向深入，智慧课堂成为国内近十年来智慧教学领域的三大研究热点之一。②作为智慧教育推进过程中的教学立足点和基本单元，智慧课堂已引起学术界的关注，而且有研究者从智慧学习空间③、智慧课堂教学模式④、智慧课堂评价⑤等方面进行了有益的探索。然而，由于已有的理论研究缺乏对智慧课堂学科教学深度融合应用的现实指导与操作依据，导致智慧课堂在落地实施的过程中普遍面临教师应用积极性不高、教学流程变更随意、执行不力等现实困境。⑥究其原因，主要在于教师缺乏对智慧课堂教学模式理念的深度理解与认同，同时教师在开展智慧课堂教学设计与实施时也缺少有效的参照标准。基于此，本章致力于从智慧课堂的概念界定、理论基础构建、教学结构流程阐释和教学设计案例解析四个方面，为教师开展智慧课堂教学提供理论支持和实践指导。

---

①《教育部关于印发〈教育信息化 2.0 行动计划〉的通知》，2018 年 4 月 18 日，http://www.moe.gov.cn/srcsite/A16/s3342/201804/t20180425_334188.html。

② 参见张秀梅、田甜、田萌萌等:《近十年我国智慧教学研究的演变与趋势》,《中国远程教育》2020 年第 9 期。

③ 参见祝智庭:《智慧教育新发展: 从翻转课堂到智慧课堂及智慧学习空间》,《开放教育研究》2016 年第 1 期。

④ 参见刘邦奇:《智能技术支持的“因材施教”教学模式构建与应用——以智慧课堂为例》,《中国电化教育》2020 年第 9 期。

⑤ 参见庞敬文、张宇航、唐烨伟等:《深度学习视角下智慧课堂评价指标的设计研究》,《现代教育技术》2017 年第 2 期。

⑥ 参见黄涛:《兰州市中小学智慧课堂试点示范项目实施中存在的问题和对策分析》,《考试周刊》2020 年第 63 期。

第一节　智慧课堂的概念界定与理论基础

一、智慧课堂的概念界定

笔者认为，智慧课堂是智能化环境中，融数据、资源、活动为一体，支持精准化教学与个性化学习，聚焦学生核心素养提升和全面发展的教与学生态系统。其内涵包括以下三方面。

（1）智慧课堂应用的根本目标是以课堂变革为突破口和实现途径，探索智能化技术融入教、学、测、管、评等主要教与学环节的创新实践，通过重构教学流程、重组教学资源、重建评价体系、重塑课堂生态，促进教育发展的动能转换，构建促进人的全面、个性、自主和终身发展的现代化教育新形态，最终实现教育内在品质的全面提升。

（2）智慧课堂的核心特征是智能化环境、数字化资源、精准化教学、个性化学习、泛在化空间、证据性评价、生态化课堂、发展性目标。

（3）智慧课堂的基本样态是基于大数据、人工智能、物联网、移动互联、云计算等技术支持，采用“云网端”系统，支持教师开展数字化学情分析和个性化问题诊断，实施精准教学，促进学生有效性、自主性学习，拓展学习空间，厚实文化基础，培养协作发展能力，促进核心素养提升，实现健全人格养成。

二、智慧课堂的应用目标

（一）变革教学模式

全面落实立德树人根本任务，坚持以学生发展为本的核心理念，重构教学流程，实现从面对面讲授式教学向线上线下交互融合、创新发展的混合式教学转变，从以课堂教学为主向以学生个性化学习为主转变，从教学信息化向信息化教学转变，从知识学习为主向核心素养提升为主转变。

（二）创新学习方式

坚持信息技术与教育教学深度融合，支持自主、探究、协作学习，推动正式学习与非正式学习结合，由被动学习向主动学习转变，由课堂学习为主向多种学习方式相结合转变。利用智能化技术实现个性化学习和因材施教，促进知识向智慧转化，实现个性化成长。

（三）重构师生关系

强化民主平等意识，建立真正以学生为中心的新型师生关系。教师成为学生学习的组织者、指导者、合作者、欣赏者；学生成为信息加工的主体、知识的主动建构者。构建人人参与、平等对话、协同合作的新型师生关系。

（四）重塑教育生态

构建基于智能化技术支持，以数据挖掘、分析和决策为依据的智慧课堂教与学生态系统，并以此推动课程体系、质量监测、管理结构、教育研究、文化制度等的变革，建立开放、和谐、可持续发展的全新教育生态。

三、智慧课堂的应用原则

（一）统筹规划与分步推进相统一

坚持以“服务学生发展”为中心，做好智慧课堂应用的顶层设计和统一规划，分步实施、试点先行、示范带动、逐步深入，不断增强应用效果，促进学校教育信息化协调发展。

（二）需求导向与技术引领相统一

以智慧课堂应用为核心，在满足学校人才培养改革实际需求的前提下，兼顾技术的成熟性与先进性。加强校企合作，推动企业技术更新与产品完善，支持学校教育教学改革发展。

（三）分工合作与协同育人相统一

组建由教育行政管理部门、学校、学科专家、行业企业等构成的智慧课堂教学实践共同体，实现政策环境、组织实施、智力支持、产品服务的有机统一，共同致力于学生的核心素养提升与全面发展。

四、智慧课堂的理论基础

（一）首要教学原理

在社会认知主义、建构主义学习理论的基础上，梅里尔提出了以问题为中心的“首要教学原理”（First Principles of Instruction）[①]，聚焦“面向真实的问题解决”开展教

① M.D. Merrill，“First Principles of Instruction”，*Educational Technology: Research and Development*, No. 2, 2002, pp. 43–59.

学，并以此“经历激活旧知、示证新知、应用新知和融会贯通的教学循环圈”[①]。这种将教学原理与教学过程统一起来的做法，不仅体现了教学原理对课堂教学实践的指导作用，而且为教师在实际教学过程中的应用提供了参考。遵循首要教学原理，教师应关注学习情境的创设，注重学科知识与现实世界之间的联系、转化，实现教学活动由知识中心向问题解决的转变，进而凸显学生的主体地位，促进智慧课堂中的师生关系从以教师为中心转为以学生发展为中心。

（二）深度学习理论

深度学习（Deep Learning）是美国学者马登和萨尔乔针对孤立记忆和非批判性接受知识的浅层学习现象[②]，在学生阅读实验的基础上提出的。在此之前，布鲁姆在其《教育目标分类学》一书中关于认知维度的划分就已蕴含了学习有深浅层次之分的思想。[③]与浅层学习相对应，深度学习是一种以促进学生批判性思维和创新精神发展为目的的学习，它不仅强调知识整合和意义连接，还强调学生高阶思维和复杂问题解决能力的提升。[④]破解面对面授课中教学目标低阶化的困境，通过知识的综合运用和问题的解决构建高阶思维目标达成的有效路径，成为智慧课堂的重要应用价值。为此，智慧课堂教学通过课前自主学习实现知识学习目标，通过任务驱动、问题解决的学习过程实现对知识的综合、应用、分析与评价，以提升学生的高阶思维能力，促进深度学习的发生，实现教学目标由知识本位向素养本位的转变。

（三）项目式学习理论

项目式学习（Project Based Learning，PBL）是一种基于建构主义理论的教与学模式。与首要教学原理相同，PBL 同样强调学习者在基于现实世界的项目活动情境中完成知识意义的建构，但 PBL 更加强调项目活动与学科知识的深度整合以及学习者之间的合作。[⑤]基于此，PBL 理论对于智慧课堂教学的指导作用主要体现在两方面：一方面，教师可以组织一些将学科知识融入真实问题的学习项目，使学生在问题解决的过程中实现知识的迁移、应用，促进深度学习的发生；另一方面，在智慧课堂中，教师应注重以合作学习的方式组织教学，实现学习方式由个体学习向合作学习转变，并通过分

① ［美］M. 戴维·梅里尔：《首要教学原理》，盛群力、何珊云、钟丽佳译，《当代教育与文化》2014 年第 6 期。

② F. Marton, R. Saljo, “On Qualitative Difference in Learning: Outcome and Process”, *British Journal of Educational Psychology*, No.1（1976）, pp. 4-11.

③ 参见［美］L.W. 安德森等：《学习、教学和评价的分类学：布卢姆教育目标分类学（修订版简缩本）》，皮连生主译，华东师范大学出版社 2008 年版，第 28 页。

④ 参见安富海：《促进深度学习的课堂教学策略研究》，《课程·教材·教法》2014 年第 11 期。

⑤ 参见胡佳怡：《真实性：项目式学习的本源》，《中国教师》2019 年第 7 期。

享研讨与交流协作，促进学习目标的达成和学生素养的培养。需特别注意的是，由于PBL 对学习的促进效果与持续周期时长呈正相关[①]，因此教师应摒弃浅尝辄止的实践方式，通过长效性项目式学习促进知识的深度加工和联通融合，进而提升学生的学习成效。

（四）学习分析理论

学习分析（Learning Analysis）是通过对不同情境下学习者产生的大量学习数据进行收集和推断，评价学习进步、预测未来成绩以及发现潜在问题的技术。[②]于智慧课堂而言，依托智能化技术环境开展的学习分析，可在对教与学数据收集、分析、建模的基础上，实现个性化问题诊断和即时化数据反馈。基于学习数据分析结果，教师可以了解学生的真实学情，为学生提供个性化学习支持，实现由模糊化的经验教学向数据支持的精准化教学的转变。此外，数据分析也可推动教学评价方式的变革，实现由结果性评价向大数据支持的证据性评价的转变。

第二节　当前课堂教学的非平衡现象阐释

随着人类认识逐渐完成从片面化机械世界观向系统化生态世界观的转变，生态学的概念、原理与方法已经跨越学科范畴，成为“一种科学的思维方法、世界观和方法论”[③]，并进而催生出农业生态学、社会生态学等应用交叉学科。自 20 世纪 80 年代中后期开始，教育生态学作为教育学与生态学的交叉学科，逐渐引起我国学者的关注。梳理相关研究发现，起初的教育生态学是“研究教育与整体的生态环境（社会的、精神的、自然的）之间相互关系的科学”[④]。该定义注重于对教育与其他领域相互关系的探讨，但缺乏对教育内在生态构建的关注，导致教育生态学的研究“侧重于教育生态系统发生发展的宏观研究多，深入学校教育系统内容的微观研究少”[⑤]。基于此，我国学者重新修订教育生态学的概念，将教育生态学界定为“运用生态学的原理和方法来研究教育现象的科学”[⑥]。由此开始，教育生态学视角下的课堂生态系

---

① 参见张文兰、胡姣：《项目式学习的学习作用发生了吗？——基于46项实验与准实验研究的元分析》，《电化教育研究》2019 年第 2 期。

② 参见李逢庆、钱万正：《学习分析：大学教学信息化研究与实践的新领域》，《现代教育技术》2012 年第 7 期。

③ 王如松、周泓：《人与生态学》，云南人民出版社 2004 年版，第 16 页。

④ 吴鼎福：《教育生态学刍议》，《南京师大学报》（社会科学版）1988 年第 3 期。

⑤ 范国睿：《课堂研究的新视野——〈课堂生态研究〉读后》，《教育研究》2015 年第 8 期。

⑥ 范国睿：《教育生态学》，人民教育出版社 2019 年版，第 34 页。

统构建研究[①]成为理论研究与实践探索的热点领域。随着教育信息化的不断演进发展，信息技术成为推动课堂教学变革创新的重要推动力。因此，借鉴生态学的原理和方法，探究信息技术支持下的课堂模式变革，对于优化课堂生态系统的结构和功能、促进教育教学变革与创新具有重要理论意义和实践价值。[②]

一、生态学视角下的课堂解读

生态学是研究有机体与其周围环境相互关系的科学。生态系统指在自然界的一定的空间内，生物与环境构成的统一整体，在这个统一整体中，生物与环境之间相互影响、相互制约，并在一定时期内处于相对稳定的动态平衡状态。[③]在课堂生态系统中，有机体是指从事教与学活动的教师和学生。周围环境主要是指课堂环境，包括课堂的物理环境、虚拟环境和文化环境。课堂的物理环境包括课堂自然环境、物质要素和空间布局等内容，虚拟环境主要指由云端服务和学习系统构成的围绕教学、学习、测验、管理、评价等五大业务领域提供智能化支持的技术环境，文化环境包括师生之间相互作用形成的互动关系、氛围以及与教和学相关的支持服务等内容。

课堂生态系统中的相互关系有师生关系、生生关系以及师生与课堂环境的关系。课堂的物理环境和虚拟环境为师生开展教与学活动提供了物理场所和虚拟空间，形态固定且不易改变，因此并不构成课堂生态系统中主要相互关系要素。文化环境的产生是师生开展教与学活动过程中促进活动开展的支持服务以及由此形成的互动关系和氛围，是工具性和目的性的统一体。因此，课堂生态系统中的关系主要指师生关系和生生关系。

在自然生态系统中，生物有机体的繁殖、生长都需要伴随物质消耗和能量的流动与转换，能量流动是一切生物赖以生存和发展的基础。[④]与自然生态系统中能量来自太阳不同的是，作为一种人为创生的课堂生态系统，其能量的唯一来源是课堂中的人——教师和学生。同时，在课堂生态系统中，教与学活动是课堂关系存在的主要载体，能量的流动与转换也主要集中在师生共同开展的教与学活动过程中。由此形成课

① 参见唐爱民：《从“整合”到“深度融合”的课堂生态改变》，《中小学信息技术教育》2015 年第 11 期；孙芙蓉：《健康课堂生态系统研究刍论》，《教育研究》2012 年第 12 期。

② 参见顾小清、易玉何：《从教育生态视角审思技术使能的教育创新》，《中国电化教育》2019 年第 11 期。

③ 参见［英］Michael Begon、［新西兰］Colin R. Townsend、［英］ John L. Harper：《生态学——从个体到生态系统》，李博、张大勇、王德华译，高等教育出版社 2016 年版，第 1 页。

④ 参见孙芙蓉：《试论课堂生态研究的几个基本问题》，《教育研究》2011 年第 12 期。

堂生态系统视域中的主要研究领域和热点问题，即如何通过教与学活动的改进和完善，推动课堂生态系统的结构和功能的优化，进而促进教师与学生的成长和发展。

二、课堂生态系统的非平衡现象解读

在自然生态系统中，一定的时空和相对稳定的条件下，生态系统各部分结构和功能处于相互适应和协调的动态之中。与之不同的是，课堂生态系统的平衡受到人才培养目标的影响干预，由此课堂生态系统的结构和功能随时代发展不断变迁。

教育的终极价值诉求是实现人的全面发展。课堂是教育目的和培养目标落地实现的主战场，也是教学目标实现和教学活动开展的主要环境空间。基于生态学的原理和思想，教育领域的研究者和实践者应该“从更高的层次——生命的层次，用动态生成的观念，重新全面地认识课堂教学，构建新的课堂教学观，让课堂焕发出生命的活力”[①]。

（一）目标割裂：三维目标与教育目的间的张力

为改变传统课程教学只关注基础知识和基础技能的“双基”目标取向，2001 年课程改革中明确提出三个目标维度的教学目标，即知识与技能、过程与方法、情感态度与价值观。其中，知识与技能作为重要的教学目标放在了首要位置，后两个目标则被称为“过程性目标”，彰显以学生发展为本的特征。三维目标的设计旨在“使获得基础知识与基本技能的过程同时成为学生学会学习和形成正确价值观的过程”[②]。因此，科学、合理的教学目标设定应该是三维目标的有机融合。然而，在实际教学过程中，人们往往只在学科教学的文本知识中寻找“三维目标”，并将其机械地割裂开来，并且存在对它滥贴标签的现象。究其原因，一方面是应试教育导向的“以知识点为核心”教学观念长期存在于我国基础教育教学领域，导致只见“知识”不见“人”的实践取向；另一方面则是“促进人的全面发展”的教育目的描述，缺少课堂教学落地实施的着力点。因此，人的全面发展与三维目标之间的割裂的张力，迫使教育管理者、研究者和实践者思考课堂生态系统应如何将“教”和“育”的功能进行有机融合。

（二）角色与关系：强势教师与静默学生的协变

在讲授式课堂中，秧田式排列的桌椅空间布局“背后隐藏的是教室内的权力结

---

① 叶澜：《让课堂焕发出生命活力——论中小学教学改革的深化》，《教育研究》1997 年第 9 期。

② 《教育部关于印发〈基础教育课程改革纲要（试行）〉的通知》，2001 年 6 月 8 日，http://www.moe.gov.cn/srcsite/A26/jcj_kcjcgh/200106/t20010608_167343.html。

构”①。教师是课堂内权力的执掌者，以霸权者的心态控制着教学目标设定、教学策略选择、教学活动设计与组织以及教学评价的全过程。学生以被动的接受者的身份参与到课堂教学活动中，按照既定的流程，在教师审视的目光和命令式的口吻要求下开展学习活动。

自然生态系统中，一个物种的进化必然引起另一物种及相关物种发生协同变化。这种协同性体现在课堂教学中，主要表现为教师和学生的相互作用及其情感的协同。在以教师为中心的课堂教学活动中，教师不自觉地将原本个性鲜明的学生加工成“标准件”，通过灌输、指令促使学生形成一致性行为和同质化思维，导致课堂教学过程中学生主体地位的丧失，沉默和服从成为学习者的常态。角色的错位致使课堂生态系统中协同性缺失，从而使课堂生态因子之间的交流和互动失去了生存的土壤。在机械、沉闷、程式化的单声道的课堂教学中，教师和学生的生命活力逐渐消失。

（三）活动与过程：规模化教育与个别化需求间的矛盾

自 16 世纪起，新兴资产阶级出于生产发展的需要，在对松散化个别教学速度慢且质量低批判的基础上，开始班级授课的零星实践探索。随着夸美纽斯在《大教学论》中对班级授课进行制度建构，班级授课式的学校大范围建立兴起。伴随人类进入工业时代，天然带有经济化意蕴的班级授课制与工业时代的管理控制思想和绩效需求无缝匹配，不断加速推动课堂教学从人才培养走向工业流水线式的人才生产模式，致使课堂生态系统出现了一系列矛盾与冲突。

1. 教学设计经验化

为更好地实现课堂教学活动的预期目标，教学设计为“教师如何教”和“学生如何学”提供了具体的“处方”。教学设计的过程主要包含教学需求分析、教学策略选择和教学结果评价三个过程的活动。学习者分析是教学需求分析活动中的重要环节，是教学目标确立的决定性因素之一。学习者的已有知识经验水平与目标状态之间的差异构成学习者的学习需要，由此确定教学活动所需要解决的问题。由于缺乏精准化分析的工具和手段支持，教师往往依据多年积累的教学经验，模糊地判定学习者的已有知识经验水平，以此设定教学实施过程中要解决的重点和难题问题。对目标对象认知的不足，导致对教学问题出现的原因无法进行清晰的界定，进而导致教学策略的选择可能出现严重失误。此外，学习者特征分析着力于分析个体与认知加工有关的特征，而缺少有关人际交流方面的特征分析，也将导致课堂交流活动的组织和

---

① 项贤明：《试解“钱学森之问”：国际比较视角》，《中国教育学刊》2012 年第 6 期。

控制失去理性。①

2. 教学目标低阶化

认真审视讲授式的课堂可以发现，诸如“记住了吗”“明白了吗”“会做了吗”等语句充斥课堂教学活动的全过程。教师大部分的教学时间和精力，仅关注学生对知识的记忆、理解和初级应用等低阶化的浅层学习活动。而对学生“分析、评价和创造”等高阶思维能力的培养和锻炼几乎处于真空状态。唯知识论思想指导下的课堂教学不断地导致“高分低能”学生的出现，这与教育促进人的全面发展尤其是核心素养培养视角下的理想课堂相去甚远。

3. 教学过程统一化

尽管绝大多数的课堂都坚称教学活动的设计和组织是以学生为中心，但不可否认的是，课堂教学是在“在规定的时间内，采用标准化的教材、统一的教学方式、教学媒体以及标准化的考核评价方式等开展的标准化教学”②。这种只注重人才生产速度和效率问题的班级授课制教学组织形式，严重忽视了学生个体的身心发展差异性规律，因而很难做到基于差异促进学生个体成长和发展。如何在统一化的教学过程和学生的个别化需求间达到平衡？如何调和教学效率与教学质量之间的矛盾冲突？这是当前教学组织形式改革迫切需要解决的重要实践问题。

4. 教学境脉真空化

在传统的以知识传递为核心的课堂教学中，教师被看作知识的搬运工，学生是接受知识灌输的容器。教学内容限定于教材文本所承载的课程知识，并由此导致封闭围墙内的课堂学习活动，以知识的科学性遮蔽了课程知识的文化属性和生活属性，“不仅仅有悖于知识建构的境脉，更意味着对文化背后生存历史的蔑视”③。核心素养的培养和提升不能被直接教授或灌输，需要通过学习者在具体情景中，通过问题解决过程中的体验、感受、总结和反思逐步养成。由此带来的启示是：新型课堂教学中不仅要依照知识发展的境脉构建知识教学情境，更重要的在于面向真实世界的问题解决构建学生参与的生活境脉，从而在情境中衍生出问题与任务，以问题的解决和任务的完成实现教学目标的达成，并提升学生的素养和能力。

---

① 参见杨开城：《对教学设计理论的几种机械理解及其分析》，《中国电化教育》2001 年第 4 期。

② 李逢庆：《混合式教学的理论基础与教学设计》，《现代教育技术》2016 年第 9 期。

③ 张金运、张立昌：《基于文化素养养成的课程知识理解》，《中国教育学刊》2017 年第 1 期。

（四）评价错位：奖优罚劣与诊断提升的指向性冲突

评价从本质上来说是一种价值判断。当前教学评价研究者的分歧主要在于评价结果的使用是以奖优罚劣为目的还是以诊断提升为目的。[①]传统课堂教学活动中的单一化、标准化、纸质化的测验和考核，更多的是指向学生的奖励和升学，教师则注重通过对评价结果的数据分析来确定奖惩的对象及方式。从管理学的角度而言，奖惩是手段，教学评价的最终目的在于通过实施评价活动促进教育教学质量的提升。

基于此，教学评价应根据课程标准的目标和要求，对教学全过程和结果进行科学、客观和公正的评价。通过线上和线下相结合的评价活动，使学生在学习过程中不断反思总结，实现清醒的自我意识，进而获得进步与成功感，建立自信，激发学习动力，促进学生综合能力和素养的全面发展；与此同时，教师可以获得教学的反馈信息，反思和调整教学行为与教学设计，促进教师不断提升教学水平和能力，改进教学管理，促进课程的不断发展和完善。在此过程中，也可以不断建立完善的评价体制机制，促使教学评价达成工具性和目的性的统一。

第三节　智慧课堂生态系统的构建

智慧课堂生态系统是一种人工生态系统，其根本目标是以课堂变革为突破口和实现途径，探索智能化技术融入教、学、测、管、评等主要教与学环节的创新实践，通过重构教学流程、重组教学资源、重建评价体系、重塑课堂生态，促进教育发展的动能转换，构建促进人的全面发展、个性发展、自主发展和终身发展的现代化教育新形态，最终实现教育内在品质的全面提升。

一、智慧课堂生态系统的构建依据

（一）目标定位：聚焦学生核心素养提升

为应对全球化与数字化合流时代人类所面临的重大历史机遇与时代挑战，世界各国教育机构和联盟组织将教育改革与创新着力于构建适应社会发展所需要的教育和培训新体系。经济合作与发展组织（OECD）于 1997 年启动核心素养框架项目，历时 6 年最终确立三类核心素养，包括交互使用工具的能力、在异质群体中有效互动的能力

---

① 参见付八军、冯晓玲：《高校教师教学评价研究综述》，《黑龙江高教研究》2008 年第 4 期。

和自主行动能力。在汲取 OECD 成果经验的基础上，欧盟于 2006 年发布了名为“为了终身学习核心素养：欧洲参考框架”的文件，并明确提出“母语交际、外语交际、数学素养和基础科技素养、数字素养、学会学习、社会与公民素养、首创精神和创业意识、文化意识和表达”八大核心素养，以更明确的和具体的方式，强调了核心素养与知识、技能和态度的联系。美国的 21 世纪学习技能则明确提出“学习与创新技能，信息、媒介和技术技能，生活与职业生涯技能”，进一步促使核心素养的培养更加完备且操作性更强。

2018 年 1 月，教育部发布了《普通高中课程方案和语文等学科课程标准（2017 年版）》，明确提出了学科核心素养。学科核心素养既有核心素养的具体学科的落实和体现，也有不同学科之间的差异，体现出学生素养培养的“学科独特价值”，核心素养是学科核心素养的整合和提升。在核心素养落实层面，则要求当前的课堂教学一方面需要完成从“以学科知识点为核心”的教学向“学科核心素养”培养的转变；另一方面，核心素养跨学科、跨领域的本质要求教育者打破学科观念和知识本位的观念，注重培养学生统整学科知识和跨学科的学习能力。

（二）关系重构：从他组织和控制论走向自组织和生成论

伴随着工业时代进程的推进，美国数学家维纳于 1948 年出版《控制论》，标志着工业时代的新型科学理论正式诞生。控制论是研究如何利用控制器，通过信息的变换和反馈作用，使系统按照人们预定的程序运行，最终达到最优目标的科学。因此，在各学科实际应用中，主要关注分析信息流程、反馈机制和控制原理，从而使系统达到最佳状态。早在 1984 年，我国学者就试图运用控制论一般原理，阐释教学过程中人与人之间的教学信息转换和反馈两大环节。[①]近年来，也有学者在对传统课堂教学是一种单向的、无反馈的教学模式的批判基础上，提出“应将控制论原理、控制方法引入课堂，对教学目标、教学方法进行控制，从而使施控系统与被控系统之间的目标差逐渐缩小，最终实现目标”[②]。尽管控制理论指导下的教学有着诸如目标具体、教学环节清晰、评价反馈更有针对性等优势，但不可否认的是，控制论的教学应用不断强化了教师作为施控者和学生作为受控者的身份认知，学生主体能动性在此过程中不断被打压，“学生的学习过程被视为外塑和他组织的过程”[③]，从而使教学的信息流

① 参见邹有华、张铁明：《教学信息论》，《课程·教材·教法》1984 年第 4 期。

② 申大魁：《控制论、控制方法及其在课堂教学中的应用》，《长江大学学报》（社会科学版）2012 年第 8 期。

③ 刘徽：《简单性与复杂性：思考课堂教学的新维度》，《全球教育展望》2005 年第 3 期。

动和程序走向封闭、固化和僵硬。与此同时，以反馈为核心关注点的控制性教学，如何保证教学反馈的信度、准确性和时效性，如何将反馈与前馈信息相结合也是不可回避的现实难题。

课堂是一个多维、交错和复杂联系构建起来的生态系统，这种复杂性体现在教师和学生教与学过程中，呈现出思维火花的涌现性、知识关联的非线性、认知发展的动态生成性以及师生交互活动的自组织性等特点。自 20 世纪 60 年代起，自组织方法论开始逐渐引起教育界的关注，其核心在于揭示了事物自主演变的图景，提出了一种生成的认识论思想。这种生成的认识论思想强调主体认识的能动性，认为认识是基于情境的过程而不是结果。[①]基于自组织的方法论和生成论的思想，教学活动中学生的学习应完成由他组织向自组织的转化，应改变单维、静态的课堂环境，为学生学习提供丰富的多样性资源，使学生在适恰的情境中，通过自主探究、小组协作解决问题。与此同时，教学过程中的疑难困惑和学习资源也将由传统的教师预设走向开放的动态生成，从而使以学生发展为本的新型师生关系成为可能，使学生的个性化发展成为可能，使课堂教学成为学生自组织有序发展的有利条件。[②]

（三）流程重塑：从“叙述逻辑”向“问题逻辑”的转换

课程标准以及依据标准制定的课程教材是开展课堂教学的主要文本材料，其背后隐含着对学科知识筛选的深层逻辑依据，这种筛选不仅包含学科知识的内在结构，还体现在内容和知识的系统化呈现形式上，由此导致教材内容教学化的实践取向。叙述取向的教科书在文本的呈现方式和结构上，主要体现为清晰呈现学科知识的逻辑结构，实现知识本体和认知过程的有机统一。[③]当这种叙述取向的文本材料与教师的精细化教学设计无缝匹配和链接时，催生了课堂教学的典型逻辑结构——叙述逻辑。基于教材的文本结构、术语组织和叙述逻辑的分析，教师可以比较容易地把握教学内容的层次和重点，从而在教学活动中，通过层层铺陈和一步一步推演，呈现知识脉络的历史发展、知识点之间的关联和人类认识事物的普遍规律。以叙述逻辑构建起来的讲授式的教学必然形成以知识点为核心的教学，并不断强化教师的讲授，从而造成学生中心地位的缺失。

21 世纪以来，在学习科学的推动下，教学的基本原则逐渐完成从教学科学范式

---

① 参见李新晖、陈梅兰、蒋家傅：《教育信息化自组织现象分析》，《中国电化教育》2010 年第 4 期。

② 参见高翔、张伟平：《自组织方法论与课堂教学研究》，《教育探索》2009 年第 9 期。

③ 参见李功连：《论教科书的文本逻辑与生活逻辑》，《课程 · 教材 · 教法》2017 年第 6 期。

向学习科学范式的转变，“第二代教学设计之父”戴维·梅瑞尔提出的首要教学原理理论，围绕真实情境下的问题和任务完成组织学习内容，奠定了教学设计与实施从以教为中心向以学为中心转变的重要理论基石，基于问题逻辑的教学重构逐渐成为当前教育教学改革研究的重大实践议题。[①]究其原因，主要在于问题在教学中承担的激发、导向、交流、组织与创生的作用。[②]问题逻辑导向下的教学的重心不仅关注教师如何以精细的教学设计和流畅的语言陈述“是什么”，而且更加关注通过对问题的精细化设计，引导学生通过自主、协作、探究去发现知识背后的“为什么”，进而促使师生角色和教学方式发生转变，使以学生发展为本的新型教学关系成为可能。

（四）评价重建：从教的评价走向技术支持的教与学评价

当前课堂教学中，教学评价的核心和焦点是教师的教。评价内容包括教学理念先进性、教学目标设定、教学内容选择、教学媒体使用、教学节奏把控、教学方法适恰、教学效果以及教师个人素养等，尽管对教师教学评价的诊断和反馈可以对教师改进教学提供针对性的建议，但这一无视学生存在的教学评价的核心指向“反映的是以教师为中心的传授知识的教学观”[③]。需要指出的是，教学评价不仅具有监督功能，更重要的是具有结果导向性，以教为中心的教学评价不断反馈于教师的教学设计和教学讲授，反而有可能强化教师的讲授。

当前教学评价体系的构建，应紧紧围绕学生核心素养培养而开展，评价不仅要关注教师教的评价，更重要的是从学生个性化全面发展的角度关注学生学的评价。信息技术的飞速发展不仅改变了教与学的方式，也正在悄然改变教与学的评价方式。充分地运用人工智能、大数据和学习分析技术，可以实现对教师教学过程和学习者学习过程的自动记录与效果的自动测评，“不仅在搜集信息和加工信息环节能发挥信息技术的优势，而且在信息反馈环节更能体验到信息技术的优越性”[④]。通过数据分析的方法，将教与学的过程和结果可视化，使学习的进度和测试内容个性化，提供实时、动态、便捷获取的数据支持，能够为教师和学生提供更好的教学决策和学习体验，从而为学生的个性化发展和教师的专业发展提供反馈调节的决策依据。

---

① 参见俞建华：《首要教学原理视角下的网络课程建设模式》，《中国电化教育》2010 年第 4 期。

② 参见高盼望：《基于问题逻辑的教学建构》，《当代教育科学》2014 年第 7 期。

③ 梁惠燕、高凌飚：《课堂教学评价的反思和框架重构》，《教育科学研究》2006 年第 6 期。

④ 李芒、蔡旻君：《课堂评价亟需信息技术的支持》，《中国电化教育》2016 年第 1 期。

二、智慧课堂生态系统模型构建

基于上述阐释，本书认为，智慧课堂生态系统是由教与学主体、环境、资源共同构成的相互联系的生态系统，强调在智能环境中实现以学定教，通过学生核心素养的提升，促进全面发展、个性发展、自主发展、终身发展。智慧课堂生态系统的模型如图 2–1 所示。

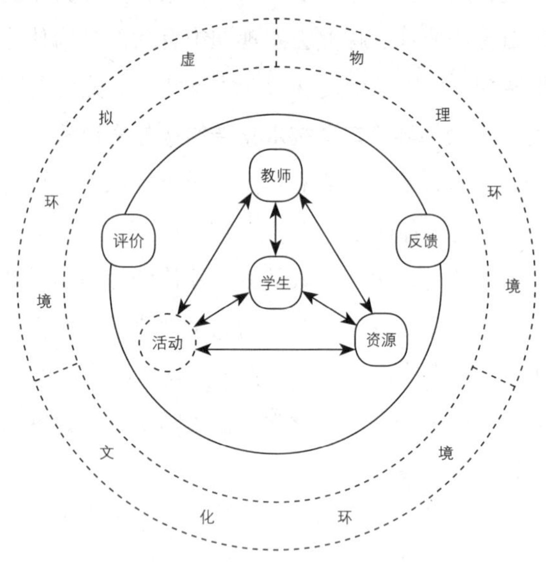

图 2–1 智慧课堂生态系统组成示意图

智慧课堂生态系统中教与学的主体是教师和学生。支持环境是智慧课堂活动展开的必备条件，是在学校现有教室环境的基础上，以云端智能学习平台和智能化硬件技术赋能“教室”智慧属性，创建的融物理环境、虚拟环境、文化环境于一体，服务于教师精准教学、学生个性化学习的泛在学习环境。智慧课堂的学习资源着力于提升学生核心素养，在智慧课堂教学活动中带入的课程以及实施学习活动的必要而直接的要素，主要指支持学习目标及任务达成的各主体多维资源，包含学习支持资源和教学支持资源。学习支持资源包括学习工具、交互工具、协作工具、评价工具等。教学支持资源包括资源开发工具、协同教研工具、学科教学工具、分析评价工具等。根据学习与教学的需求，课程资源与支持资源互补互促，促进学习资源的整合和应用。

活动是要素间关系存在的载体，智慧课堂生态系统中的师生关系、生生关系以及核心素养的落地最终需要通过教与学活动来建立和呈现。智能技术支持下的教与学活动已由线下课堂拓展到线上线下相结合，由课内教学拓展到课内课外相结合。因此，智慧课堂的教与学活动将“课前问题聚焦、课中协作内化、课后融会贯通”三阶段紧密联结，基于智能化技术提供的“平台 + 资源 + 服务”，实现“线上知识学习和测验、线上师生互动及生生互动讨论、线下翻转课堂引导讨论、线下辅导及线下考试等线上线下互动的混合式教学”[①]。

评价是智慧课堂生态系统正常运转的反馈调节机制，分为教师教学质量评价和学生学习发展评价。智慧课堂质量评价是以智慧教育理念为指导，以学生核心素养提升为价值取向，借助智能化技术支持，实现对智慧课堂教学各环节中教与学的价值判断过程。旨在为教师教学改进和学生学习发展提供诊断定位、决策支持、学情追踪、科学反馈，最终实现学生的全面发展、个性发展、自主发展、终身发展。

当前国内外研究者与实践者对智慧教育、智慧校园等热点问题进行了丰富的理论研究与卓越的实践探索，然而，核心素养培养的最终实现还有待于课堂教与学的变革和创新。以生态学的视角审视当前课堂教学存在的问题与困惑，有助于当前课堂教学改革回归教育的本真目的——促进人的发展。围绕该目的的实现，充分借鉴和利用信息技术支持学生全面发展、个性发展、自主发展和终身发展成为当前教育面临的重大机遇和时代挑战。在此过程中，信息技术支持下的课堂教学改革与创新需要进行目标重新定位、师生关系重构、教学流程重塑、评价体系重建等系统性思考和建设，以促进全新的课堂生态的形成与发展。因此，智慧课堂生态系统模型的构建将不仅有助于丰富智慧课堂理论研究，也有助于为规范当前信息技术支持下的课堂教学，为智慧课堂教学创新提供实践镜鉴。众所周知的是，任何教育教学改革都不能一蹴而就，智慧课堂教学改革与创新也需要政府、企业、学校、科研机构、家长等的全方位参与和支持，只有在多方协作的良性生态环境中，以智慧课堂为主阵地的智慧教育理念才能落地，以教育信息化引领促进教育现代化的目标才能得以实现。

---

① 张大良：《着力推动高校加快现代信息技术与教育教学深度融合——在基础课程教学改革研讨会上的讲话摘要》，《中国大学教学》2016 年第 7 期。

第四节　智慧课堂教学结构流程阐释

在首要教学原理、深度学习理论、项目式学习理论和学习分析理论的指导下，在参考、修订、完善已有智慧课堂教学流程的基础上①，提出了课前、课中、课后三阶段式的智慧课堂教学流程（如图 2–2 所示）。

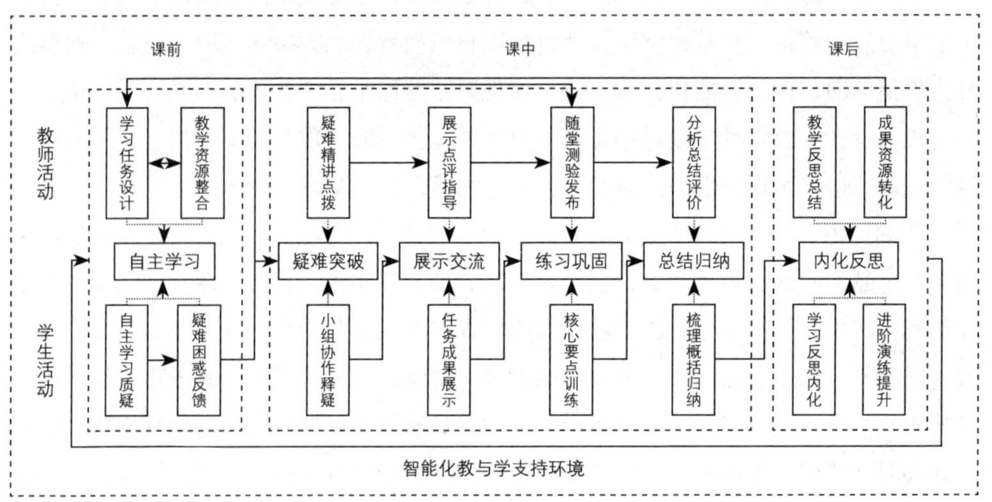

图 2–2　三阶段式的智慧课堂教学结构流程框架

一、课前阶段

课前阶段，教师的主要任务是完成智慧课堂的教学设计。其中，学习任务设计是智慧课堂教学设计的重要环节，是教与学活动组织实施的依据。学习任务是指在特定情境下，学生综合运用所学知识实现问题解决的过程，是知识内容与核心素养融合、转化的联结和媒介，在教学全过程中起着引领与贯穿的作用：（1）教师以支持学习任务的完成为目标，进行教学资源的收集、设计、开发与整合；（2）学生按照教师提供的自主学习任务单，利用学习资源开展自主学习并完成学习效果检测；（3）小组成员尝试协作完成学习任务，在面向真实情境的问题解决过程中促进学习的真正发生。与此同时，教师通过对学生学习行为与学习效果的数据分析，结合学生课前在自主学习过程中所

① 参见卞金金、徐福荫：《基于智慧课堂的学习模式设计与效果研究》，《中国电化教育》2016 年第 2 期；刘邦奇：《“互联网 +”时代智慧课堂教学设计与实施策略研究》，《中国电化教育》2016 年第 10 期。

遇疑难困惑的平台反馈，实现对学情的精准掌握，据此合理确定课堂教学活动的起点。

二、课中阶段

课中阶段的教学活动并无固定的组织形式，教师可基于学科课程的特点和学习者的具体学情，灵活、机动地安排课堂教与学活动。一般来说，课中阶段的教与学活动可以分为疑难突破、展示交流、练习巩固和总结归纳四个环节。（1）与传统教学模式不同的是，智慧课堂中教学难点的确定不是基于教师的既有经验，而是依据课前学生学习行为与学习效果的数据分析。学生可通过组内合作、组间互助等多种方式破解课前学习过程中遇到的疑难问题，并在协作释疑的过程中不断训练、提升高阶思维能力。（2）学习任务成果的展示、交流既可以锻炼学生的表达能力，又有助于教师了解学生在知识综合应用过程中存在的问题并给予有针对性的指导。（3）教师组织知识要点的随堂测验，并借助智能化教学环境支持的即时化反馈和可视化呈现，精准定位学生的共性问题和个性化疑难问题，从而有的放矢地进行精讲与点拨。（4）教师引导学生总结、归纳本堂课的学习要点，以实现知识的系统化和有意义建构，并组织学生开展自我评价。

三、课后阶段

对教师而言，教学全流程的学习效果评价是在课后阶段进行的。对教与学数据的汇聚、分析和反馈，有助于教师开展基于数据的证据性评价。教师可借助平台反馈的评价结果，精准定位教学过程中存在的问题，从而对教学设计进行反思与优化。此外，对学生学习成果的梳理、优化、整合，能够有效促进学习成果转化为学生后续学习的学习资源，有助于实现资源的动态生成。

对学生而言，其在知识基础、学习风格、先前经验和性格特征等方面的差异，经由课前、课中阶段的自主学习与合作学习，最终在课后阶段生成“个性化”的学情。因此，学生在课后阶段主要是借助基于自适应技术推送的学习资源，开展习题演练与进阶学习，实现疑难突破，完善知识结构，进行真正意义上的“个性化学习”。

第五节　智慧课堂教学设计的案例解析

三阶段式的智慧课堂教学流程为教师开展智慧课堂教学应用提供了实际操作指

导，但其落地实施依然需要回归到教学设计上。因此，本书开展了基于ADDIE(Analysis, Design, Development, Implementation, Evaluation ）教学设计模型的智慧课堂教学。ADDIE 教学设计模型是现阶段教育领域的通用模型 ①，涵盖了系统化教学设计中的分析、设计、开发、实施、评价等关键环节，如图 2–3 所示。

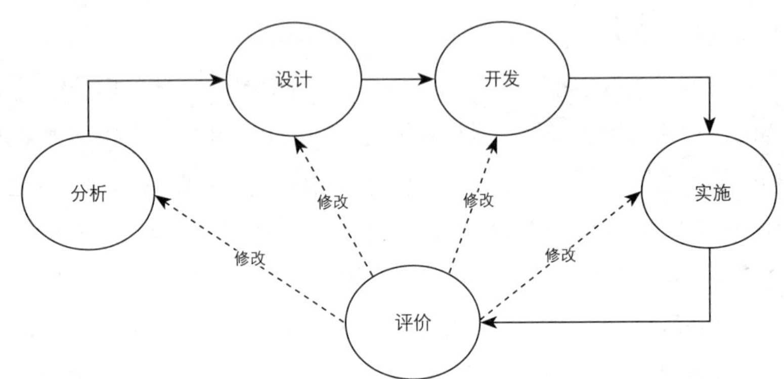

图 2–3　ADDIE 教学设计模型

分阶段、分层次的 ADDIE 教学设计，有助于教师教学设计活动的系统化、结构化和精细化。为了更加清晰地呈现教学设计过程，本书以《生物学》（鲁科版）七年级下册中“真菌”一节的教学设计为例，分阶段对基于 ADDIE 教学设计模型的智慧课堂教学进行解析，以期为教师开展智慧课堂教学应用提供参考。

一、分析阶段

在 ADDIE 教学设计模型中，分析阶段是教学目标确立的基础和前提，是设计、开发、实施阶段开展相关教学活动的依据。与一般课堂教学设计不同的是，智慧课堂教学设计除了开展学习者分析和教学内容分析，虚实教学环境分析也成为智慧课堂教学分析阶段的重要内容。

（一）学习者分析

学习者分析应在客观、科学、发展等原则的指导下，从一般特征、已有基础、起始能力、学习风格等方面展开，同时应着重考虑学生的自主学习能力与信息技术素养对智慧课堂学习效果的影响。

---

① 参见李向明：《ADDIE 教学设计模型在外语教学中的应用》，《现代教育技术》2008 年第 11 期。

（二）教学内容分析

教学内容分析的重点应为构建知识内容和真实问题之间的关联，实现由知识内容向真实问题的转化，从而为后续面向真实情境的学习任务设计提供依据。例如，“真菌”一节的教学内容属于概念性知识，课程标准中具体要求为：描述真菌的主要特征及其与人类生活的关系。基于知识类型与课程标准，将概念性知识转化为可以面向生活场景的真实问题并进行知识的迁移应用，成为学习任务设计的重中之重。

（三）教学环境分析

信息技术的介入，促使智慧课堂教学环境由原先封闭的物理环境转为虚实结合的开放式智能环境。因此，教师应关注信息技术支持下智慧课堂数字化学习环境如何实现对教学、学习、测验、管理与评价的智能化支持，并通过实体课堂环境中师生在教与学活动中面对面的情感交流，提升学生的问题解决能力、社会责任感、法治意识和伦理道德水平，实现教育的育人功能。

二、设计阶段

依据前期分析结果，ADDIE 教学设计模型中的设计阶段主要围绕智慧课堂教学的目标、任务、资源、活动、评价等进行策划与设计，具体涉及以下四个方面。

（一）学习目标设计

教师应在注重学生知识掌握和技能训练的基础上，聚焦于学科核心素养目标的设计，以高阶化的学习目标，指导学习任务单制作、学习资源选用、教与学活动组织和教与学评价的开展。

（二）学习任务设计

教师应主要依托首要教学原理与项目式学习理论，为学生解决问题提供应用场景，使学生在完成学习任务的过程中培养高阶思维能力。例如，在“真菌”一节中，学习任务二设计为：“夏天到了，小梅发现衣橱里有些衣服上长了霉点。衣服为什么会发霉呢？如何避免衣服发霉呢？请你给小梅一点建议吧。”设计此任务的目的，是从真菌与人类生活的密切联系入手，为学生应用真菌繁殖方式与繁殖条件解决生活问题提供真实情境。

（三）学习资源设计

教师应基于前端分析结果，统筹考虑，在科学、有效和丰富等原则的指导下展开，以支持学习任务的高效完成。

（四）教学评价设计

教师应在“课前问题聚焦—课中协作内化—课后融会贯通”实现教与学活动紧密联结的教学过程中，开展基于智能化技术的全场景、泛在化的数据采集、分析与反馈，以完成基于数据的证据性评价。

三、开发阶段

开发阶段的主要任务是将设计阶段学习目标、学习任务和学习资源的具象化、产品化。基于前端分析与设计，围绕教学目标与学习任务，教师需进行自主学习任务单的文本化呈现和学习资源的数字化整合。同时，教师应根据课前、课中、课后不同教学阶段的需求完成习题开发。

四、实施阶段

教师利用设计、开发的课程资源与支持资源，依据此前确定的课前、课中、课后三阶段式智慧课堂教学流程组织“真菌”一节的教学，其具体过程如表 2–1 所示。

表 2–1　“真菌”智慧课堂教学实施的具体过程

<table>
<tr><th colspan="2">教学阶段</th><th>教与学活动</th></tr>
<tr><td colspan="2">课前阶段</td><td>①教师发布自主学习任务单。
②教师将“各种各样的真菌”“实验：观察酵母菌的结构”“实验：观察霉菌的结构”“认识蘑菇”“真菌的繁殖”等微课和相关的课件、习题等资源上传至平台，并推送给学生。
③学生依据自主学习任务单的指导，开展自主学习，完成习题检测，进行问题反馈。
④教师基于平台提供的习题检测数据分析结果和学生反馈，发现学生在真菌的种类和大型真菌营养方式上的认知普遍存在偏差，因而就此开展有针对性的备课，并进行线上答疑。</td></tr>
<tr><td rowspan="3">课中阶段</td><td>疑难突破</td><td>①教师组织学生通过组内研讨与组间互助，实现疑难突破。
②鉴于学生对如何识别真菌的问题普遍存在困惑，教师对真菌的细胞结构进行精讲，引导学生辨析真菌、细菌与植物在细胞结构上的异同。</td></tr>
<tr><td>展示交流</td><td>①学生进行学习任务展示汇报。
【学习任务一】我们的生活与微生物息息相关，制作酸奶和发面时需要利用不同类型的微生物。制作酸奶用到的乳酸菌是细菌，发面时用到的酵母菌也是细菌吗？为什么？
【学习任务二】夏天到了，小梅发现衣橱里有些衣服上长了霉点。衣服为什么会发霉呢？如何避免衣服发霉呢？请你给小梅一点建议吧。
【学习任务三】蘑菇是植物吗？说出你的判断和理由。
②教师引导学生开展互评，并进行指导与点拨。</td></tr>
<tr><td>练习巩固</td><td>①教师发布课堂演练习题，开展训练巩固。
②教师通报课堂检测的即时反馈结果，就易错知识点开展归因分析、明晰解法。</td></tr>
</table>

续表

	总结归纳	①教师引导学生以思维导图的形式进行知识的结构化梳理，构建知识图谱，并分享学习体验。 ②基于酵母菌、霉菌和大型真菌在细胞结构、营养方式和繁殖方式上的共性，教师引导学生提炼、总结真菌的主要特征，促进学生概念生成。 ③教师布置课后进阶演练任务。
课后阶段		①学生完成针对易错点的复测与进阶演练。 ②教师开展教学反思与教学设计优化。 ③教师总结教学中的过程性成果，实现成果的资源转化。

五、评价阶段

教师结合学生的学习反馈与课堂表现，利用智慧课堂提供的教与学行为、活动和结果的数据分析，对学生的学习成效、认知发展、智慧生成、素养水平等开展不同维度的考察和评价，并根据考察和评价结果，对 ADDIE 教学设计模型不断进行迭代修改和完善。

《教育信息化 2.0 行动计划》提出，“开展智慧教育探索与实践，推动教育理念与模式、教学内容与方法的改革创新”[①]，智慧课堂正是以此为目标，在促进信息技术与教育教学深度融合的同时，助力学生全面发展与教育质量提升。正基于此，本书对智慧课堂的理论基础、教学结构和教学设计的深入阐释和案例化解析，一方面有助于丰富智慧课堂理论研究体系，另一方面也将为智慧课堂的落地实施提供实践指导与设计参照。同时，智慧课堂的建设应用还有待对基础设施保障能力提升、在线教学平台功能完善、优质教学资源共建共享等问题的进一步理论探究与实践探索，以更好地促进人才培养质量提升和教育高位均衡发展。

①《教育部关于印发〈教育信息化 2.0 行动计划〉的通知》，2018 年 4 月 18 日，http://www.moe.gov.cn/srcsite/A16/s3342/201804/t20180425_334188.html。

第三章　智慧课堂应用的实践路径与未来趋势

第一节　学校智慧课堂应用的实践路径

一、智慧课堂应用：新型人才选拔标准下学校教学变革新趋向

人才选拔方式和标准的变化在促进我国基础教育课程方案不断更新的同时，也加速了课堂教学形态的变革。在“关注问题解决”的导向下，学生核心素养成与发展成为课堂教学关注的重点，“以学生发展为本”成为新的教育目标指向。并由此导致三个方面的变化，即固化的班级建制难以适应课程由“标配模式”向“自选模式”转变的要求；关注知识记忆与理解的课堂组织方式已不能满足问题解决的高阶教学目标的要求；缺少系统平台支持的模糊化过程性评价也无法支持选科走班模式下的教与学质量评价。此外，高中阶段大规模选科走班也对学校教学管理和教学资源配置提出了严峻挑战。因此，探求更适于人才培养需求和选拔标准的新型课堂教学形态，成为教育管理者、研究者与实践者共同面临的实践议题。在此背景下，要想实现由“叙述逻辑”下的“单声道”课堂向“问题逻辑”下教师、学生、环境、资源多向互动课堂的转向，“在基于现实世界的项目活动情境中完成知识意义的建构，并在此过程中实现深度学习和高阶思维能力培养”①，不仅需要学校管理者、教师转变教育教学理念，同时选科走班教学、个性化“一人一课表”、即时性评价反馈、数字化学习资源共享等现实需求亦亟须新的课堂教学方式。

《教育信息化 2.0 行动计划》指出：“以人工智能、大数据、物联网等新兴技术为基础，依托各类智能设备及网络，积极开展智慧教育创新研究和示范，推动新技术支持下教育的模式变革和生态重构。”②在国家大力发展智慧教育的政策导向下，作为翻转课堂延续性创新结果的智慧课堂应运而生。智慧课堂是“智能化环境中，融数据、

① 李逢庆：《智慧课堂的价值意蕴与实践路径》，《中国社会科学报》2021 年 1 月 14 日第 8 版。

② 中华人民共和国教育部：《教育部关于印发〈教育信息化 2.0 行动计划〉的通知》，2018 年 4 月 18 日，http://www.moe.gov.cn/srcsite/A16/s3342/201804/t20180425_334188.html。

资源、活动为一体，支持精准化教学与个性化学习，聚焦学生核心素养提升与全面发展的教与学生态系统”①。智慧课堂教学应用拓展了课堂教学时空，改变了课堂教学时序，将教学扩展为课前、课中、课后三阶段一体化的流程，教学空间也由线下空间扩展为线上线下有机融合的教与学场景。不仅如此，借助智能化环境支持，智慧课堂可实现依托智能化技术对教与学全流程数据的收集、分析和可视化呈现。这一方面有助于教学评价方式由结果性评价向以基于数据的证实性评价转变；另一方面，基于系统平台提供的智能学习分析与自适应技术支持，实现教师精准化教学与学生个性化学习，可有效应对新高考改革方案中科目改革所带来的诸如选科走班教学、学习管理、绩效分配等现实压力和挑战。基于此，智慧课堂教学应用成为智能时代学校课堂教学变革的新趋向。

二、冲突与挑战：智慧课堂教学应用的现实困境

（一）多元主体间的协同缺失和政策与实践的异步

学校智慧课堂创新实践中面临诸多内生性问题：一方面，教育管理部门对学校层面教育信息化的创新实践缺少实质性政策引领和保障，经费投入缺乏持续性和连贯性；另一方面，学校管理层与教师的教育教学理念落后，教学方法陈旧，缺少高校及研究机构教育信息化专家的理念引领与路径指导。与此同时，学校与教育管理部门、科研机构、教育信息化企业间协同的缺失，影响了智慧课堂创新实践的成效。

智慧课堂作为信息技术支持下的新型教育教学实践模式，其教学实践应用先于理论研究与政策制定，导致智慧课堂教学应用与已有的政府教育规范性政策法规异步。同时，教育管理部门在制定相关文件的过程中缺乏政策参考和经验借鉴，也在客观上导致政策制定存在一定的盲区，边界模糊。政策与实践异步的典型问题是智慧课堂移动学习终端需付费购买，这不仅成为国内多地智慧课堂舆情事件的导火索，也成为学校智慧课堂大规模常态化教学应用的瓶颈。

（二）顶层设计规划的缺失与实施策略经验的匮乏

目前，大部分学校的智慧课堂建设应用还处于自发的、碎片式的、顶层设计相对不足的状态，导致智慧课堂的建设与应用乱象丛生，缺少统筹规划，难以形成合力，开展大规模、常态化应用的学校很少。尽管多数学校采用试点先行、示范引领的方式，以期带动更大范围的智慧课堂教学应用，但是团队互助和规模效应的缺失，导致开展

① 李逢庆、尹苗、史洁：《智慧课堂生态系统的构建》，《中国电化教育》2020 年第 6 期。

智慧课堂教学应用的学校和教师处于各自为战的孤立状态。

同时，学校管理层对教育信息化理解和认知的不足以及经费投入等方面的限制，往往带来三个方面的问题：一是智慧课堂建设与应用的目标、思路不清晰，缺乏体系化、结构化的顶层设计，导致智慧课堂教学应用与学校现有基础、未来教育发展规划之间的脱节；二是在推进过程中，基于学校特色的智慧课堂建设应用实施路径不明和校本化资源体系缺失，导致他校成功案例的“校本化移植”具有较大风险；三是学校教育信息化专项经费不足，导致学校基础设施保障服务能力不足，教师专业发展培训与支持活动受限，教育教学改革激励方式与方法单一。

（三）师生关系的他组织控制和模糊经验式的教学组织

长期以来，在“将控制论原理、控制方法引入课堂，对教学目标、教学方法进行控制，从而使施控系统与被控系统之间的目标差逐渐缩小，最终实现目标”[①]的影响下，教师作为教学活动的组织者，基于课程标准、教材内容和个人经验组织与开展教学活动，学生完全处在一个由“他组织控制”的系统之中，被动作为知识“容器”进行输入和产出，这种失衡的师生关系使得基于学生个体知识基础、认知特点、学习风格差异的个性化教与学活动难以开展。此外，教师的理念变革也是影响智慧课堂教学实践效果的重要因素。“教师的理念一旦形成，便处于一种‘自以为是’的‘固执’状态，除非受到有意的挑战或在实践中碰壁，否则难以改变”[②]。这种“固执”状态也容易使教师陷入课堂控制的角色而不自知，导致学生主体性的进一步弱化。

此外，由于现有教学缺少关于学生学习行为、学习过程的分析数据和有效及时的学习问题反馈途径，教师在制定教学目标、组织教学设计的过程中仅能依据作业、小测验、考试成绩与教学经验获取模糊化的学情信息。这种以模糊化经验支持的教学组织方式缺乏数据支持，使得教师在教学决策、活动组织、进度调整和教学评价等活动中无法开展精确的归因分析与反馈优化。这一方面降低了课堂教学效率，另一方面也导致教师无法开展高效的综合性反思以改进教学，制约了师生素养养成和教育教学水平提升。[③]

---

① 申大魁：《控制论、控制方法及其在课堂教学中的应用》，《长江大学学报》（社会科学版）2012 年第 8 期。

② 张立昌：《自我实践反思是教师成长的重要途径》，《教育实践与研究》2001 年第 7 期。

③ 参见邓纯臻、杨卫安：《教学反思：卓越教师核心素养养成的有效路径》，《现代基础教育研究》2021 年第 1 期。

三、破解之道：学校推进智慧课堂创新实践的实施策略

（一）构建以 UGBS 为主体的协同创新组织生态

“协同发展是提升教育信息化应用水平和能力的重要途径。”[①]为有效解决学校智慧课堂应用中协同缺失和教师相互孤立的现实困境，促进多元主体协同创新，在“从设计的角度加以驾驭的实践策略”[②]指导下，构建由高等院校（University）、政府（Government）、企业（Business）与学校（School）多元主体组成的 UGBS 实践共同体，已成为现阶段理论研究者和国家层面共同的路径选择。高等院校、政府、企业和学校，既可相对独立地围绕智慧课堂展现各自的功能与属性，同时又可通过政策完善、理论研究、实践指导、智力支持、产品服务、创新实践等多维度的深度协同，助力智慧课堂建设根本目标的达成。

自 2018 年起，教育部启动教育信息化教学应用实践共同体项目[③]，旨在在教育行政部门支持下，促进教育信息化各参与主体“共同开展研究和实践，推动政策、理论、制度和实践创新，形成一批可复制、可推广的研究成果和典型案例”[④]。山东省智慧课堂教学实践共同体是首批教育部立项建设的教育信息化教学应用共同体。该共同体由李逢庆作为负责人，依托山东师范大学智慧教育研究中心，联合山东省教育厅、山东省电化教育馆、智慧课堂解决方案提供企业和全国 40 所基础教育学校共同组成。2019 年 8 月，山东省教育厅出台《山东省教育信息化 2.0 行动计划（2019—2022）》，明确提出在全省开展智慧教育引领行动。[⑤]为更好地指导基础教育学校的智慧课堂创新实践，省教育厅委托该共同体编写《智慧课堂应用指南》。实践共同体组织九大学科专家团队，调研了全国范围内 117 所开展智慧课堂应用学校的实践经验，先后组织开展了 14 次共 24 场学科教研交流活动，共有 230 余位教师进行了课堂教学展示交流，活动参与总人数超过 3500 人。在充分调研的基础上，专家团队梳理出智慧课堂应用指南初步框架，并先后召开 7 场专家论证会进行指南论证。最终形成的《智

---

① 徐晶晶、黄荣怀、王永忠等：《区域教育信息化协同发展：挑战、实践模式与动力机制》，《电化教育研究》2019 年第 6 期。

② 赵健：《学习共同体——关于学习的社会文化分析》，华东师范大学出版社 2006 年版，第 75 页。

③ 参见《教育部办公厅关于做好 2018 年度教育信息化教学应用实践共同体项目推荐遴选工作的通知》，2018 年 10 月 9 日，http://www.moe.gov.cn/srcsite/A16/s3342/201810/t20181012_351289.html。

④《教育部办公厅关于做好 2018 年度教育信息化教学应用实践共同体项目推荐遴选工作的通知》，2018 年 10 月 9 日，http://www.moe.gov.cn/srcsite/A16/s3342/201810/t20181012_351289.html。

⑤ 参见山东省教育厅：《山东省教育信息化 2.0 行动计划（2019—2022）》，2019 年 9 月 25 日，http://edu.shandong.gov.cn/art/2019/8/19/art_11990_7739898.html。

慧课堂应用指南》于 2019 年 10 月的国际教育信息化大会上正式发布，是国内首个关于智慧课堂建设与应用的指导性文件。这些引领与推动基础教育信息化发展的政策法规、制度规范的出台，为学校推进智慧课堂营造了开放、和谐、创新的宏观环境。在政府宏观政策的引领下，学校作为智慧课堂创新实践的基本单元与实施主体，通过开展顶层设计与运行机制构建，以协调、调动、激发教师、学生和家长的内生动力，推动智慧课堂应用向纵深发展。在此过程中，学校开展智慧课堂创新实践的外部动力主要来自两个方面：一是由教育技术学、课程与教学论等方面的专家构成的智力支持团队，以专家报告、座谈交流等方式为学校智慧课堂教学应用提供理论指导和理念引领，同时提供基于学科的智慧课堂教师培训和跨校联合教研等多元化实践指导；二是遵循教育产品逻辑的教育信息化企业的技术加持，企业在政府的监督、遴选和准入制度下，为满足学校智慧课堂教学应用现实需求进行技术革新与产品的升级迭代，也可进一步加速学校智慧课堂教学应用的进程。UGBS 实践共同体的构建有助于破解学校教育教学变革中的协同缺失困境，为学校智慧课堂教学变革提供有益的宏观环境，使学校在新高考的人才选拔导向下开展信息技术支持的精准化教学与个性化学习成为可能。

（二）建立分步推进实施的智慧课堂应用实践路径

为破解学校系统化、体系化的顶层设计缺失和分步式、实操性强的实施路径匮乏困境，学校应开展智慧课堂顶层设计，以建立学生核心素养培养为中心的智慧课堂教与学生态系统为目标指向，对与智慧课堂建设相关的政策规范、课程建设、教学管理、后勤保障等因素进行统筹规划。在学校顶层设计指导下，建立分步推进的智慧课堂应用实践路径，具体包括理念变革与立项实践、试点先行与模式构建、全面推进与资源创生、学科融合与育人创新四个阶段。

1. 理念变革与立项实践阶段

转变教学理念、构建适于变革的组织保障是学校在智慧课堂教学改革初期的首要任务。莘县第二中学在以智慧课堂为突破口改变其“薄弱高中”困境的起步阶段，通过邀请教育信息化专家做报告、赴智慧课堂应用学校调研考察等多种形式促进师生理念转变，加深他们对智慧课堂的理性认识，感知智慧课堂的教学模式与组织方法。学校还成立由校长任组长的智慧课堂建设与应用领导小组，为智慧课堂创新实践提供保障。在此过程中，学校从教学骨干中遴选了一批具备良好信息素养且参与意愿强的学科教师，通过跟班体验智慧课堂组织与实施的方式，使他们加深对智慧课堂的理解，为下一阶段开展智慧课堂试点储备种子师资。

2. 试点先行和模式构建阶段

学校在实践路径上可选择由试点先行到全面推进的方式，依据自愿原则确定试点班级的任课教师与参与学生，以积累智慧课堂学科教学经验，并逐步形成具有校本特色的智慧课堂教学模式。以四川双流中学为例，该校在智慧课堂应用中探索形成了“三段九步”的智慧课堂教学模式，并鼓励教师归纳各学科的教学模式。与此同时，为提升教师信息化教学能力、学生自主学习能力和信息素养，学校制定了体系化的培训方案，以“让教师在转变意识的前提下掌握技术，让学生自己体会与传统课堂学习的差异”[①]，“实现教学活动由知识中心向问题解决的转变，进而凸显学生的主体地位，促进智慧课堂中的师生关系从以教师为中心转为以学生发展为本”[②]。

3. 全面推进与资源创生阶段

伴随着学校智慧课堂建设与应用的全面推进，学校逐步建立起常态化交流、激励、评价机制，以引导、规范智慧课堂教学的大规模、全学科、常态化应用。莘县第二中学制定了《自主学习任务单的编制与使用管理办法》《学生课堂展示和点评的基本要求》《一五三课堂教学模式的技术规范》等。保障制度和技术规范的出台有效保证了智慧课堂教学应用在全年级全学科推进的实践效果。与此同时，通过多元汇聚、自主创生等方式构建的校本学科教学资源库是智慧课堂全面深入推进的典型特征，也是促进智慧课堂健康可持续发展的重要基石。以青岛市第二中学为例，仅在高一年级，就建设了包括自主学习任务单、教学课件、教学微视频、检测习题等在内的超过38000余个校本教学资源。这种师生协同创生的校本资源体系不仅增强了师生教学活动的参与感与价值感，更有效支持了适应本校学情的智慧课堂全面推进。

4. 学科融合与育人创新阶段

经过前期的深度实践，智慧课堂教学应用已经完成学科教学模式建构与资源体系建设，学生在学业水平提升的同时，学科核心素养也得到有效发展。学生核心素养培养目标，必然要求学校课堂教学改革走向跨学科、跨领域的交叉融合，由此推动学校智慧课堂的建设与应用进入深度学科融合与育人创新的实践期。北京大学附属中学开展的“拆墙行动”，打破班级制，实行书院制，成立行知学院、元培学院、博雅学院

---

① 柳春艳、傅钢善：《基础教育 SPOC 式翻转课堂应用路径在贫困地区的实践研究》，《电化教育研究》2018 年第 6 期。

② 尹苗、史洁、李逢庆等：《基于 ADDIE 教学设计模型的智慧课堂教学——以“真菌”一节的教学设计为例》，《现代教育技术》2020 年第 11 期。

和道尔顿学院四个学院，共建设涵盖 9 个学科超过 210 门课程，支持学生“必修课程 + 自主课程”的“个性化课程表”，并借助智慧课堂教学平台实现学习监管、状态查询、学习指导与效果评价，有效保证了个性化选课走班的教学秩序与教学效果，实现了信息技术支持的学科融合与育人创新。

（三）构建以智慧课堂应用为中心的教学实践生态

智慧课堂是“以智能化技术支持的课堂变革为突破口和实现途径，将智能化技术融入教、学、研、测、管、评等主要教与学环节的创新实践，以实现泛在化空间中的精准化教学、个性化学习、适应性测验、生态化治理和证实性评价”。[①]借助智能化环境支持，智慧课堂“可使教师专注于教学设计与个性化干预，使学习者获得更优质的学习服务”。[②]教师可利用智能化环境提供的学习者学习行为数据，实现基于数据分析的目标设计、资源开发、活动组织与效果评价等的精准化。同时，通过对学生开展学习风格、知识储备与先前经验等数据的可视化分析，为学习者提供个性化的资源支持与学习服务，并可实现不同学习者之间线上线下一体化学习交互、问题反馈、协作学习与合作探究。

基于自适应技术与知识图谱相结合的智能化测验功能，可以有效地实现分层、个性化测验，提供即时性反馈，以改进教学。与此同时，测验流程再造及测验结果的可视化呈现，不仅有助于实现教师教学活动的减负增效，还有助于促进学校管理动态调整机制的建立与家校共育。借助智能化技术环境，通过采集教师与学生行为、过程与结果的数据，为教师教学管理、学生学习预警和问题改进提供多样态、可视化的分析报告，为学校教学管理提供科学、客观、公正的教育决策数据支持。同时，全场景、泛在化、个性化的数据采集、汇聚、分析、反馈机制的构建，可以有效实现智能化环境支持下的基于数据的证实性评价，其结果不仅可直接指向师生的奖励与晋升，基于评价结果的反思与改进还有助于实现智慧课堂教学应用的优化升级与更新迭代。

---

① 李逢庆、尹苗、史洁：《智慧课堂生态系统的构建》，《中国电化教育》2020 年第 6 期。

② 祝智庭、彭红超：《信息技术支持的高效知识教学：激发精准教学的活力》，《中国电化教育》2016 年第 1 期。

第二节　作为未来学校构建基石的智慧课堂

一、未来学校的理论阐释

近年来，国内外众多专家学者将研究重心聚焦于对未来教育与未来学校的探讨，乔治·库罗斯（George Couros）提出要培养出富有创造力的学生，教育者要在学校塑造创新型思维模式，并为此提出了奠定创新基础的四大方案和释放创新潜能的五大方案。[①]余胜泉从“互联网 +”时代的教育变革角度提出“学校的开放是大势所趋，互联网 + 教育的跨界融合将促进整个教育体系核心要素的重组与重构”[②]。尚俊杰则从策略分析的角度探讨了未来教育重塑“需要在教育的大背景和基础上重新考虑整个教育，结合互联网思维，发挥技术优势，避免技术缺陷，重塑教育结构，再造教育流程”[③]。而基于对未来教育趋势的预判，朱永新提出今天的学校将被未来的学习中心取代，“未来学习中心是没有围墙的校园，甚至是虚拟的网络空间”[④]。已有研究对未来教育和未来学校的描述无疑令人心向往之，“未来已来，当下该如何”的思考却是我们所不能或缺和回避的，对此问题的进一步追问是：如何改变当下的教育和学校才能实现未来教育和未来学校的美好愿景？智慧课堂作为近三十年来信息技术与课程整合的卓越实践成果，将是通往未来教育和未来学校愿景实现的核心通道和最佳抉择。

二、智慧课堂所需的技术加持

如前所述，当前智慧课堂中人工智能、物联网和大数据分析等技术的应用，为教师的精准化学情诊断、学生的学习行为分析提供了重要的技术环境支持，也为实现个性化、差异化教学奠定了坚实的基础。然而，以智慧课堂推动大规模因材施教的落地实施，还有赖于以下三点关键技术的突破和常态化应用。

一是 5G 网络和物联网的全面化普及将真正实现信息的无缝流通，促使人人、时时、处处、事事的数据采集和处理得以实现。在此基础上，智慧课堂学习环境将实现全新的智能感知环境和智能调节环境，智能环境对用户行为和意图的理解与服务提供才能实现即时化、个性化、全景化和泛在化，因而促使实体空间和虚拟空间结合基础上的

---

① ［加］乔治·库罗斯：《面向未来教育——给教育者的创新课》，刘雅梅译，机械工业出版社 2020 年版，第 34 页。

② 余胜泉：《互联网 + 教育：未来学校》，电子工业出版社 2020 年版，第 18—19 页。

③ 尚俊杰：《未来教育重塑研究》，华东师范大学出版社 2019 年版，第 51 页。

④ 朱永新：《未来学校 重新定义教育》，中信出版集团 2019 年版，第 37 页。

智慧课堂变为真正可开放、可交互、人性化。

二是基于知识图谱的自适应系统的完善与普及应用。知识图谱是对教育领域知识进行结构化、语义化建模的一种工具方法。在自适应学习系统中，构建知识图谱的核心任务是从教学资源所提供的数据中挖掘出相应的知识元及其语义关系。[①]因此，基于知识图谱的自适应系统产品将为真正实现智慧课堂中的个性化学习提供底层基础设施，为大规模因材施教的学情诊断、学习反馈和改进提供证据性支撑。

三是区块链技术与学分银行的整合应用。终身学习体系的构建和学习型社会的建立，亟须加快推进学分银行建设以关照学习者从不同学习途径所获得学习成果的有效性，实现不同类型与等级学习成果之间的等值融通。[②]当前学分银行的实践由于存在学分记录非法篡改、认证不透明以及转换不顺畅等问题，招致实践者和管理者的众多非议，存在实践推进上的难题。而以链式时间戳、分布式账本、智能合约等为底层技术支撑的区块链，可以在互联网上实现学分记录、认证与转换的数字代码化，有效地解决了学分银行中心化治理的困境。[③]在此基础上，“区块链技术＋学分银行”的整合应用，将有效推动校外教育和校内教育的融合创新，推动社会化学习和学习型社会的落地实施。

在上述三点关键技术突破的基础上，智慧课堂构建起全新的虚实融合的智能生态环境体系，全球教育资源无缝链接共享、技术与教育服务水乳交融、人与技术的主体间性得以彰显，教育领域人、环境、资源之间的相互转化不断催生新的课程形态、新的学习范式、新的评价模式，由此学校功能和边界被打破，新的教育服务业态出现，已有学校形态发生历史性变革。

三、新形态的未来智慧课堂与未来学校

（一）整合化与个性化相统一的课程形态

信息技术对已有课程形态最大的冲击主要在于打破了原有课程内容的封闭性，拓展了传统意义上的一门课程或一本教材的课程内涵空间。大量开放可获取的优质教育资源因其模块化、碎片化、可重组的特征，促使教学内容从文本化、线性结构走向富

① 参见李振、董晓晓、周东岱等：《自适应学习系统中知识图谱的人机协同构建方法与应用研究》，《现代教育技术》2019 年第 10 期。

② 参见汪维富、闫寒冰：《面向开放学习成果的微认证：概念理解与运作体系》，《电化教育研究》2020 年第 1 期。

③ 参见张双志：《“区块链＋学分银行”：为终身学习赋能》，《电化教育研究》2020 年第 7 期。

媒体化、非线性。与此同时，以素养和能力培养为导向的人才培养目标定位的建立，促使以知识为中心的被动接受式教学走向基于活动的真实情境真实问题解决的课程教学，促使新的课程形态出现两种取向，即跨学科、跨领域的整合式课程结构和以学生为中心的个性化学习课程体系。在线课程、社会人士和社会机构的跨界融合成为课程资源和内容的重要提供者。教育领域围绕课程建设服务逐渐垂直细分，课程消费者群体不再被禁锢于传统学校，内容的提供者、资源开发者、课程教学平台的服务者等将成为优质课程供给侧的重要来源。

（二）正式学习和非正式学习互补融合的学习形态

基于“互联网 +”本质是联结共享的深度理解，未来智慧课堂将立足于信息技术构建虚实融合的生态环境，促进学生的学习行为和学习方式的革新，集中体现于校园课堂中的正式学习与非正式环境中的移动学习和泛在学习的互补融合，由此拓展课堂的深度、广度与参与度。在此过程中，学习的个性化及深度学习日益受到关注和重视，智慧课堂的边界得以拓展，成为打通在线教学与课堂教学的有效路径。与此同时，基于具身认知理论，利用具有情景感知功能的移动设备、可穿戴设备和物理场馆等构建起虚实结合的泛在学习空间，真正实现了学生与技术智能融合、学习与技术智能融合、学习与环境智能融合，使学习者身临其境，从思考中学习，从游戏中学习，从生活实践中学习，进而促进学习的自组织化、社群化、全场景化和泛在化。

（三）证据性和发展性兼容并包的评价形态

智能化技术环境下的教育评价在评价依据、评价内容和评价结果使用等方面也将发生重大转变。基于知识图谱和能力模型的个性化学习评价，有助于了解学生学习存在的障碍及成因，从而进行精准导向的练习辅导，以避免重复低效的练习，实现学生学业水平和能力发展的减负增效。基于大数据和学习行为分析技术对学生线上线下数据和学习过程进行采集、存储、分析，能够促使教师及时发现、引导、调控、追踪和改进教学过程中的问题，帮助学生改进学习方式和改善学业状态。基于此完成的个性化学习报告，能够精准反馈学生的学业质量水平和状况，让家长和学生更好地把握学业状态，预测和改进学业走向。与此同时，以学生为中心的教育测量和评价体系，以伴随式、嵌入式、个性化和可视化的方式改变了现有甄别和选择的评价功能，转向对学生的发展性和改进性评价，将更好地促进学生的全面、自主、个性发展。

（四）教学与学习支持服务供给侧的学校形态

依托区域智慧教育云平台建设，基于互联网的区域教育服务新模式将会涌现。统筹区域名优教师资源，贯通线上线下，提供直播课程、微课资源、课后在线答疑和个性化学习分析等教育服务将会成为教育领域的教学新常态。基于社交化和开放获取理念，采用大数据、人工智能、自适应、区块链等技术，构建服务于学生个性问题、共性问题、差异化需求等学业水平提升和素质能力培养的伴随式、预约式、全景式、泛在化的线上线下一体化学习支持服务体系，打破课堂、学校边界，构建课堂内外相结合、学校内外相结合的教育服务新业态。与此同时，学校不仅是学历教育的场所和机构，也将成为教育资源、数据、活动、认证的汇聚中心，成为社会教育和社会化学习的重要支持，助力学习型社会的构建与发展。

当前，在线教育、混合式教学、智慧教育等多样化教育形态的出现，宣告和预示教育的未来已逐渐到来。“智慧人”的培养是教育领域追求的终极目标，智慧课堂作为智慧教育落地实施的主阵地和主战场，将被赋予更多的时代使命和职责担当。正基于此，以智慧课堂推动大规模因材施教将成为今后一段时期内教育信息化创新发展的必由之路，而从未来教育和未来学校形态的倒逼式思考和追问，也将有助于促进智慧课堂健康和可持续发展。

下编　智慧课堂实践

第四章　小学智慧课堂学科教学案例

案例一　语文学科案例“母鸡”

一、教师基本情况介绍

姓　　名	娄桂琴	执教年级	四年级
教材情况	人民教育出版社《语文》四年级下册		
职　　称	小学高级教师		
个人简介	1998 年毕业于临沂师范学校，2006 年取得曲阜师范大学成人自学汉语言文学教育本科学历。 工作以来，一直从事小学语文教学工作，荣获市县级优秀教学奖、优秀辅导教师、优秀班主任、优秀教师、教学能手等各项荣誉。积极参加省市县级教学信息化大赛，取得课件制作、微课一等奖；“一师一优课、一课一名师”获“优课”；优质课评比一等奖。2020 年至今一直任教“智慧课堂”平板教学班，多次执教智慧课堂公开课，致力于创新智慧课堂教学模式，探索小学语文学科智慧课堂优秀教学案例。2021 年撰写的教学论文“浅谈智慧教育中信息技术与课堂教学的有机融合”取得佳绩。 执“智慧”之手，与“智慧”同乐，坚持用心用爱去呵护每一位学生。		
所在学校情况介绍	湖头镇中心小学位于风景秀丽的浮来山脚下，学校始建于 1981 年，是一所农村小学。学校始终坚持“德美教育”办学理念，秉承“立德树人、文化立校、科技兴校、质量强校”的办学宗旨，全面贯彻国家的教育方针，全面执行课程方案，大力实施素质教育。“明德启智，向善至美”的学校精神深入人心，“德以致和、美以求真”的校风正在形成。 近年来，在沂南县教育体育局和湖头镇党委政府的正确领导下，学校教育教学工作快速发展，先后荣获沂南县教育督导先进单位、沂南县教学工作先进单位、沂南县教学质量金奖、沂南县十佳学校、临沂市平安和谐校园、临沂市健康校园、临沂市数字化校园、临沂市卫生先进单位、临沂市绿色校园、临沂市文明校园、山东省卫生先进单位、山东省科技创新实验基地等荣誉称号。		

二、案例基本情况介绍

案例题目	母鸡
课　　型	新授课☑　习题讲评课□　专题复习课□
案例涉及的教学内容介绍	检查本课生词：讨厌、疙瘩、田坝、欺侮、忠厚、可恶、毒手、聋子、成绩、孵出、警戒、歪着、啄食、咕咕、汤圆、掘地、不哼、伏在、啼叫。 指导书写本课较难写的字：孵、警、戒。 了解作者老舍先生。老舍（1899~1966），原名舒庆春，字舍予，“老舍”是他最常用的笔名。他是杰出的语言大师，被誉为“人民艺术家”。他一生创作了一千多篇（部）作品，有长篇小说《骆驼祥子》《四世同堂》、话剧《茶馆》《龙须沟》等经典著作。 初探作者直接描写对母鸡前后态度变化的句子及所涉及的自然段：第 1～3 自然段讲述的是我一向讨厌母鸡；第 4～10 自然段讲述我不敢再讨厌母鸡。 我一向讨厌母鸡：母鸡的叫声嘎嘎、没完没了、细声细气、颤颤巍巍、如怨如诉。它欺软怕硬，不反抗公鸡，却欺侮最忠厚的鸭子。到下蛋的时候，他拼命炫耀，生怕别人不知道。 我不敢再讨厌母鸡了：母鸡有了鸡雏后，它负责、慈爱、勇敢、辛苦，因为它有了一群鸡雏。它伟大，因为它是鸡母亲。一个母亲必定就是一位英雄。 比较“猫”和“母鸡”表达上的异同：“猫”和“母鸡”都是老舍先生的作品，比较两篇课文在表达上有哪些相同和不同之处。 智慧大比拼：游戏比赛、选词填空、检查生字词的理解和课文内容的掌握情况。
案例的自我评价	智慧课堂教学实施后，娄桂琴老师依据学习平台对整个学习过程认真地进行了反思，认为学生课前自主学习单的完成情况和课堂上问题的交流、知识的检测以及课后习题的测试都体现了学生对本课知识的掌握情况，对作者如何表达对动物的感情有了深入的理解。 在教学过程中充分发挥智慧课堂的高效反馈性和个性化学习的优势，在本课生字词认识、书写及检测中，学生认识到了自己对本课基础知识和课文理解的掌握是否扎实，激发了学习的兴趣。通过对母鸡态度变化的学习，学生体会到了作者善于捕捉平凡生活中的小事及细致描写一个个鲜活的生活场景，母鸡的形象才跃然纸上；在对“猫”和“母鸡”两篇文章对比的学习中，学生认识到同一作者笔下描写的不同动物，表达方式是有所不同的，进而体会老舍先生的语言特色和文字背后的情感。 经过整个智慧课堂的学习，基于“母鸡”一课的内容学习，学生切实体会到了作者是如何描述对动物的感情，学生的语文学科素养进一步得到提升，学习的积极性、主动性在抢答、抽签、游戏等环节的参与中不断得到提高。

三、案例正文

（一）案例背景介绍

娄桂琴老师是湖头中心小学语文骨干教师兼道德与法治和科学教研员，除了在语文教学方面有着过硬的专业素养之外，她还不断学习，善于学习，在信息化技术运用方面卓有建树，她经常指导一些年轻教师搜集教学中的常用教学辅助材料。在学校成立智慧课堂班后，娄桂琴老师勇敢地接受了到智慧课堂班教学的任务，在实际教学中不断开展相关的实践研究工作。

“母鸡”一课是人教版《语文》四年级下册第四单元第 14 课，这节课的学习旨在引导学生通过默读找出“我”对母鸡的态度前后变化的句子，体会作者对母鸡由“讨厌”到“不敢讨厌”的情感变化，思考其中的原因是什么，引导学生边读边批注，读思结合，展开交流，分享读书体会，感受课文表达的情感。在探究过程中引导学生抓住重点语句，体会字里行间蕴含的情感，最后，引导学生将本课与“猫”做比较，在比较中发现同一个作家描写不同的动物所用的表达方法有什么异同，进而体会作者的语言特色和文字背后的情感。通过这节课的学习，学生除了要体会作者如何表达对动物的感情外，还要掌握本课的基础知识，同时也要为书写自己喜欢的动物做好铺垫。

（二）课前阶段教与学活动的设计与组织

1. 课前教与学活动设计方案

教师：在学习平台上发布自主学习任务单，要求学生在熟读课文的基础上，根据任务单内容边读边做批注并逐个完成，有疑惑的地方可以请教学生或在小组内进行交流。

学生：仔细阅读自主学习任务单，通读全文并做批注，按照任务单中的默读、概括、认写、理解、资料、质疑六方面的内容进行自主学习，为新课学习做好准备。

2. 自主学习任务单

默读	1. 课文共（　）个自然段，我读了（　）遍，能做到用较快的速度默读。 2. 边读边在课文中圈生字，画生词，不明白的画上“？”。
概括	本文描写了作者开始对母鸡“________”到后来“________”的态度的变化，表达了作者________之情。
认写	1. 读词语，不会读的在旁边做上标记。 讨厌　田坝　反抗　忠厚　毒手　成绩　警戒　预备　汤圆　掘地　啼叫 2. 认生字，在其上方注拼音。 （　）（　）（　）（　）（　） 撮　聋　啄　伏　凄 （田字格） 我会写这几个字了。

续表

理解	1. 联系上下文，写出下列加点词语在文中的意思。 （1）一只鸟儿飞过，或是什么东西响了一声，它立刻警戒起来：歪着听；挺着身儿预备作战。 （警戒：________________________） （2）在夜间若有什么动静，它便放声啼叫，顶尖锐，顶凄惨。 （凄惨：________________________） 2. 作者是怎样赞颂鸡母亲的？
资料	本文在介绍母鸡的时候，涉及黄鼠狼等其他动物，让我们一起搜集资料了解一下它们吧。
质疑	通过预习，你还有哪些疑惑？请写下来吧。

3. 自主学习效果检测习题、答案及评分细则

（1）自主学习检测习题根据课前预习单进行。

（2）自主学习检测题答案。

默读：10 段 学生根据自己的情况进行回答即可。

概括：讨厌、不讨厌、对母鸡的喜爱和敬佩。

认写：2. zuǒ lóng zhuō fú qī（第 1 和 3 小题根据实际填写即可）

理解：1.（1）警戒：泛指为防备出各类问题而采取保障措施。（2）凄惨：悲惨。以上词语理解学生回答符合文意即可。

2. 母鸡负责、慈爱、勇敢、辛苦，因为它有了一群鸡雏。它伟大，因为它是鸡母亲。一个母亲必定就是一位英雄。

资料：黄鼠狼，学名黄鼬，哺乳动物，体形细长，四肢短，栖息林中水边、田间以及多石平原等处，主要在夜间活动，分布于亚洲、欧洲、北美洲温带与寒带。国内各地均有分布，民间有俗语：“黄鼠狼给鸡拜年——没安好心”。

质疑：根据学生各自学习情况而定。

（3）评分细则：默读 5 分；概括 3 分；认写依次是 10 分、5 分、5 分；理解依次是 4 分、3 分；资料 5 分；质疑 10 分。

4. 课前教师任务与学生任务说明

课前阶段教师的主要任务是完成自主学习任务单的设计与开发，并依据自主学习任务单进行教学资源的收集、设计、开发与整合，并将自主学习任务单与教学资源上传到学习平台。学生根据自主学习任务单的指导和教师设定的学习任务，通过观看微课获取基础知识，并在教师提供的其他辅助学习资源支持下完成学习任务和习题检测。而后学生将自主学习过程中遇到的问题与疑惑上课时反馈给教师，教师据此并结合课前习题检测了解学生课前预习状况，对学习者的问题进行精准分析，利用网络或在课堂教学过程中给予有针对性的问题解答和学习指导。教师可据此开展智慧课堂教学活动的设计与组织，有针对性地给予学习者学习方法引领、指导和适当的决策支持服务。

（三）课中阶段教与学活动的设计与组织

1. 课中教与学活动设计方案

通过展示母鸡图片，学生回顾乡村生活中所观察到的母鸡是什么样的并进行描述，在与学生的交流中导入课堂。

（1）疑难突破

学生在教师的引导下自由朗读课文，初步了解作者对母鸡前后态度变化的句子对所讲述的所属自然段内容进行勾画、批注。然后根据阅读提示朗读思考课文学习“我一向讨厌母鸡”的原因，通过边读边勾画写批注、全班交流、抓关键词句进行理解、教师适时引导、总结学习方法和作者表达上的特点，最后根据习得方法先自主学习再小组合作学习讨论“我不敢再讨厌母鸡了”这一部分，然后以交流汇报、朗读感悟、回顾比较等方式解决自主学习任务单中和教师提出的疑难困惑问题。

（2）展示交流

根据智慧课堂中的平台出示阅读问题提示后，学生进行自主学习和小组合作学习，然后以抽签或抢答的形式进行个人回答或小组汇报，有不同意见的地方，其他学生或小组可以进行补充，教师适时在学习中进行梳理、完善、总结、评价学生的展示情况。

（3）练习巩固

针对学生课堂上的学习情况推送智慧大比拼、填空题等形式的课上练习，学生在平板上作答并上传至平台，教师可以看到学生的完成情况。针对学生易错的知识“恶的三种读音、颤颤巍巍的书写是否正确、对如怨如诉等词语的正确解释与语境使用、课文内容中作者对母鸡感情变化的词语选择”等习题操练与教师有针对性的精讲，巩固了疑难知识点。

（4）总结归纳

回顾本节关于老舍先生的“母鸡”一课的学习，教师由扶到放，学生自主学习与小组合作学习有机融合再加上教师采用的抢答、抽签、拍照等不同的展示交流方式，以及教师适时点拨、补充、总结发言，为提高学生学习的积极性奠定了良好的基础。

2. 课中随堂巩固习题、答案及评分细则

学生在教师引导下完成“智慧大比拼、我会理解、我会用”等融知识性、趣味性于一体的随堂练习题，知识掌握相较于课前学习有了一定的提高。在习题中，针对重难点知识进行进一步的考查，要求学生对讨厌母鸡和不敢讨厌母鸡的词语以填空的形式进行作答，然后上传至教师端平台。教师可以很快掌握学生的学习效果。

（1）课中习题及答案

A. 智慧大比拼

雏（chú） 颤颤巍巍 恶（三种读音：ě，wù，è） 嘎（gǎ） 更（gèng）

B. 看意思，猜词语

①看看前，看看后。（瞻前顾后）

②趁别人没有防备。（趁其不备）

③挺着身儿出击。（挺身而出）

④好像在倾诉，又好像在怨恨。形容声音带有忧郁的味道。（如怨如诉）

C. 我会用

①对同学有什么意见尽管提，不要（瞻前顾后），闪烁其词。

②天晚了，山谷里传出一阵笛声，那声音（如怨如诉）。

③在抗洪万分危急时刻，解放军战士（挺身而出）。

④前面的小偷（趁其不备）抢走了那位大姐姐的钱包。

⑤奶奶近日身体不好，走路都（颤颤巍巍）的。

（2）评分细则

A. 每答对一题得 1 分，共 5 分。

B. 每答对一题得 2 分，共 8 分。

C. 每答对一题得 2 分，共 10 分。

3. 课中教师任务与学生任务说明

（1）通过展示图片让学生以回顾交流的方式导入本节课“母鸡”，学生发表自己的观点后，通过问题的引入（想不想了解老舍先生眼里的母鸡又是怎样的呢？）激发学生对“母鸡”一课的学习兴趣。

（2）根据自主学习任务单检查学生的课前预习情况，然后在教师的引导下理解课文并依据阅读提示进行朗读、默读、自由朗读，由教师帮扶到自主学习、小组合作学习，深入体会作者对母鸡前后态度变化的内容，同时教师适时点拨引导，对疑难问题进行精讲。

（3）教师根据本课的课后题设计“我”对母鸡的态度前后变化的原因，体会作者用词的严谨，“猫”和“母鸡”表达上的异同点等问题作为本节课的重点和难点问题，由教师引导学生通过自主学习、合作学习、展示交流等环节进行学习。

（4）交流探讨赞美母爱的诗句、母爱的故事、生活中交往相处等方式，进一步表达对母亲的赞颂。

（5）完成教师推送的课堂练习题，巩固课堂教学所学知识，教师完成讲解。

（四）课后阶段教与学活动的设计与组织

1. 课后教与学活动设计方案

（1）教师在平台发布课后作业，要求学生根据本课的学习所获进一步观察身边熟悉的小动物，看看它们有什么特点，仿照作者的写作方法就熟悉的小动物某一方面特点写一个片段，并根据学习所获完成“母鸡”一课的思维导图，然后在平板上提交。

（2）学生课下完成片段练习和思维导图的绘制，用平板拍照上传至教学平台。

（3）学生对于本节课仍然存在的疑惑，可以在平台讨论区和教师或者其他学生互动提问，教师随时登录平台解答疑惑，还可以在互动讨论区讨论交流如何表达对小动物的情感的片段习作练习。

2. 课后阶段提升习题、答案及评分细则

针对课上学习情况和本节课知识学习的重难点形成课后习题。根据学生平板端显示的学生课前以及课上学习成果，个性化、针对性地向学生推送习题作为学生学习效果监测的依据。对于基础较差的学生，平台可以只要求他们仿写推送或绘制简单的思维导图。

3. 教师与学生创制生成的教学资源

学生在课下独立完成“母鸡”一课思维导图，课上教师在进行了有效的引导、讲解如何绘制提出要求和意见后，学生课下自主完成“母鸡”一课的思维导图，并上传至教学平台，分享交流。思维导图更能够体现学生个人的认知方式和对本节课知识点的理解。

（五）学生学习质量评价方案

本节课的过程性评价分为课前学习、课中学习和课后学习三个不同阶段，而且不同评价阶段评价主体存在差异。课前学习评价主要由教师完成，评价内容依据网络教学平台提供的学习数据，包括在线时长、任务完成情况、线上作业完成情况等，此部

分赋分占总评成绩的 30%。课中学习评价由教师和学生共同完成，课中学习评价占总评成绩的 50%。评价依据主要是学生和学习小组在自主学习任务汇报及课堂问题讨论活动中的综合表现。此部分评价中教师评分的赋分占总评成绩的 35%，学生组内评价的赋分比为总评成绩的 15%。课后学习评价由教师完成，占总评成绩的 20%。

案例二　数学学科案例“轴对称”

一、教师基本情况介绍

姓　　名	陈娜	执教年级	四年级
教材情况	人民教育出版社《数学》四年级下册		
职　　称	小学二级教师		
个人简介	2016 年完成山东大学法律本科学习。自参加工作以来，一直从事小学数学教学工作。2018 年获“天桥区小学第十届教学新苗评优课”一等奖；2019 年获“第十七届全国小学信息技术与教学融合创新优质课”一等奖；2021 年获山东省“一师一优课、一课一名师”活动优课。2018 年至今一直研究平板移动终端在小学数学课堂中的应用，曾多次执教智慧课堂公开课。2020 年获山东省教育教学信息化大赛融合创新应用教学案例一等奖。 作为青年教师的我，性格开朗，有活力，有激情，敢于接受新的挑战。我会始终保持奋斗的姿态，探索智慧课堂教学，真正做到减负提质。		
所在学校情况介绍	山东省济南汇文实验学校成立以来，坚持“给每个汇文人创造更大的发展空间”的办学理念，全面实施素质教育，全力打造名牌学校。法德结合的管理方式充分发挥了广大教职工的聪明才智和巨大潜能，促使学校稳定、健康、和谐发展。学校办学条件不断优化，管理日趋规范，教育教学质量稳步提升。打造“魅力德育”、构建“诗意校园”、开展科普创新、关注特长发展等特色工作取得了显著成绩，走在了市区前列。		

二、案例基本情况介绍

案例题目	轴对称
课　　型	新授课☑　习题讲评课□　专题复习课□

续表

案例涉及的教学内容介绍	1. “轴对称”属于“空间与图形”领域“图形的运动”的内容。小学阶段“轴对称”共安排了两次：第一次是在二年级下册，只是让学生通过直观理解轴对称图形的特征。第二次是在四年级下册第七单元，也就是本案例的内容，是对轴对称图形的再认识，要求学生能在方格纸上画出简单轴对称图形的对称轴及补全轴对称图形。知识延展下去，就到了八年级上册，由此可见四年级下册的轴对称内容起到了承上启下的作用。 2. 进一步认识轴对称图形和对称轴：将图形沿一条直线对折，直线两侧的部分如果能够完全重合，那么这个图形是轴对称图形，折痕所在的这条直线就是它的对称轴。 3. 认识对称点：沿对称轴对折后可以完全重合的一组点，叫作对称点。 4. 轴对称图形的两个特征：对称点到对称轴的距离相等；对称点的连线与对称轴互相垂直。 5. 补全轴对称图形另一半的四步画图法：找点（找已知图形线段上的端点）→数格（数对称点到对称轴的距离）→定点（确定对称点）→连线（用尺子依次连线）。
案例的自我评价	通过“观、做、用、推”四部曲进行融合信息技术的智慧课堂。“观”，观中复习，学生课前观看发布在网络学习空间中的微视频，复习轴对称图形的旧知，引出新知。“做”，做中感悟，通过教师端——教师助手，学生端——理想学堂这一交互式学习软件，在平板可移动终端的媒介下融合传统方格纸画图“做”数学，发现轴对称图形的特征，总结画图方法，感悟知识间的联系。“用”，用准数据，数据调控教学，精准施教、以学定教。“推”，推送资源，课后向学生推送各种关于轴对称的资源及分层作业，实现个性化学习。这四部曲使课前、课中、课后建立起联系，构建了闭环式智慧课堂教学模式，提高了教学效率和质量，促进了学生核心素养的提升与发展，让学生在轻松快乐的氛围中自主探索，掌握了轴对称的有关知识，促成了空间观念的形成与巩固。

三、案例正文

（一）案例背景介绍

很荣幸成为学校“汇文智慧课堂教学模式”研究团队的一员，通过参与研究，我对信息化时代下的课堂教学有了全新的认识，也对网络学习空间的应用有了更深入的了解，它可以实现资源共建共享，微视频、学习单、各种资源都可以存放其中，供学生学习使用。它与平板可移动终端相辅相成，使课前、课中、课后建立起联系，创新了传统的教学课堂，构建了闭环式智慧课堂教学新模式。

（二）课前阶段教与学活动的设计与组织

1. 课前教与学活动设计方案

教师：在网络学习空间发布了课前导学微视频资源及自主学习任务单。微视频“轴对称图形”里面包含了 4 个方面的内容：认识轴对称图形、会找对称轴、认识对称点、思考补全轴对称图形另一半的画图方法，让学生复习二年级旧知识的同时，激发学生学习四年级新知的兴趣。

学生：仔细阅读自主学习任务单的学习目标及方法部分，把握学习目标、重点，依据学习方法的指导依次完成自主学习任务，结合观看预习微视频、教材学习，唤起旧知回忆，初步掌握本节课的主要内容，完成学习单。带着思考与问题进入课堂学习，有效地提高学习效率。

2. 自主学习任务单

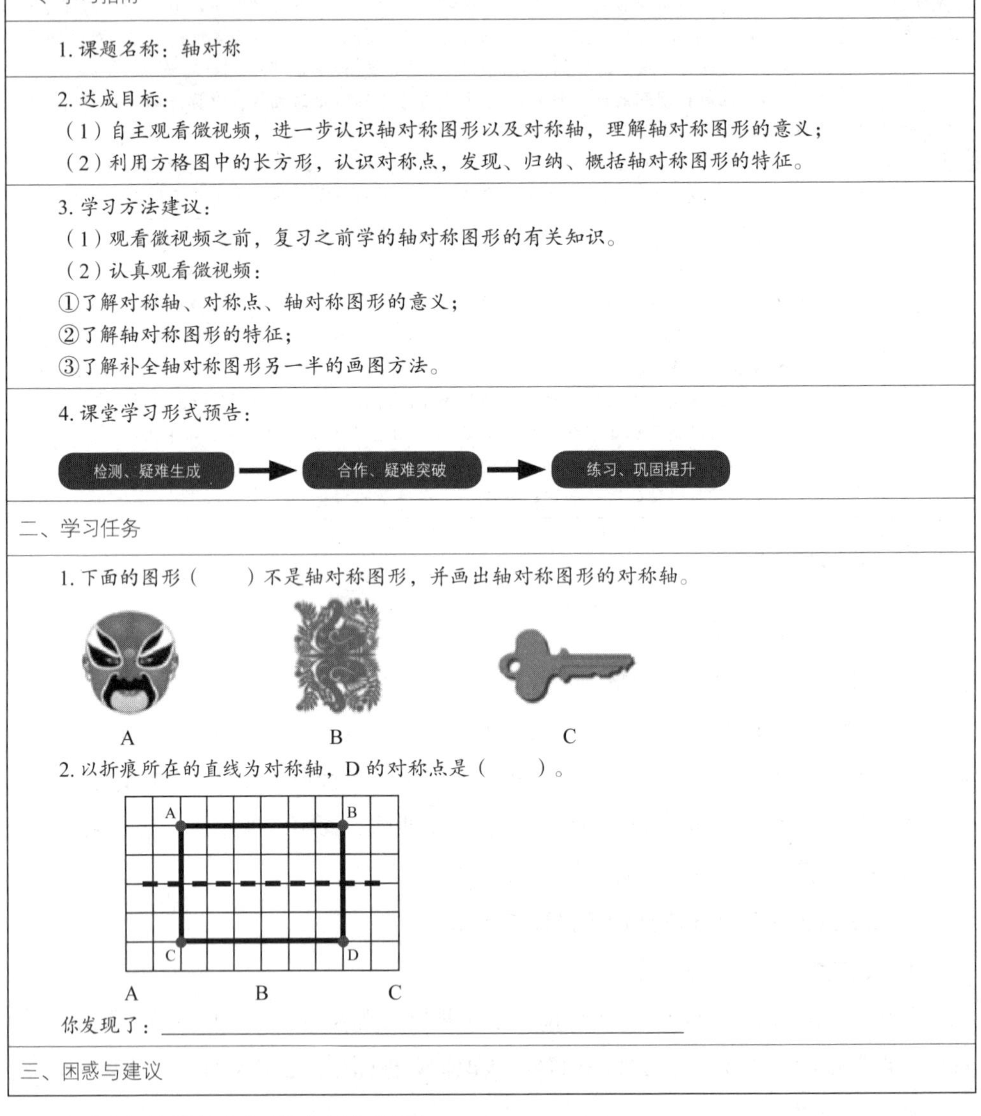

一、学习指南

1. 课题名称：轴对称

2. 达成目标：
（1）自主观看微视频，进一步认识轴对称图形以及对称轴，理解轴对称图形的意义；
（2）利用方格图中的长方形，认识对称点，发现、归纳、概括轴对称图形的特征。

3. 学习方法建议：
（1）观看微视频之前，复习之前学的轴对称图形的有关知识。
（2）认真观看微视频：
①了解对称轴、对称点、轴对称图形的意义；
②了解轴对称图形的特征；
③了解补全轴对称图形另一半的画图方法。

4. 课堂学习形式预告：

检测、疑难生成 → 合作、疑难突破 → 练习、巩固提升

二、学习任务

1. 下面的图形（　　）不是轴对称图形，并画出轴对称图形的对称轴。

A　　B　　C

2. 以折痕所在的直线为对称轴，D的对称点是（　　）。

A　B　C　D

A　　B　　C

你发现了：________________

三、困惑与建议

3. 课前教师任务与学生任务说明

课前阶段教师的主要任务是完成自主学习任务单的设计与开发，依据自主学习任

务进行预习微视频资源的收集、设计、开发与整合，并将自主学习任务单与微视频资源上传到网络学习空间。学生根据自主学习任务单的指导和教师设定的学习任务，通过观看微视频复习二年级学过的关于轴对称图形知识的旧知识，同时引出新知识，获取知识基础，并完成学习任务单上的检测题。在这个过程中，学生可以根据自己的学习情况反复观看微视频资源，遇到重点的地方也可以暂停做笔记记录。学生在自主学习过程中的思考和问题可以反馈给教师，教师结合教师端后台的空间数据，可以清楚地知道学生学习的次数、时长、频率，从而了解学生课前的学习情况，掌握学情，调整教学设计及教学策略，开展智慧课堂教学活动的设计与组织。

（三）课中阶段教与学活动的设计与组织

1. 课中教与学活动设计方案

上课开始借助备课助手学科工具中的小游戏“找到自己的另一半”，利用平板移动终端实现抢屏的环节，不仅唤起学生对旧知识的回忆，增添了趣味性，而且激发了学生学习的兴趣，开启了轴对称图形的探索之旅。以“智慧课堂”教学为主轴线，通过多次平板工具的介入设计了 4 个教学环节，聚焦了重点，突破了难点。

（1）疑难突破

第一次使用平板工具：数据反馈学习单上的第一题，根据图形找到对称轴，能够清晰辨别出轴对称图形。学生通过平板终端提交选项答案，由于课前学生观看微视频的复习效果理想，这道题的答对率达到 100%，以学定教，学生掌握的知识就可以少讲或者不讲。

第二次使用平板工具：数据反馈学习单上的第二题，利用方格图中的长方形，找到已知点的对称点。原本我觉得知识点简单，应该和第一道题做得一样好，想一带而过，没想到数据分析显示，答对率只有 73%，45 位学生中，3 人选择了 A，9 人选择了 C，大家也很疑惑到底谁选错了，我随即点开数据统计，立刻看到错题名单，于是我从里面挑了一名学生，问他什么是对称点，他支支吾吾半天也说不上来，我就借着手势告诉他，你看沿着对称轴对折后可以重合的一组点就是对称点，他立刻就明白了。我不确定其他选错的学生是不是也明白了，于是我又从网络学习空间中调出了一道类似的题目，让刚才出错的学生回答，效果很不错，大家都会找对称点了，而且还发现了轴对称图形的重要特征之一是对称点到对称轴的距离相等，理解在同一个轴对称图形中对称轴的方向不同找到的对称点也就不同。正是因为数据的精准即时反馈，我能够及时调控教学，学生们也能够立刻知道自己哪些地方学会了，哪些地方没学会。

第三次使用平板工具：出示蝴蝶图，让学生尝试根据对称轴补全另一半。为了突破这个重点，以小组为单位进行探索交流，讨论画图的步骤和方法。利用平板工具第一时间就将全班所有小组成员的作品以图片上传的形式全部收集在了教师平板终端，然后老师展示在大屏上，实现同屏共享。

（2）展示交流

学生小组之间通过屏幕共享，相互展示自己的画图情况，讲解怎么补全轴对称图形的另一半，有什么好的方法帮助学生画得又快又好。当看到有问题的作品时，学生能立即找到错误所在，主要集中在找对称点错、数错格的情况，全班在交流展示的过程中自主归纳总结出补全轴对称图形另一半的4步画图法，即找点、数格、定点、连线。整个过程，借助平板互动交流，实现大屏的共享，避免了传统课堂中全班的画图作品不能一一展示的弊端，从而有效地突破了教学重点。

（3）练习巩固

针对学生对自主学习任务单的学习和课上学习情况推送课上练习，学生在平板上作答后并上传到教师端，教师可以看到并向全班展示完成的数据情况。通过数据的即时反馈，精准到人，对症下药，以学定教，巩固本节课所学知识。做到课堂清，每个学生都能掌握所学知识。

（4）总结归纳

回顾本节课关于轴对称的内容，学生谈收获，教师总结发言。本节课结束前，借助微视频“对称之美”，动画的效果配合着音乐，直观形象地使学生体会到对称是生活中经常出现的现象，我们要用数学的眼光观察世界。数学教学更应该还原其“美”的本质。一起欣赏数学智慧之美、对称之美，让学生更加喜欢数学、热爱数学。

在这四个环节中，通过多次平板工具的使用，呈现了如何突破本节课的教学重难点的过程。逐步递进，环环相扣，学生在体验中感悟，在感悟中升华，使空间观念得到形成与巩固。

2. 课中随堂巩固习题、答案及评分细则

这个环节设计了“小试牛刀”的4道选择题和一个跟进练习。

第一个题目，给出基本的几何图形，辨析哪个图形是轴对称图形，巩固轴对称图形的概念。

第二个题目，进一步巩固对称轴知识。

第三个题目，当遇到对称轴是斜置的情况时，如何画出正确的另一半，这是学生学习中的难点，也是教师处理的一个很棘手的问题。如何让学生学得轻松呢？从形式上我以退为进，由选择题入手，降低了难度。让学生选择轴对称图形正确的另一半，并发现了轴对称图形的另一个特征：对称点的连线与对称轴一定互相垂直。

第四个题目，选出轴对称图形正确的另一半。先让学生观察想象，然后通过平板终端选择答案提交。数据的即时反馈，让我第一时间知道哪些同学出现找错对称点的情况，哪些同学出现数错格的情况，直接进行有针对性的沟通。从找对称点入手，运用画法解决了这个问题。

为了进行巩固，又设计了类似的跟进练习。有了方法支撑，同学们跃跃欲试，虽然与上一题的画图方向相反，但数据显示正确率明显提高了。平板终端的及时提问推送，打破了传统意义上让学生打开数学书，拿出课本、纸、笔开始一系列活动的数学课堂，使课堂中所有环节变得更清晰、更简单。题目的推送既省时又准确，提升了课堂效率。同时，数据的即时反馈展现了精准施教，以学定教的优势。

（1）下面三种梯形中（　）是轴对称图形。

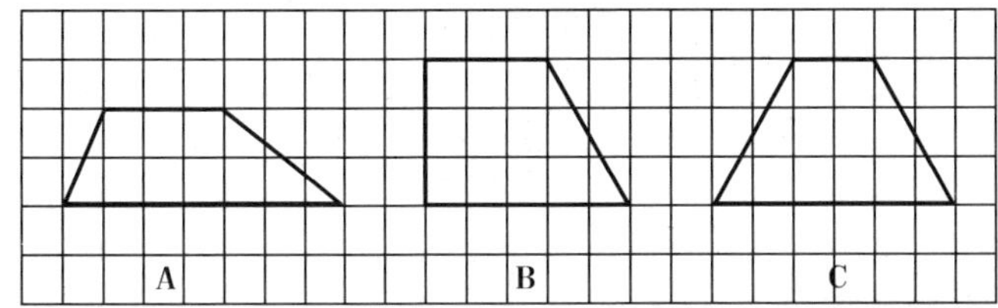

（2）下面图形中（　）的对称轴数量最多。

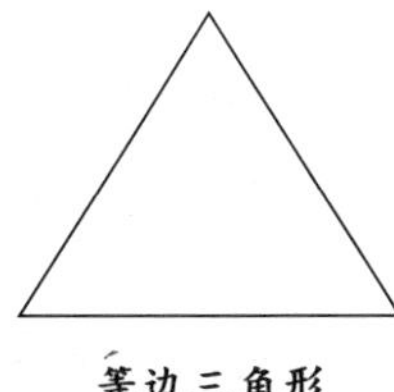

等边三角形

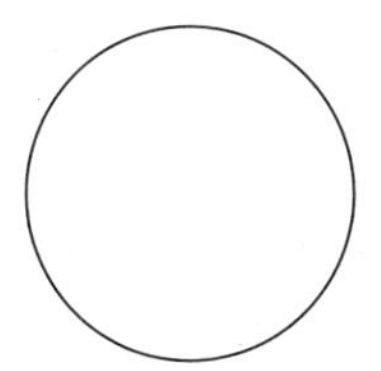

圆形

正方形

（3）①你能画出下面对称轴图形的另一半吗？

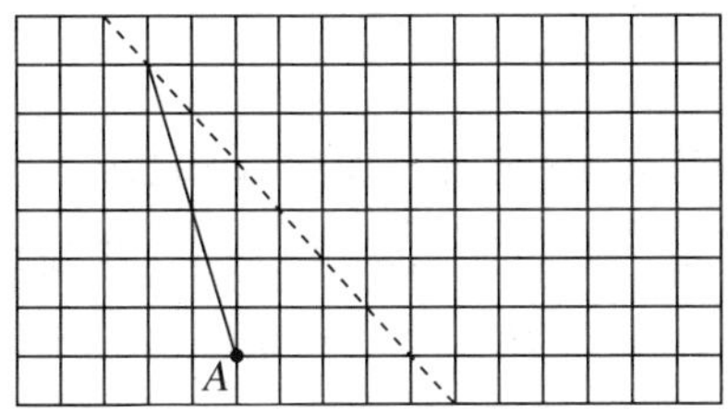

②下面补画轴对称图形的另一半，（　　）正确。

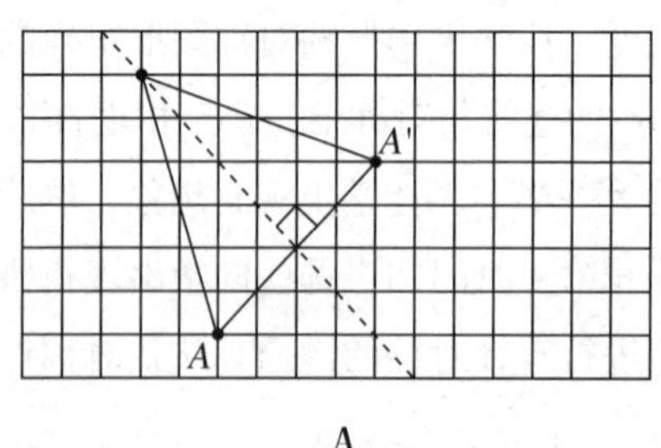

A

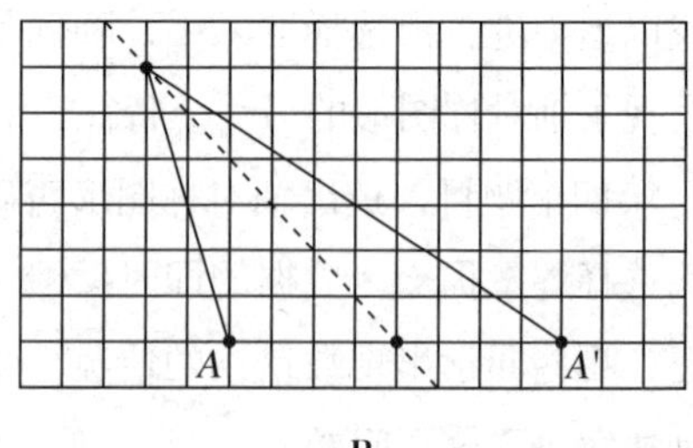

B

（4）请选出轴对称图形的另一半（　　）。

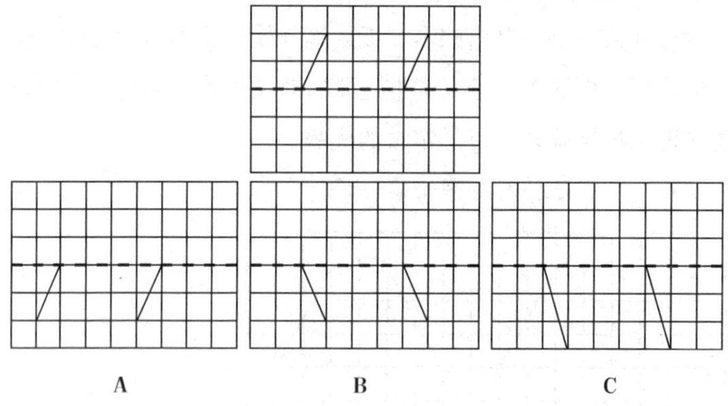

3. 课中教师任务与学生任务说明

（1）通过“找到自己的另一半”小游戏导入本节课的主题——轴对称，唤起了学生对旧知识的回忆，激发了学生对轴对称这一节课内容的学习兴趣。

（2）通过数据反馈学习单的两个题目，简单的不讲或者少讲，掌握不好的地方学生先互相交流，教师负责补充及精讲。小组合作环节，组内成员共同探讨利用找对称点正确补全轴对称图形另一半的画图步骤及方法。

（3）教师根据自身的教学经验，确定本节课的重点，由小组进行展示交流，学生自主归纳总结补全轴对称图形另一半的画法，教师完善、总结学生的展示情况。

（4）完成教师推送的当堂检测习题，巩固课堂教学所学知识，通过数据反馈，教师以学定教，精准讲解。

（5）通过欣赏“对称之美”这一环节，展示各种美丽的对称图形，创设一个美的情境，让学生在美的情境中受到美的熏陶，激发学生的学习兴趣，提高学生的想象力和创造力，体会数学与生活的联系，凸显数学的价值，实现数育并举。

（四）课后阶段教与学活动的设计与组织

1. 课后教与学活动设计方案

在网络学习空间老师向学生推送分层作业，做到分层教学，因材施教。分层作业是对数学课堂教学的延伸和补充，是对课堂知识的总结和巩固。我设计了两个题目和一个开放性画图的作业，第二题较第一题有难度。学生可以一键收集错题，形成错题本，方便以后复习巩固。通过对不同学生的分层作业追踪、研究、反馈，激发学生们学习数学的积极性，并有效提高学习效率。

在网络学习空间向学生推送各种关于轴对称的资源，学生可以随时随地反复观看，而且它的种类丰富，有微视频、导学检测题、重点题型剖析、课外拓展知识等，学生可以根据自己的喜好、薄弱点自主选择。

2. 课后进阶提升习题、答案及评分细则

根据学生平板端显示的学生课前以及课上学习成果，有针对性地向学生推送不同难度的习题作为监测学生学习效果的依据。学困生夯实基础、查缺补漏，学优生拓展提升，真正实现了因材施教的个性化学习。

分层作业我设计了两个根据对称轴补全轴对称图形另一半的题目，第一个题目对称轴是水平的，第二个题目对称轴是斜置的，而且出现了数半格的情况，有一定难度。同时设置开放性作业，在方格纸上设计自己喜欢的轴对称图形。

画出下面轴对称图形的另一半：

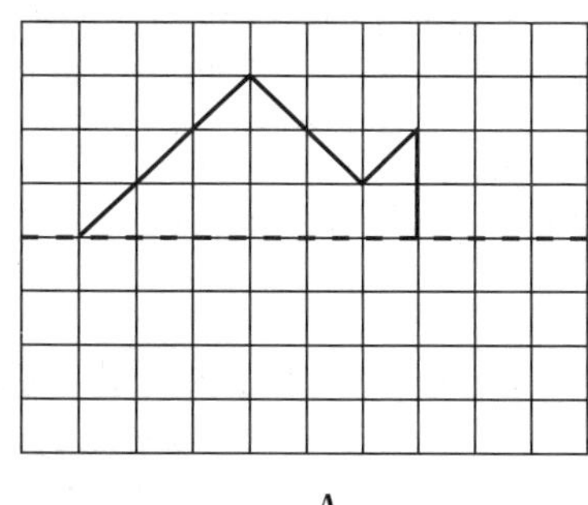

A

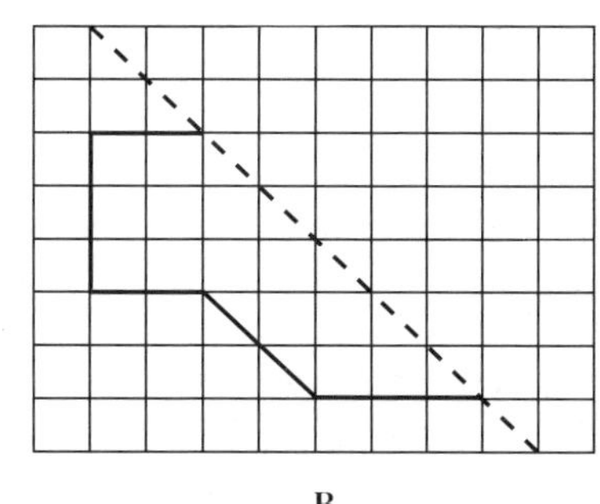

B

答案及评分细则（略）。

3. 教师与学生创制生成新的教学资源

（五）学生学习质量评价方案

评价不仅要关注学生的学业成绩，而且要发现、发展学生多方面的潜能，运用多种方法综合评价学生学习的基础知识与技能、学习方法与过程、情感、态度、价值观、

创新意识和实践能力等方面的进步与变化。本节课我通过课前自主导学、课中精准学习和课后分层学习三个不同阶段对学生进行评价，而且不同评价阶段评价主体存在差异。课前自主导学评价主要由教师完成，评价内容依据网络学习空间提供的学习数据，包括登录次数、学习时长及频率、线上作业完成情况等，此部分赋分占总评成绩的30%。课中精准学习评价由教师和学生共同完成，课中学习评价占总评成绩的40%。评价依据主要是学生和各学习小组在课堂自主学习和交流讨论中的综合表现。课后分层学习评价由教师和学生共同完成，占总评成绩的30%。依据学生线上分层作业完成情况及资源学习情况进行评价。

案例三　数学学科案例“乘法分配律”

一、教师基本情况介绍

姓　　名	张伟	执教年级	四年级
教材情况	人民教育出版社《数学》四年级下册		
职　　称	小学一级教师		
个人简介	任教以来一直在一线担任小学数学教学工作，2009年获得“优秀教师”；2009年至今多次获得县小学数学优质课一等奖；2010年获得“优秀教学奖”称号；2011年执教“临沂市小学数学公开课”；2015年获得市县“教学能手”称号；2019年获得县“优秀教学工作者”称号。 教学中善用质疑，促进学生思维发展，引导学生主动思考问题、解决问题。		
所在学校情况介绍	平邑县实验小学是一所文化底蕴深厚的学校。学校全面贯彻党的教育方针，大力推进素质教育，办学规模不断扩大，教学质量不断提高，得到上级的充分肯定和社会的广泛赞誉。近年来，学校先后获得“山东省文明校园”“山东省教学示范学校”“临沂市教学工作先进单位”“临沂市规范化学校”“临沂市电化教育先进单位”“平邑县教育教学管理先进单位”“平邑县文明单位”等一系列荣誉称号。学校先后被确立为“全国合作教学基本理论与实践研究重点实验基地”“山东省创新教育实验基地”“山东省多媒体网络教学实验研究基地”“平邑县智慧课堂课程改革示范学校”“平邑县家庭教育示范基地”。学校始终把“唯一唯美”作为办学宗旨，把“以美兴校，凸显特色，夯实基础，全面发展”作为基本的办学理念，倡导学生“做最美的自己”，倡导教师“让孩子享受幸福的童年”；倡导师生“互尊互爱，共同成长”，倡导干部“甘为人梯，赢得信任，成就他人”。		

二、案例基本情况介绍

案例题目	乘法分配律
课　型	新授课☑　习题讲评课□　专题复习课□
案例涉及的教学内容介绍	在本节课内容之前，教材在前面分别安排了连加、连减、加减混合、乘加、乘减、乘除以及加减乘除混合运算（包括带小括号的运算题目）的学习，在本册安排运算律的系统学习就显得恰到好处，既对二三年级零散混合运算进行了整理，又对整数混合运算（包括中括号、小括号同时出现在一道题目中）进行了系统的学习，为后续学习简便运算和小数、分数混合运算打下了基础。 学生在学习本节课内容之前已经学过一些简单的混合运算题目，知道混合运算题目的运算顺序和有小括号题目的运算要求，在平时做题中学生也遇到过乘法分配律类型的题目，只是不知道运算律的名称。本单元正好借助学生已有的丰富的运算经验，系统地学习运算律；同时，教材内容的编排符合四年级学生认知特点和年龄特征，此时学生已经具备一定的逻辑思维能力和抽象概括能力，有字母算式的学习体验（比如之前学习的长方形、正方形、周长和面积计算公式），所以提炼运算律的字母公式放在这里水到渠成，对学生逻辑抽象思维也达到了训练目的，提升了学生运算能力，同时为后续的“简便运算”打下了基础。
案例的自我评价	智慧课堂教学实施之后，我依据学习平台对整个学习过程的记录，仔细分析对比了学生课前对自主学习任务的完成情况和课后小组最终提交的当堂达标完成情况，认为学生在最后提交的学习单都体现了学生对乘法分配律的深入理解。 在教学过程中充分发挥智慧课堂高效反馈性和个性化学习的优势，通过对乘法分配律的学习来摒弃传统的机械记忆和算法的模仿，把重点放在让学生发现、感悟、体验数学规律的过程上，并且让学生学会用辩证的思维方式思考问题，真正落实学生的主体地位。让学生在课堂上经历数学研究的基本过程：感知→猜想→验证→总结→应用。在教学过程中根据学生的情况善导，使学生学会科学的学习方法，不断发展和完善自己，激发学生的创新灵感。 经过智慧课堂的学习，基于“乘法分配律”这节课程内容的学习，有效地提高了学生解决问题的能力，培养了学生的数学核心素养。

三、案例正文

（一）案例背景介绍

张伟老师是平邑县实验小学的骨干教师，除了在数学教学方面有着过硬的专业素养之外，还精通信息化技术，并且是国家三级心理咨询师，兼职从事心理咨询工作。在学校决定开展智慧课堂教学实践时，张伟老师主动承担了智慧课堂实验班的数学教学工作，根据学生心理发展的特点，在数学课堂教学中进行数学交流，使学生的心理需求、知识需求得到充分满足，进而使数学教学效率得以提高。

“乘法分配律”是义务教育课程标准实验教科书（人教版）《数学》四年级下册的教学内容，也是小学阶段学到的第三个乘法运算定律，而且是学生以后进行简便计算的前提和依据。乘法分配律的学习对提高学生的计算能力有着举足轻重的作用，所以在很多老师的眼中，要上好这堂课难乎其难。原因有二：一是怕学生不会根据平板内容进行归纳；二是怕学生较难理解将两个算式相等作为表征呈现。因此，本节课把关注点放在难点二上，并结合乘法分配律的后续作用，选择从生活情境中解决问题这个角度来解释乘法分配律的意义，或许这样的学习能在学生的后续学习中发挥很好的作用。即：先从植树情境入手，引出乘法分配律的结构，用生活情境解释算式的生成与由来，再从算式回归情境，以此深化乘法分配律与实际情境相结合的意义，为后续解决问题做好铺垫，为此设计了以下教学案例。下面的案例或许能给大家带来一些启示，同时还需要在今后的智慧课堂教学实践和理论研究基础上做深入的探讨。

（二）课前阶段教与学活动的设计与组织

1. 课前教与学活动设计方案

教师：在学习平台上发布自主学习任务单及学习资源，在学生完成自主学习任务之后，整理统计学生反馈的共同疑难问题，并将个别同学的疑难问题线上解决。

学生：仔细阅读自主学习任务单的学习指导部分，把握学习目标、重点难点，根据教学系统平台上提供的本节重难点知识的提示，依据学习方法的指导依次完成自主学习任务，结合观看教学微视频、教材学习、教学课件学习，初步掌握本节的主要内容，完成导学学习单。将遇到的疑难问题于自主学习任务单中“困惑与建议”部分向教师进行反馈。最后阅读课堂活动预告，为课中学习做好准备。

【困惑与建议】

学生：老师，我们在探究已经学过的运算定律的时候积累了哪些经验？这些方法怎么总结？

教师：我们学习前面运算定律的时候，对算式进行了观察、猜想，并对学生进行举例验证，最后得出结论。主要是让学生理解本节课知识，获得学习经验，培养学生发现问题、提出问题、分析问题、解决问题的能力。

2. 自主学习任务单

<table>
<tr><td>学习目标</td><td>1. 能在探索的过程中，自主发现乘法分配律并能用字母表示。
2. 会用乘法分配律进行简便计算和解决简单的实际问题，从而感受数学和生活的联系。</td></tr>
<tr><td colspan="2">前置学习</td></tr>
<tr><td colspan="2">任务一：
1. 说一说我们已经研究了乘法的哪些运算定律？
2. 我们怎样探究以上运算定律？已经积累了哪些经验？
任务二：
一共有 25 个小组参加植树，每个小组有 4 人负责种树，2 人负责浇树，一共有多少人参加了这次植树活动？
1. 你都获得了哪些信息？
2. 要想解决问题，需要用到哪些条件？
3. 请试用不同的方法解答，并说一说这两种做法的道理。
方法一：　　　　方法二：

4. 通过计算我发现：
相同点：
不同点：
这两个算式有什么关系呢？
(　　＋　　) ×　○　×　　＋　　×

任务三：
1. 你还能举出像这样的等式吗？（举一个）
通过上面的几组算式，我发现：两个数的(　　)与一个数相乘，可以先把它们与这个数分别(　　)，再(　　)。这叫作乘法分配律。
2. 你能用字母表示乘法分配律吗？
$(a+b)\times c=$　　×　　＋　　×
$a\times(b+c)=$　　×　　＋　　×</td></tr>
<tr><td>我的发现：</td><td>我的困惑：</td></tr>
</table>

续表

【基础题】

1. 根据运算定律在下面的□里填上合适的数。

（1）（15+25）×4 = □ ×4+ □ ×4

（2）5×（12+26）= □ ×12+ □ ×26

（3）62×7+38×7 =（62+38）× □

（4）49×9+49 = 49×（□ + □）

【发展题】

1. 下面哪些算式是正确的？在正确的括号内画“√”，在错误的括号内画“×”。

56×（19+28）= 56+19+28　　（　）

32×（7×3）=32×7+32×3　　（　）

64×64+36×64 =（64+36）×64　　（　）

2. 观察下面的竖式，说一说在计算的过程中运用了什么运算定律？

$$\begin{array}{r} 25 \\ \times\ 12 \\ \hline 50 \\ 250 \\ \hline 300 \end{array}$$

【拓展题】

103×12　　　　20×55

【学习评价】

自评	小组评	师评
☆☆☆	☆☆☆	

3. 自主学习效果检测习题、答案及评分细则

略。

4. 课前阶段教师任务与学生任务说明

课前阶段教师的主要任务是完成自主学习任务单的设计与开发，并依据自主学习任务进行教学资源的收集、设计、开发与整合，并将自主学习任务单与教学资源上传到学习平台。学生根据自主学习任务单的指导和教师设定的学习任务，通过观看微课获取知识基础，并在教师提供的其他辅助学习资源支持下完成学习任务和习题检测。

而后学生将自主学习过程中遇到的问题与疑惑反馈给教师，教师据此结合课前习题检测了解学生课前学习状况，对学习者的问题进行精准分析，利用网络或在课堂教学过程中给予有针对性的问题解答和学习指导。教师可据此开展智慧课堂教学活动的设计与组织，有针对性地给予学习者学习方法指导（①认真观看微视频，根据视频提示，遇到需要思考或有困难的地方可以暂停，也可反复观看；②利用自主探究的方法完成学习任务）和适当的决策支持服务。

（三）课中阶段教与学活动的设计与组织

1. 课中教与学活动设计方案

（1）疑难突破

班内学生每四人一组，划分为 10 个学习小组展开交流讨论，小组合作对课前自学的“自主学习”“合作交流”“训练巩固”部分内容进行交流，解决同伴间的疑难问题。参考老师平板推送的解析指导，自主核对自主学习导学案，组内成员互相展示自主学习导学案，相互讨论掌握了哪些知识，对哪些知识还有疑惑，共同解决课前自主学习中的疑难困惑并进行反馈。

（2）展示交流

学生小组之间相互展示自主学习任务单的完成结果，并对学习任务单中提出的问题：①说一说我们已经研究了乘法的哪些运算定律？②我们怎样探究以上运算定律，已经积累了哪些经验？相互交流解决方案，共同解决课前自主学习中的疑难困惑并进行反馈，实在无法解决的可以寻求老师帮助，老师解答大家共同性的问题。由三个小组分别选出一名代表对这一问题进行展示交流，教师完善、总结学生的展示情况。

（3）练习巩固

针对学生对在自主任务单的学习和课上学习情况推送课上练习，学生在平板上作答并上传到平台，教师可以看到学生完成情况。针对学生易错知识点进行习题操练与教师针对性精讲，巩固疑难知识点。

（4）总结归纳

回顾本节课所学关于乘法分配律内容，小组合作完成本节课思维导图绘制，小组用平板屏幕共享的方式展示交流，教师总结发言。小组选出代表总结本节课所学知识，反思学习过程中出现的问题，教师补充完善，对进一步的学习提出建议。

2. 课中随堂巩固习题、答案及评分细则

学生在教师引导下完成表格并完成当堂达标练习题。课中习题用于检测学生在小

组讨论和组间展示交流之后的学习成果，看学生的知识掌握相较于课前学习是否有一定的提高。在习题中，对重难点知识点进行更深难度的考查，要求学生学会运用乘法分配律解决问题。课中随堂练习的答题情况会上传至学测星平台，教师可以掌握学生的学习效果。（习题及答案略）

3. 课中教师任务与学生任务说明

（1）通过学生经历对具体问题的“思考、试探—观察、理解—发现、概括规律”的全过程，初步构建起乘法分配律的数学模型。

（2）小组合作对课前自学的“自主学习”“合作交流”“训练巩固”部分内容进行交流来解决同伴间的疑难问题，仍解决不了的问题，由小组代表进行展示，由解决该问题的其他小组讲解，教师负责补充及精讲。小组合作能够培养团队意识，让学生充分体会到集体合作的重要性，帮助学生获得团队归属感。

（3）教师根据学生已有的学习经验，确定本节课重点的疑难问题，由四个小组分别选出一名代表对自主学习任务单的问题进行展示交流，提出预学习的可行性措施，教师完善、总结学生的展示情况。

（4）完成教师推送的当堂检测习题，巩固课堂教学所学知识，教师完成讲解。数学中的公式都具有双向性。在练习时，不仅要让学生会正向运用公式，也要能够灵活地逆向应用，这样有助于解题。

（5）小组交流本节课的收获，有些小组合作制作乘法分配律的思维导图，选出代表总结本节课所学知识，反思学习过程中出现的问题，教师补充完善，对进一步的学习提出建议。

（四）课后阶段教与学活动的设计与组织

1. 课后教与学活动设计方案

小组针对在课堂初步完成的乘法分配律复习总结以及教师点评和提出的改进意见，进一步完善总结思维导图，形成本节课知识点完整的逻辑框架。

学生课下在平板学生端完成由教学平台推送的课后同步智能练习题和课后同步基础练习题，完成后提交由平台评分并推送答案及解析，学生查看得分以及答案和解析，记录学习心得，形成错题档案。

对于本节课学习之后仍然存在的疑惑，或对于同步练习题中存在的疑难问题，在平台讨论区和教师或者学生进行互动提问，教师随时登录平台解答疑惑，还可以在互动讨论区与学生讨论交流有关本节课的知识。

2. 课后进阶提升习题、答案及评分细则

针对课上学习情况和本节课知识学习的重难点形成课后习题。课后习题依据题目难度水平分为基础题和拔高题，根据平板学生端显示的学生课前以及课上学习成果，个性化、针对性地向学生推送不同难度的习题作为监测学生学习效果的依据。对于基础较薄弱的学生，平台可以只向他们推送基础题，即“课后同步基础练习题”，当完成之后若检测结果较好，可以继续答题完成拔高题，即“课后同步智能练习题”；对于课上学习成果较好的同学可以直接向他们推送“课后同步智能练习题”，对基础较薄弱的学生不做强制性要求。

3. 提升习题、答案及评分细则

略。

4. 教师与学生创制生成的教学资源

学生课上小组合作完成“乘法分配律”思维导图，但课上完成的部分较为简单，还不能完整体现本节课知识点和逻辑框架，经过教师讲解和提出改进意见，学生课下每个人基于小组思维导图的基础上绘制属于个人的思维导图，并上传到教学平台，大家可以互相分享交流，思维导图更能够体现学生个人的认知方式和对本节课知识点的理解，还能够使学生学习制作思维导图的应用软件的使用方法。

（五）学生学习质量评价方案

本节课的过程性评价分为课前学习、课中学习和课后学习三个不同阶段，且不同评价阶段评价主体存在差异。课前学习评价主要由教师完成，评价内容依据教学平台提供的学习数据，包括平台登录次数、在线时长、任务点完成情况、线上作业完成情况等，此部分赋分占总评成绩的 35%。课中学习评价由教师和学生共同完成，课中学习评价占总评成绩的 30%。评价依据主要是学生和各学习小组在自主学习任务汇报及课堂主题讨论活动中的综合表现。此部分评价中教师评分的赋分比为总评成绩的 20%，学生组间评价的赋分占总评成绩的 15%。课后学习评价由教师和学生共同完成，占总评成绩的 15%。学生课后根据课堂教师答疑及组间交流的情况，将自主学习任务进一步完善整理后发布于平台，利用平台的评价功能，对各小组的学习任务完成情况进行评价。其中，教师评价和学生组间评价各占总评成绩的 10%。快速掌握当堂知识，知识目标达成度好占课中评价成绩的 5%。

学生在整节课中学会了解决问题的方法，形成了有效的学习策略，养成了良好的学习习惯。学生发现问题、表述问题、解决问题、综合运用等各方面的能力得到提高。

在情感发展方面，学生学习过程愉悦，思想情感积极向上。教师能根据学习内容合理使用教学资源（学科教学平台），课堂环节紧凑，时间调控合理。

案例四　数学学科案例“小数的意义”

一、教师基本情况介绍

姓　　名	秦洁	执教年级	四年级
教材情况	青岛出版社《数学》四年级下册		
职　　称	小学一级教师		
个人简介	2007 年 7 月，潍坊学院完成本科学习并获学士学位。 2019 年 12 月，河南师范大学完成在职教育学习获得硕士学位。 2014 年获得“优秀班主任”称号；2020 年获得“优秀教师”称号。 课堂贴近生活，从学生便于理解的角度，引导学生去思考、联想、举一反三地解决问题，提升数学素养。		
所在学校情况介绍	潍坊高新双语学校建于 2007 年，是潍坊高新区首家股份制小学。建校以来形成了八大办学特色：小班教育、多语教学、经典“悦”读、生活教育、乐化教育、科学素养、综合实践活动、家长资源的开发和利用。其中，乐化教育、科学素养、家长资源的开发和利用已经成为响当当的教育品牌。乐化教育为最大特色，师生必须掌握一门受益终生的乐器；全员参与的教师大型民乐团为全国独家，受到了社会的广泛好评。 学校先后获得全国新教育宣传先进单位、中国国际动漫人才培养计划动漫教育实验学校、山东省少年儿童科技发明教育基地、山东省交通示范校、山东省艺术教育先进单位、山东省艺术教育示范校、山东省德育先进单位、潍坊市素质教育示范校、潍坊市朝阳读书十佳示范校、潍坊市机器人实验室教学示范校、潍坊市实施《国家学生体质健康标准》先进单位、高新区文明单位等省市区级荣誉称号，《推行乐化教育，提升音乐素养，拓宽素质教育途径》等多项成果获潍坊市政府教学成果奖。		

二、案例基本情况介绍

案例题目	小数的意义
课　　型	新授课□　习题讲评☑　专题复习课☑

续表

<table>
<tr>
<td>案例涉及的教学内容介绍</td>
<td>
青岛版《数学》四年级下册第四单元信息窗 1，分别呈现了蜂鸟和信天翁的一些资料。通过“蜂鸟体长 0.05 米，0.05 表示什么？”和“信天翁的蛋重 0.365 千克，0.365 表示什么？”这两个问题，引入对小数意义的学习。归纳小数的组成、数位顺序表。学生在三年级已经对小数和分数有了初步的认识。本节课主要初步理解小数的意义，建构小数与分数之间的关系，帮助学生理解和掌握小数的计数单位和数位顺序表。这部分知识将对学生后续学习小数的大小比较和四则混合运算提供知识基础。
小数的意义：像 0.1、0.05、0.365……这样用来表示十分之几、百分之几、千分之几……的数，就叫作小数。小数的计数单位有十分之一、百分之一、千分之一……分别记作 0.1、0.01、0.001……
小数的组成：小数由整数部分、小数点、小数部分组成。
小数的数位顺序表：
<table>
<tr><td></td><td colspan="6">整数部分</td><td>小数点</td><td colspan="5">小数部分</td></tr>
<tr><td>数位</td><td>……</td><td>万位</td><td>千位</td><td>百位</td><td>十位</td><td>个位</td><td rowspan="2">·</td><td>十分位</td><td>百分位</td><td>千分位</td><td>万分位</td><td>……</td></tr>
<tr><td>计数单位</td><td>……</td><td>万</td><td>千</td><td>百</td><td>十</td><td>个</td><td>十分之一</td><td>百分之一</td><td>千分之一</td><td>万分之一</td><td>……</td></tr>
</table>
</td>
</tr>
<tr>
<td>案例的自我评价</td>
<td>
智慧课堂教学实施之后，依据人人通互动学习平台，仔细分析对比了学生课前对自主学习任务的完成情况和课后个人最终提交的任务完成情况，认为学生在最后提交的视频讲解，都体现了学生对小数意义的理解，能够清晰地运用数形结合方法，讲述表示意义和小数的组成。
在教学过程中充分发挥智慧课堂高效反馈性和个性化学习的优势，学生在学习中经历了从抽象到具体，再回归抽象的整个过程，静态的图片和动态的展示过程，帮助学生理解了整数到小数、小数到整数的过程，为学生建构了整体学习的框架。
经过整个智慧课堂的学习，基于“小数的意义”一节的课程内容，切实提高了学生的数学抽象能力和数学建模思想，培养了学生的数学学科核心素养。
</td>
</tr>
</table>

三、案例正文

（一）案例背景介绍

秦洁老师是潍坊高新双语学校的骨干教师，除了在教学方面的基本功扎实外，还精通信息化技术、日常信息化工具的应用，如互动课堂、教学助手、学生信息化评价等工作都渗透了信息化的应用与实践。学校开展信息化教学以来，她认真带领学生利用信息化手段进行学习、反馈。在教学活动和班级管理中，她都是信息化教学的践行者，2020 年个人撰写的信息化案例分别获得高新区信息化案例一等奖和省电教馆一等奖的成绩。

“小数的意义”一节是青岛版《数学》四年级下册第四单元中的信息窗 1 内容，这部分知识的学习是在三年级学习了小数的初步认识后，继续深入学习小数表示的意义，建构小数和分数之间的关系，整体认识小数的组成、小数的计数单位和数位顺序。因此，通过本节课的学习，学生除了能够了解并说出小数表示的意义外，还要能够根据图形明确小数的计数单位是怎样得到的、小数的组成是什么、小数的数位顺序表包含什么，从而能够在解决实际问题中运用正确思维辨别思考，得出结论。具体来看秦老师是如何在信息技术的支持下利用互动课堂达成的本节课目标。

（二）课前阶段教与学活动的设计与组织

1. 课前教与学活动设计方案

教师：在学习平台上发布自主学习任务单及学习资源，在学生完成自主学习任务之后，通过人人通平台对预习作业进行线上提交，老师进行整理统计学生反馈的共同疑难问题，对问题进行圈画，线上推给学生先完成第一轮的自主订正。

学生：仔细阅读课前任务单的学习提示，把握学习目标、重点，根据学历案中提供的本节的学习目标提示，依据学习方法的指导依次完成自主学习任务，结合观看微视频、教材学习、教学课件学习，初步掌握本节的主要内容，完成课前案。将遇到的疑难问题与自主学习任务单中的困惑，在课本中进行圈画，写下自己的疑问，为课中学习做好准备。

【困惑】

学生：一位小数、两位小数、三位小数之间有什么关系吗？它们和整数的联系是什么？

教师：当数量不足“1”的时候，我们就可以用小数来表示物体数量，小数位数越多，表示的数字就越精确。它们都是把整体“1”平均分成 10 份、100 份、1000 份后产生了新的计数单位十分之一、百分之一、千分之一，即 1 的 $\frac{1}{10}$、$\frac{1}{100}$、$\frac{1}{1000}$。

2. 自主学习任务单

小数的意义

【情境任务】

同学们，大家喜欢抢红包吗？现在微信支付已经成为一种新的消费方式，请你仔细观察这些红包数额，你能说说它们都表示什么意思吗？

【学习目标】

通过分一分的活动，发现并能够说出一位小数、两位小数、三位小数……与十分之几、百分之几、千分之几的关系。

借助整数数位顺序表知识，迁移应用，发现并说出小数的计数单位分别是十分之一、百分之一、千分之一……及每相邻两个计数单位之间的进率是 10。

在合作探究的过程中认真观察分析，积极参与解决问题。

＊课前任务单＊

阅读课本第 49—50 页红点 1，思考以下问题。

学习活动一：认识一位小数

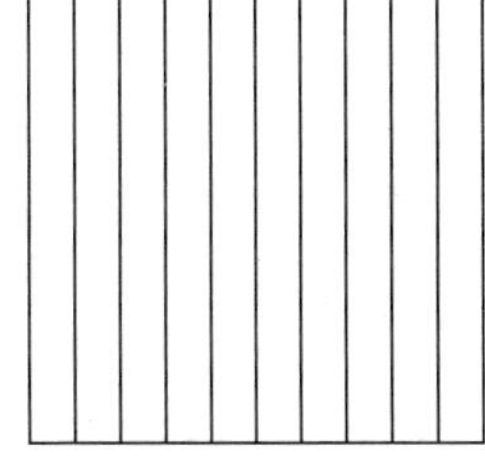

1. 你能在图中表示出一个小数吗？这个小数是多少？

2. 说一说这个小数的产生过程。

学习活动二：认识两位小数

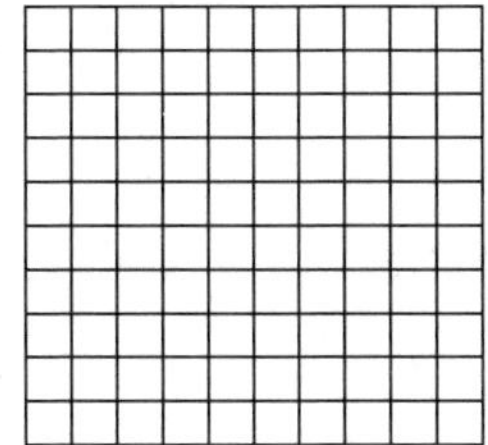

1. 你能从图形中找到 0.03 吗？请用彩笔标记出来。说说你是怎样得到的？

2. 数一数，0.03 是由______个______组成的。

学习活动三：认识三位小数

阅读课本第 50 页红点 2，看一看 0.001 是怎样得到的？写一写你的发现。

＊课中学习单＊

一、两位小数的意义

1. 填空。

（1）0.75 里面有 75 个（　　）。

（2）2.53 是由（　　）个（　　）组成，还可以看作由（　　）个（　　）、（　　）个（　　）和（　　）个（　　）组成。

2. 判断。

（1）0.48 里面有 8 个 0.01。（　　）

（2）四年级一班肖莹同学的体重大约是 3.15 千克。（　　）

二、三位小数的意义

（1）5 个一、3 个十分之一、6 个千分之一组成的数字是（　　）。

（2）大熊猫被誉为“活化石”和“中国国宝”。一只大熊猫，体重为 0.102 吨，每天吃 0.012—0.031 吨食物。0.102、0.012 和 0.031 这 3 个小数中的“1”分别表示什么？

＊课后检测单＊

【基础达标检测】

一、连一连。

0.09	0.27	0.027	2.7	0.9
$\frac{27}{100}$	$\frac{9}{10}$	$\frac{27}{10}$	$\frac{27}{1000}$	$\frac{9}{100}$

二、填一填。

（1）0.265 的计数单位是（　　），它由 2 个（　　）、5 个（　　）、6 个（　　）组成。

（2）3.65 里面有（　　）个 0.01。

（3）一个小数个位是 9，百分位上是 3，其余数位是 0，这个小数是（　　）。

【综合提升检测】

三、判断。

1. 小数一定比整数小。（　　）

2. 小数和整数一样，每相邻两个计数单位之间的进率都是 10。（　　）

【核心素养检测】

经过测量，书桌的高度约是（　　）米。

【自我评价】

我能准确说出小数表示的意义	我能够讲明白小数之间的进率	我能用小数知识解决生活问题

3. 自主学习检测习题、答案及评分细则

略。

4. 课前教师任务与学生任务说明

课前阶段教师的主要任务是完成学历案的设计，包括情境任务的创设、学习目标的描述、课堂三单的详案设计、教具和学具的制作，并将课堂资源与学历案上传班级人人通平台，供学生查看使用。

学生根据创设的情境任务，带着问题进行思考，根据老师设置的预习步骤，通过阅读课本、查看课件获取知识基础，并在教师提供的其他辅助学习资源支持下完成课前单的自学任务。而后学生将自主学习过程中遇到的问题与疑惑反馈给教师，教师据此了解学生课前学习状况，对问题进行精准分析，在课堂教学过程中给予有针对性的问题解答和学习指导。教师可据此开展智慧课堂教学活动的设计与组织，有针对性地给予学习者学习方法指导。

（三）课中阶段教与学活动的设计与组织

1. 课中教与学活动设计方案

通过创设学生们感兴趣的抢红包任务，带着学生开启探究小数的意义课题，学生通过读小数、思考小数表示的意义，结合课前预习，进入本节课的探究环节，最后的学习过程结束后，再对红包中的小数进行意义说明，完成学习任务的闭环。

（1）疑难突破

学生以小组合作的形式展开交流讨论，对课前自学的“自主学习”“合作交流”“巩固交流”部分内容进行交流解决同伴间的疑难问题。根据老师在互通课堂中推送的探究问题，自主讨论研究两位小数：涂色部分一格和多格表示的数字是多少？组内成员相互讨论怎样得到一格的大小，借助直尺对正方形进行平均分，相互说一说一格表示的意义，进一步总结多格表示的意义，借助一位小数的学习经历，迁移延伸到两位小数，进而得到三位小数的计数单位这一结论。

（2）展示交流

学生小组之间相互展示合作交流两位小数的探究结果，并对任务单中一格表示多少和涂色部分表示多少这两个问题进行交流，对于两位小数的不同组成这个难点问题，实在无法解决的可以寻求老师帮助，老师解答大家共同性的问题。由两个小组分别选出一名发言人对问题进行展示交流，教师完善、总结学生的展示情况。

（3）练习巩固

针对学生在课上不同环节的学习进度，学生独立完成课中任务单的第一部分和第二部分对应练习，教师利用互动课堂随机挑人的功能，挑选 2—4 名同学的巩固作业进行拍照上传，带领全班学生一起反馈练习情况。针对学生易错知识点“小数 2.53 的组成”进行同类题目的反复练习，巩固易错点，强化方法。

（4）总结归纳

回顾本节所学关于小数意义的内容，回归红包话题，完成对红包中两位小数意义的表述；借助生活化的场景，自主探索一步的长度，同时步测完成整个教室长度的估算，让数学核心素养落地。互动课堂中利用随机点名功能，抽取学生回答，总结本节课所学知识，反思学习过程中出现的问题，教师补充完善，根据互动课堂中的小组评分功能反馈小组参与度，对进一步的学习提出建议。

2. 课中随堂巩固习题、答案及评分细则

学生在教师引导下完成一位小数到两位小数的整体探究过程，紧接着完成课中习题。课中习题用于检测学生经过小组讨论和汇报展示交流之后的学习成果，查看学生的知识掌握相较于课前学习是否有一定的提高。在习题中，对重难点知识点进行进一步的考查，要求学生能够独立写出整数部分非 0 的小数组成，并能够用不同的计数单位描述它的组成，能够明确计数单位不同，小数的组成就不同，并能够正确回答两种答案，课中练习会拍照上传人人通平台，方便老师检查学生的课上纠错情况，学生是否真正理解掌握，便于更好地了解学情。（习题及答案略）

3. 课中教师任务与学生任务说明

（1）通过微信红包的情境，学生立刻关注到了“小数”这个主题，借助读一读小数，引导学生对两位小数表示的意义进行深入思考。随后课堂以数形结合的形式，向学生展示一位小数到两位小数再到三位小数计数单位和表示意义产生的过程。情境的创设与学具的应用，让学生对本节课的探究学习充满兴趣。

（2）小组合作对课中的重点探究任务进行了“组内探索”“总结交流”“训练巩固”等环节的学习体验。合作中先对问题和合作要求进行描述，由组长带领共商解决问题的方法，组内有不同意见的可以保留展示，最后等待其他同学答疑解惑。教师负责对学生的汇报进行点拨提升，协助学生形成方法。

（3）教师根据自身的教学经验，确定小数计数单位的理解、计数单位之间、小数的组成为本节课重点的疑难问题，由两个小组先选派一名同学借助已有经验对一位小数的表示和产生过程进行汇报，以此为基础，延伸到对两位小数计数单位的探究和数字的组成思考，学生能够说出两位小数可以写成分母是 100 的分数，两位小数的计数单位是百分之一，并能继续借助学具总结发现不同的数字组成方式。教师负责对展示情况进行调控，同时借助及时性的评价任务考查学生掌握情况。

（4）观看动态的正方体由 1 到 0.001 的具体产生过程，发现小数计数单位之间的进率也是 10；观看小数的历史视频，了解小数产生的历史，能够知晓小数的发展过程。

（5）完成教师推送的当堂检测习题，巩固课堂教学所学知识，教师完成讲解。

（6）小组合作利用本节课所学知识展开实践活动，依据一米的长度，估测一步的长度大约 0.5 米，借此数据步测整个教室的长度，进行实际问题的解决。教师补充完善，对进一步的学习提出建议。

（四）课后阶段教与学活动的设计与组织

1. 课后教与学活动设计方案

（1）个人自主对课前和课中案中的问题进行修改，借助人人通中教师布置的说理作业“请你用数形结合的方法，向大家描述一下小数的计数单位产生过程”，说一说小数 1.25 的组成。学生通过提交视频的形式，对本节课的重点进行回顾复述，进一步巩固重点，提升能力。

（2）学生课下在人人通作业端完成由老师推送的“课后任务单”，完成后提交由老师进行批阅，学生扫码查看正确答案，完成第一次的自主纠错。

（3）学生对于本节课学习之后仍然存在的疑惑，或对于课后练习中存在的疑难问题可在班级群内进行互动提问，学生之间可以互相答疑解惑，老师进行重点问题的引导和方法的总结，帮助学生确定笔记重点。

2. 课后进阶提升习题、答案及评分细则

针对课中学习情况和本节课知识学习的重难点形成课后任务单。课后习题依据题目难度水平分为基础练习、提升练习、核心素养检测，根据学生的课前预习成果，有针对性地给学生推送不同层次的练习题，检查学生掌握情况。对于基础较差的学生，平台可以只向他们推送基础练习，完成之后若检测结果较好，可以继续答题完成提升练习；对于课上学习成果较好的同学可以直接向他们推送提升练习，完成之后他们可以自由决定是否做基础练习，不做强制性要求。

3. 教师与学生创制生成的教学资源

学生课上通过学习已经掌握了小数计数单位之间的进率，但是对数位顺序表的整体建构的完整性还不够，课下基于课上学习的内容，自主完成数位顺序表的绘制，并标注自己理解的重点部分。完成后发布到班级圈，大家可以共同查看学习。

（五）学生学习质量评价方案

本节课的过程性评价分为课前学习、课中学习和课后学习三个不同阶段，而且不同评价阶段评价主体存在差异。课前学习评价主要由教师完成，评价内容依据人人通教学平台提供的学习数据，包括作业提交情况、作业质量等，老师以等级的形式进行评价后，线上进行首次反馈。课中由小组和教师共同评价，根据学生课上参与度、组内合作参与度以互动课堂积分的形式及时进行评价，一节课结束后，学生可以查看积分总数与排名。课后由学生和老师共同完成评价。学生先对本节课的整体学习目标是否达成在课后单的自我评价一栏进行自评，老师借助课后任务单的完成质量对学生本节课的学习情况进行总评，完成对个别同学问题的语音点评。

案例五　英语学科案例“Let’s talk”

一、教师基本情况介绍

姓　　名	陈洁	执教年级	三年级
教材情况	人民教育出版社《英语》三年级下册		
职　　称	二级教师		
个人简介	2014 年毕业于临沂大学（英语专业），获学士学位。 2014 年参加工作以来，一直从事小学英语教学工作，荣获教学成绩奖、优秀教师、优秀班主任等荣誉称号。积极参加省、市、区信息化大赛，获得微课一等奖、小学信息化融合一等奖等奖项。2018 年至今一直任教“智慧课堂”平板教学班，善于结合学科特点，将信息技术有效融合到实际教学中。多次执教智慧课堂公开课，一直致力于创新智慧课堂模式，探索小学英语学科智慧课堂优秀教学案例。2019 年主持区级课题《信息技术与小学英语教学深度融合之策略研究》并成功结题。2021 年主持《信息技术支撑的小学英语课堂教学案例研究》，现已成功立项。曾撰写论文《基于信息技术的小学英语深度学习课堂教学》，成功发表在《校园英语》上。始终相信：只要合理运用信息化手段辅助教学，结合学生实际创新课堂教学模式，就能提高课堂教学效果。		
所在学校情况介绍	临沂经济技术开发区第一实验小学一直以“教育信息化带动学校教育现代化”为宗旨，将信息化建设纳入学校的中长期发展规划，先后被评为山东省首批教育信息化试点学校、临沂市首批 A 类智慧校园等。2019 年入选临沂市首批智慧校园以来，学校相继建设了 12 个“智慧课堂”平板教学班，进行信息化教学。学校在全面推进素质教育的基础上，着力打造自己的品牌特色，全面发展学生的个性特长和艺术综合素养，大力推广体育艺术项目，逐步形成了“艺体科技，为悦享教育注入活力”的办学特色。近年来，学校先后荣获全国校园足球特色学校、山东省文明校园、山东省规范化学校、山东省教学示范学校等荣誉称号。学校的管理水平和教育质量连年提升，得到上级的充分肯定和社会的广泛赞誉。		

二、案例基本情况介绍

案例题目	Let’s talk
课　　型	新授课☑　习题讲评课□　专题复习课□
案例涉及的教学内容介绍	1. 教材： 这节课是由人教版小学英语三年级下册 Unit 5 A Let’s talk 的教学内容进行整合创编。主要学习询问他人对水果的喜好及回答的句型。 2. 教学目标： 知识目标：学生能理解对话大意，能够使用正确的语音语调朗读对话。能够听懂并会说句型“Do you like...？ Yes, I do. No, I don’t.”。 能力目标：学生能够在情境中运用句型“Do you like...？ Yes, I do. No, I don’t.”询问对某物的好恶。 情感目标：知道多吃水果对健康有益；培养学生学会分享的美好情感。 3. 教学重点： 能够在情境中运用句型“Do you like...？ Yes, I do. No, I don’t.”询问对某物的好恶。 能正确运用语音语调朗读对话。 难点：能够正确运用“Honey, let’s buy some...”表达建议。 4. 教学说明： 结合本单元课本素材，为整单元创设 Sarah’s buffet 主情境。将单元预习部分“Let’s talk”“Let’s learn”“Story time”等贯穿于一体。A 部分是参加 Sarah’s buffet 前的准备活动，为 B 部分参加 Sarah’s buffet 的学习创设了情境，做了铺垫。体现了单元整体教学、课时与课时的连续性、课时目标的递进性。
案例的自我评价	三年级的教学任务除了基本的语言知识点，重在培养孩子学习英语的兴趣，所以要保证课程设计的趣味性。在教学过程中基于科大讯飞平板教学系统平台，借助信息化手段，调动学生参加活动积极性。 在教学过程中，课前通过智慧课堂中的班级空间向同学们推送微课预习任务，让学生提前感受新知。课中通过音频、视频、图片等直观呈现新知。听音环节用畅言教学通中的电子课本所具有的聚焦、跟读功能进行模仿练习。练习环节巧妙分组 PK，提升学生参与度；设置抢答、随机选人等课堂环节，充分调动学生的积极性；随堂练习依据数据反馈讲评，有的放矢；结合学情发布课后作业，激发学生自主学习意识。基于智慧课堂的应用，师生之间开展流畅的英语口语互动。学生通过学生平板上传英语口语作业，系统自动批改，真正实现了信息技术与英语学科的有效融合。

三、案例正文

（一）案例基本背景介绍

随着教育信息化的发展，以教学平板为互动载体的智慧课堂已经悄悄走进校园。我校现已建设了 12 个“智慧课堂”平板教学班，在信息技术和教学融合方面有一定基础。不仅如此，2019 年，我校入选临沂市首批智慧校园。智慧教育（信息技术与课堂教学融合的新型教学模式）成为我校重点工作之一。如何通过智慧课堂改变传统教学以老师讲授为主的教学方式？如何通过智能教学工具及时了解学生的学习状态调整教学进度，实现以学定教？尤其是英语这个学科，一旦学生缺乏正确、标准、地道的语音输入，他们的语音输出、口语交际水平也会受到极大影响。很多教师侧重于学生对单词的拼写记忆，课堂的最后15分钟往往留给学生完成单词和句子的书写练习，课后作业也是背单词和句子以及做配套习题。学生仅仅是被教师灌输知识的“容器”，殊不知这些知识应该是学生主动建构并应在真实情境中加以使用的。英语课并不是每天都有，作业反馈及评价的时效性也就可想而知，而如何将现有的教育信息技术与小学英语教学更好地融合，这一系列问题都成为智慧课堂建设中的焦点。

陈洁老师是学校里的英语青年骨干教师。2018年至今一直任教“智慧课堂”平板教学班，除了在小学英语教学方面有着过硬的专业素养外，她还善于结合学科特点，将信息技术有效融合到实际教学中，曾多次执教智慧课堂公开课。一直致力于创新智慧课堂模式，探索小学英语学科智慧课堂优秀教学案例。

这节课是一节对话课。三年级的孩子已学习半年英语，有一定基础。这一阶段的孩子好奇心强，爱模仿，喜欢活动。所以，在教学设计上要以学生为主体，尽量给学生充分的展示空间，并且在教学过程中采用情境法、任务法、激励法等多种教学方式调动学生参加活动的积极性。这都可以借助智慧课堂来实现。

（二）课前阶段教与学活动的设计与组织

1. 课前教与学活动设计方案

教师：通过智慧课堂中的班级空间向学生推送微课预习任务，让学生提前自主学习，为新授做准备。并且班级空间能反馈浏览人数，这样方便老师检查孩子的预习作业。在微课的最后，创设了两个与新课相关的问题，可以让学生有目的地预习新课。

学生：仔细阅读预学案的内容，把握学习目标、重点，根据科大讯飞教学系统平台上提供的本节知识点的提示，结合观看老师推送到班级空间的课前微视频、教学课件学习，初步掌握本节的主要内容，完成导学案。将遇到的疑难问题于自主学习任务单中“困惑与建议”部分向教师进行反馈，为课中学习做好准备。

2. 自主学习任务单

一、学习指南	
课题名称	Let’s talk
教材情况	人教版《英语》三年级下册

续表

<table>
<tr><td>授课对象</td><td>三年级全体学生</td></tr>
<tr><td>网络课程平台</td><td>科大讯飞智慧课堂学习平台</td></tr>
<tr><td colspan="2">二、学习任务</td></tr>
<tr><td>学习内容</td><td>第五单元 A 部分第一课时 Let’s talk</td></tr>
<tr><td>课前学习
拟达成目标</td><td>知识目标：
能在图片的帮助下理解对话大意。
通过观看课前微课，复习巩固学过的水果词汇，尤其区分单复数形式。
能够尝试使用正确的语音、语调朗读对话。
能力目标：
能够了解并尝试在情境中运用句型“Do you like...？ Yes, I do. No, I don’t”询问对某物的好恶。
情感目标：
知道多吃水果对健康有益；培养学会分享的美好情感。</td></tr>
<tr><td>知识重点</td><td>对话大意
主句型：Do you like...？ Yes, I do. No, I don’t.</td></tr>
<tr><td>学习方法建议</td><td>自主学习　小组合作</td></tr>
<tr><td colspan="2">三、课前任务</td></tr>
<tr><td>课前自主
学习任务</td><td>1. 观看学习平台上老师推送的课前微课，复习巩固已学的水果词汇，区分单复数形式。
2. 结合电子课本、课件等资源，初步预习本节课内容，了解对话大意，跟读后尝试朗读并思考：
What other food do you know？
____
What fruit does Sarah like？
____
如果你想询问别人对某物的好恶，你会用哪个句子？
____</td></tr>
<tr><td>课前学习
效果检测</td><td>利用科大讯飞智慧课堂学习平台上的作业模块完成对本课时学习效果的检测。</td></tr>
<tr><td colspan="2">四、困惑与建议</td></tr>
<tr><td>疑难与困惑</td><td></td></tr>
<tr><td>建议</td><td></td></tr>
</table>

3. 自主学习效果检测题及参考答案

达标检测：根据要求选择正确的答案。

（　　）（1）别人问你喜不喜欢吃梨子，你不喜欢吃，你可以回答：

A. Yes, I do.

B. No, I don't.

（　　）（2）你想建议别人和你一起去买水果，你可以说：

A. Let's buy some fruit.

B. Let's buy some oranges.

（　　）（3）如何表达你喜欢吃苹果呢？

A. Yes, I do.

B. I like apples.

答案：（1）B　（2）A　（3）B

4. 课前教师任务与学生任务说明

（1）课前教师任务：推送微课资源、课件、自主学习任务单。

（2）课前学生任务：

①观看微课，思考"What other food do you know? "，复习以前学过的食物词汇。

②通过跟读电子课本，预习课文，思考"What fruit does Sarah like? "。

③填写自主学习任务单，尤其写出自己关于新课的疑问，便于课上解决问题。

（三）课中阶段教与学活动的设计与组织

1. 课中教与学活动设计方案

在"Warming up"阶段，通过"一起作业"制作听力应用软件，通过猜谜复习四种水果，引入本节课的生词 fruit。创设 buffet 情境，让学生观察视频及图像，复习以前学过的食物词汇，引导学生思考 Sarah 需要的食物 fruit，引出主场景购物。

（1）疑难突破

结合课本预备部分，为本节课创设"Sarah's family is going to have a buffet at home"的主情境，但是学生对于 buffet 并不理解，所以借助课中微课来解决难点。通过课中微课，学生能清楚明白 buffet 就是自助餐的意思。

接着运用云平台提供的互动电影"优芽"软件来制作相关情境图片。让孩子观察图像，复习以前学过的食物词汇，引导学生思考 Sarah 需要的食物 fruit，以此回归课本 A 部分“Let's talk”，引出 Sarah 和妈妈为了准备 buffet 购物的主场景。在购物场景中，通过“Watch and answer”“Watch and choose”“Ask and answer”学习本课的主句型“Do you like...？ Yes, I do. No, I don't.”，并通过“Ask and answer”，结合以前所学的水果词汇、文具词汇、动物词汇进行有意义的操练。

（2）展示交流

在“Practice”巩固操练环节，将三项操练活动创设为 Task，承接 buffet 主题，以 buffet invitation 作为奖励，调动孩子参加活动的积极性。

在“Task 1: Listen and repeat”中，运用畅言教学通中的电子课本具有的聚焦功能、跟读功能进行模仿练习。

在“Task 3: What's missing？”中，运用 PPT 的蒙层功能，设计“What's missing？”的活动，让学生小组合作补充文本，由简单的补充单词到补充句子，循序渐进地帮助学生巩固新知，并进一步纠正语音语调。

（3）练习巩固

针对学生对在预学案的学习和课中学习情况推送课上练习，学生在平板上作答并上传到平台，教师可以看到学生完成情况。针对学生易错知识点行习题操练与教师针对性精讲，巩固疑难知识点。

（4）总结归纳

在“Production”语言输出环节，承接 buffet 主题，创设 Sarah 为了准备 buffet 想知道每位同学喜欢的食物来准备适量的食物，避免浪费。以小组为单位进行调查，操练了主句型，也为本单元 B 部分学习做铺垫。B 部分创设为参加 buffet 的情境，是 A 部分的延伸，激发学生对后续学习的热情与好奇。接着整合本单元“Story time”，引导学生观看视频说出 Zoom 在自助餐厅的不当行为，通过互联网上的微视频渗透 buffet rules。通过本节课的学习，学生既了解了 buffet，又学会了 buffet rules，这些都可以运用到日常生活中。学生说说本节课的收获，教师补充完善，对于重难点再做强调。

2. 课中随堂巩固习题及参考答案

当堂达标

一、选择正确的答案。

（　　）1. ________ you like apples?

A. Are　　B. Do　　C. Is

（　　）2. Let's buy some ________.

A. a pear　　B. pear　　C. pears

(　　) 3. I ________ oranges.

A. like　　B. am　　C. do

(　　) 4. —________

— Thanks.

A. Do you like bananas?　　B. Here you are.　　C. OK !

(　　) 5. I have ________ orange.

A. a　　B. the　　C. an

二、给下列单词选择对应的汉语意思。

(　　) 1. pear　A. 耳朵　B. 梨　C. 熊

(　　) 2. apple　A. 梨　B. 一个　C. 苹果

(　　) 3. buy　A. 买　B. 但是　C. 书

(　　) 4. orange　A. 在……上　B. 或者　C. 橙子

(　　) 5. fruit　A. 朋友　B. 水果　C. 五

参考答案：

一、1. B　2. C　3. A　4. B　5. C

二、1. B　2. C　3. A　4. C　5. B

3. 课中教师任务与学生任务说明

（1）教师整合本单元 A 部分“Let's chant”，学生复习所学水果词汇，激发学生对新课的兴趣。

（2）教师创设 buffet 情境，让学生观察视频及图像，复习以前学过的食物词汇，引导学生思考 Sarah 需要的食物 fruit，引出主场景购物。学生动脑思考，进入情境。回答相关问题。

（3）通过“Watch and answer”解决文本中的难点“Honey, let's buy some fruit.”。创设“Let's suggest”，让学生在真实的情境中给 Sarah 提建议，进行有意义的句型操练。在解决问题的过程中，在具体的语言环境中学习本课的主句型“Do you like... ? Yes, I do. No, I don't.”。并结合以前所学的动物、文具词汇进行有意义的操练。这里运用了智慧课堂互动中的“抢答”功能，创新了课堂提问的方式，极大地调动了学生参与课堂的积极性，而且有助于学生对本节课重难点知识的把握，课前预设的教学目标也得以顺利实现。

（4）通过观察超市不文明图片，引导学生思考并进行超市规则的渗透。德育：“We

should keep civilized shopping."。

（5）将三项操练活动创设为 Task 的任务活动，承接 buffet 主题"Task 1: Listen and repeat"。

教师运用畅言教学通中的电子课本所具有的聚焦、学生跟读功能进行模仿练习，练习语音语调。"Task 2: Role play"让学生进行角色扮演。"Task 3: What's missing？"运用PPT的蒙层功能，让学生进行小组合作补充文本，进一步纠正语音语调。以上活动逐一帮助学生巩固练习。

（6）以小组为单位进行调查，操练了主句型，也为本单元 B 部分学习做了铺垫，同时引导学生避免浪费。

（四）课后阶段教与学活动的设计与组织

1. 课后教与学活动设计方案

（1）学生调查一下父母喜欢哪些水果，拍段小视频，通过平板学生端上传班级空间，实现生生共享。引导学生关心了解自己的家人，学会分享。

（2）学生课下在平板学生端完成老师推送的口语评测练习。

（3）学生对于本节课学习之后仍然存在的疑惑或测试卷中口语测评存在的疑难问题在平台讨论区和教师或者其他学生进行互动提问，教师随时登录平台解答疑惑，还可以在互动讨论区交流如何养成健康的饮食习惯，并学习一些自助餐规则。

2. 课后进阶提升习题、答案及评分细则

由于本节课是对话课，所以本节课只有口语测评作业，没有书面作业。具体评分根据科大讯飞语音评测系统。在学生完成口语评测后，通过系统反馈的语音评测报告，老师可以看到整个班级的完成情况、最高分、最低分、平均分以及学生的得分排名，还能从流畅度、完整度、准确度、标准度四个维度了解每个学生的具体情况。这样有利于老师在课后有针对性地进行辅导。另外，学生也能看到自己每一句的得分，包括发音不标准的单词，这样便于及时纠正发音。

3. 教师与学生创制生成教学资源

略。

（五）学生学习质量评价方案

本节课的过程性评价分为课前学习、课中学习和课后学习三个不同阶段，且不同评价阶段评价主体存在差异。课前学习评价主要由教师完成，评价内容依据网络教学平台提供的学习数据，包括平台登录次数、微课观看时长、线上作业完成情况等，此部分赋分占总评成绩的 30%。课中学习评价由教师和学生共同完成，课中学习评价占总评成绩的 50%。评价依据主要是学生和各学习小组在自主学习任务汇报及课堂练习活动中的综合表现。此部分评价中教师评分的赋分占总评成绩的 35%，学生组间评价的赋分占总评成绩的 15%。课后学习评价由教师和学生共同完成，占总评成绩的 20%。学生课后根据课堂教师答疑及组间交流的情况，将学习任务进一步完善整理后发布于平台，利用科大讯飞的语音评测功能对学生的学习任务完成情况进行评价。其中，教师评价和学生组间评价各占总评成绩的 10%。

案例六　科学学科案例“病毒”

一、教师基本情况介绍

<table>
<tr><td>姓　　名</td><td>李清林</td><td>执教年级</td><td>六年级</td></tr>
<tr><td>教材情况</td><td colspan="3">青岛出版社《科学》六年级上册</td></tr>
<tr><td>职　　称</td><td colspan="3">小学二级教师</td></tr>
<tr><td>个人简介</td><td colspan="3">2014 年毕业于曲阜师范大学自动化研究所（运筹学与控制论专业），获硕士学位。
自参加工作以来，一直从事小学数学和科学教学工作，荣获教学成绩奖、市政府成果奖、优秀实验教学辅导教师、优秀班主任等荣誉称号。作为科学教师，积极参加省区市信息化大赛，曾取得信息技术先进个人，小学信息化“金种子”教师等奖项。
2018 年至今一直任教“智慧课堂”平板教学班，积极钻研新的教学理念，探索新的教学方法，善于运用信息化手段进行教学，将信息技术与科学教学深度融合，使得学生科学素养得到显著提升。曾多次执教智慧课堂公开课，探索小学科学智慧课堂优秀案例，同时致力于信息技术下小学科学教学模式的课题研究，四次获得区级小课题二等奖，主持的山东省基础教育“十三五”规划课题已顺利结题。撰写的信息化论文获得第十一届全国教育技术论文“示范论文”。</td></tr>
<tr><td>所在学校情况介绍</td><td colspan="3">2010 年 8 月，潍坊高新区管委会投资 4745 万元建设资金建设清平小学，于 2012 年 6 月投入使用，是潍坊市政府十大惠民工程之一，是一所六年一贯制国办学校。学校位于高新区清平社区内。学校占地 68 亩，总建筑面积 20420 平方米，设计容纳 36 个教学班，1620 名学生；幼儿园 18 个班，容纳幼儿 540 名。目前拥有 18 个教学班，在校学生 868 人，教职工 47 人。
学校配置了大量的教育教学设施：按省一类标准配齐音、体、美教学器材；每个教室都安装了空调、饮水机、宽带等，所有教师新安装了现代化的电子白板，使我校拥有雄厚的硬件设施。学校的愿景与使命为：科学与人文相融，理想与奋斗同在，创办适合每一位学生发展的教育，让全体师生高品位、有尊严地生活和学习，为社会培养合格、有特长的公民，把清平小学建设成为一所人民满意、社会敬重的幸福学校。</td></tr>
</table>

二、案例基本情况介绍

案例题目	病毒
课　　型	新授课☑　习题讲评课□　专题复习课□
案例涉及的教学内容介绍	病毒是多种多样的，如流行性感冒病毒、SARS 病毒、新型冠状病毒……病毒十分微小，人们只能在电子显微镜下才能看到它们。本节课通过让学生课前对病毒资料的搜集，课上的交流讨论，借助课件及图片资料和网络资料等，让学生认识病毒这一特殊的生物类型，了解病毒相关的知识，以及它对人们生活的影响，激发学生热爱科学、积极参与科学事业的热情。本节课开发了学生的生活资源和社会资源，从而使课程资源与社会资源和网络资料有机的结合。这不仅可以实现知识的交融与整合，还使本节课在广阔而丰厚的资源背景下开展得形象、生动、井然有序。运用科学的探究方法，让学生充分经历探究过程，逐步形成科学地看问题、想问题、解决问题的习惯和能力，从而提高学生的科学素养。 课堂教学内容由三个活动组成，第一个活动是观看与“非典”、新冠肺炎疫情有关的图片及文字资料，发表自己的想法，提出问题，为下一个活动做准备。第二个活动是集体分享。学生以表格、文字等形式整理汇报病毒性疾病的症状、传播途径和预防措施。教师根据学生提到的有关疾病展示搜集到的图片，如有关甲型 H1N1 流感、流行性感冒、禽流感、手足口病、SARS、番茄病毒、新型冠状病毒等图片和有关疾病如何传播的视频，使学生更直观地认识这些疾病的外部症状和传播途径。接下来由学生概括出预防各种病毒性疾病的措施。第三个活动是认识人类与病毒的抗争史及病毒的两面性。通过观看视频，了解科学技术促进了生物科学的研究和发展。同时，认识到看待事物要有一分为二的辩证观点，病毒虽然给人类带来了一些危害，但是只要我们合理利用它们，它们也可以为人类造福。 这三个活动主要通过让学生运用分析整理资料、交流分享、辩证分析的方法，对病毒进行探究，建立起对病毒的正确认识，培养学生多方面的能力，让学生经历了整个探索求知的过程。
案例的自我评价	基于网络学习空间的智慧课堂，转变了教师教育观念，真正深入落实了“以生为本”的理念，充分发挥了学生的主体地位，促进了学生对新课知识点的理解，注重学生个性发展，尊重学生，服务学生，使教学面向全体学生。 “病毒”这节课比较抽象，学生虽然对病毒具有一定的生活常识，但是往往局限于其影响人类健康，以及给农业、养殖业造成的危害方面，缺乏对病毒与人类关系全面、客观的认识。由于微小生物大都十分微小，所以学生对它们的形态结构和生命活动特点缺乏了解，有一定的学习难度。 本节课，老师充分发挥信息化的作用，通过人人通空间发布课前预习任务单和相关学习资源（比如微课），学生线下主动搜集资料，完成预习内容和预习检测并提交，引导学生乐于探究、勤于动手，激发学生主动学习的意识，从“要我学”转为“我要学”。 同时，根据学生的预习反馈，把握教材和学情，精心设计课堂教学内容，重点讲授本课重难点和易错点以及学习方法的渗透，同时设置多样的教学方式和趣味互动形式，调动学生学习的积极性，打造智慧课堂，真正做到“以学定教”。 最后，通过人人通空间发布有针对性的在线检测题，并通过大数据分析及时反馈学生检测情况，对不同层次的学生进行针对性指导，引导学生巩固知识，查漏补缺，反思提升。 “线上”+“线下”交互融合式科学 OMO 教学模式摆脱了时间和空间的限制，将课堂不再局限于教室，将学习不再局限于课上，扩大了教育资源的共享，通过“课前预习、课堂学习、课后检测”三个阶段，教师把问题放给学生，把探究的空间留给学生，让学生在相对开放的空间和时间中积极主动学习，并在教师的指导下对自己的学习过程进行反思，切实提高了学生自主学习能力和反思能力。

三、案例正文

（一）案例背景介绍

新课程改革背景下，小学科学教学逐渐改进课堂模式，开始引入智慧课堂。智慧课堂依照智慧教育的根本理念，表现出智能化以及个性化的独特优势。小学科学采用智慧课堂是建立于网络学习空间之上的，智慧课堂包含多环节的教学实践。小学科学有必要引入网络学习空间基础上的智慧课堂，科学教师要结合科学课堂的真实情况，探求适当的教学策略。为此，本课例尝试借助人人通空间网络学习平台，探索建立“线上”与“线下”交互融合式的科学 OMO 教学模式，立足“课前预习、课堂学习、课后检测”三个阶段，贯穿教、学、练、测、评等环节，形成线上线下的联动，构建情境、交互、体验、反思为一体的深度学习场域来激发学生学习兴趣，增强学生的自主学习意识和自我反思精神，提高科学学习质量，获得良好的学习效果。

“病毒”一节是青岛版《科学》六年级上册第一单元第一节的内容，是让学生课前通过网络或书籍收集资料对病毒有初步了解，教师通过展示图片、播放病毒相关视频让学生对病毒有直观的认知，让学生认识病毒这一特殊的生物类型，了解病毒相关的知识，以及它对人们生活的影响，激发学生热爱科学、积极参与科学事业的热情。本节课开发了学生的生活资源和社会资源，从而使课程资源与社会资源和网络资料有机结合。这不仅实现了知识的交融与整合，还使本节课在广阔而丰厚的资源背景下开展得形象、生动，使学生逐步形成科学地看问题、想问题、解决问题的习惯和能力，从而提高学生的科学素养。

（二）课前阶段教与学活动的设计与组织

1. 课前教与学活动设计方案

教师：针对“病毒”这一节课的学习内容，精心设计内容具体、方法翔实的课前预习任务单，同时选取微课或者辅助学习的视频资源，通过网络学习平台——人人通空间课前导学发布，教师对每一个学生提交的预习任务单进行批阅、指导，最后反馈给学生和家长，便于家长了解学生的问题，进行重点把握。同时，老师针对学生出错的共性问题进行统计分析，便于课中重点讲解，难点突破，为进行高效的智慧课堂教学做好铺垫。

学生：学生在家长的帮助下，借助老师推送的相关学习资源（比如微课、视频资料等）进行本节课的课前预习，完成预习任务单的相关内容（概念的理解、资料的搜集等等），再通过人人通空间提交，针对老师批阅反馈的问题进行二次预习，把握学习内容，了解重难点，将预习落到实处，养成良好的预习习惯。

【我的疑惑】

学生：病毒与人类有什么关系？病毒对我们人类百害而无一利吗？

教师：我们看待事物要有一分为二的辩证观点。病毒有害处，也有益处。病毒虽然给人类带来了一些危害，但是只要我们合理利用病毒，病毒也可以为人类造福。

2. 自主学习任务单

科学《病毒》课前任务单

班级：　　　　　姓名：

【预习内容】阅读六年级上册科学课本第 2—4 页的所有内容。

【预习目标】

1. 知道病毒是一类肉眼难以观察到的特殊生物；了解病毒的生存方式和主要传播途径；了解一些由病毒感染导致的疾病及预防措施。

2. 能够通过多种途径查阅并收集病毒资料；能采取不同的表述方式如 PPT、微视频、科学小论文等呈现探究结果；能用科学的语言清楚、全面地描述病毒的形态、结构等特点。

3. 知道微生物和人类相互依存的关系；能够运用所学到的关于病毒的相关知识改善生活环境。

【预习重难点】

认识病毒，知道病毒是一类特殊的生物；整理分析资料，准确表达探究结论，认识到病毒对人们的生活既有有利的一面，也有不利的一面。

【预习过程】

1. 探索导航

2020 年我们经历了一场特殊的战役——新冠肺炎疫情，关于新型冠状病毒你了解多少？哪位同学来谈谈自己对病毒的认识和了解？搜集关于病毒的信息资料（文字、图片、视频、数据等）。

2. 探究过程

交流一：关于由病毒感染引发的疾病，你从课前调查中知道些什么？如何预防呢？

由病毒引起的疾病	症状	主要传播途径	预防措施

总结：我们发现病毒一般通过空气、饮食、体液或接触等途径进行传播，我们只要养成良好的生活习惯，注意搞好环境卫生、个人卫生，切断传播途径，就可以避免被传染。

交流二：人类一直与之抗争的病毒究竟是一种什么样的生物呢？你了解哪些关于病毒的知识？

____

____

总结：病毒是一类没有细胞的特殊生物。病毒结构非常简单，由蛋白质外壳和内部的遗传物质组成。病毒不能独立生存，必须生活在其他生物的细胞内，一旦离开活细胞，就不表现任何生命活动迹象。病毒个体极其微小，绝大多数要在电子显微镜下才能看到。

3. 自主学习效果检测习题、答案及评分细则

略。

4. 课前教师任务与学生任务说明

课前阶段教师的主要任务，一是设计开发学习资源，根据学习目标和重难点设计适合学生的课前预习任务单及预习检测题，同时精选有价值的、可以辅助本节课目标达成的教学资源（比如病毒微课、病毒图片、视频资料等）；二是把握学生预习情况，对学生提交的预习任务单以及预习检测进行批阅、指导、反馈，包括二次批阅等，充分了解学生的疑难问题、易错问题，把握学情，便于课上重点突破；三是设计多种形式的预习活动，比如搜集病毒的图片、资料或者病毒的科普视频等，引导学生乐于探究、勤于动手，激发学生学习兴趣和主动学习的意识，从“要我学”转变为“我要学”。

课前阶段学生的主要任务，一是根据老师发布的学习资源进行新课的自主预习，通过观看文字资料、图片、微课等，结合自己搜集的关于病毒的资料完成任务单的预习内容，对所学知识有初步的了解；二是针对预习中出现的问题进行整改、反思，同时提出自己预习过程中的疑问，结合老师的单独指导，进行二次预习，以达到更好的预习效果；三是积极参与老师布置的预习活动，搜集、整理关于病毒的图片、视频，上传到人人通活动广场进行展示，同学们互相分享、交流，加深对病毒的认识。

（三）课中阶段教与学活动的设计与组织

1. 课中教与学活动设计方案

情境导入：播放有关新冠肺炎疫情内容的视频资料。看完这段视频，你有什么想法和问题吗？引导学生提出问题：什么是病毒？病毒能引起哪些疾病？有什么症状？病毒性疾病是怎样传播的？我们如何预防？病毒与人类的关系是怎样的？

（1）疑难突破

学生以小组为单位，交流课前任务单和搜集的资料，了解有关病毒性疾病的知识。教师根据学生提到的有关疾病展示搜集到的图片、视频，如腮腺炎、禽流感、手足口病等，使学生更直观地认识这些病毒性疾病基本的外显症状和传播途径，引导学生概括出预防各种病毒性疾病的措施。同时，让学生根据搜集的各种材料，进一步探究病毒的形态和结构、病毒生命活动的特点、病毒的种类及病毒与人类的关系等学习内容。

（2）展示交流

选派3—4个小组班级内展示课前任务单的相关内容，其他小组提出质疑和补充，同时各小组完善自己的任务单，结合已有的充分资料，进行小组辩论，总结病毒的两面性，认识到病毒对人类既有害处也有益处，完成对知识的整理和理解，最后对于学生的共性问题，教师通过精讲点拨重点突破。

（3）练习巩固

通过实践操作的形式进行练习巩固，教师出示标题为“疾病的预防措施”“病毒的特征”“病毒的种类”三块空看板，然后将关于病毒的资料分发给学生，学生按照所学内容分类粘贴，加深理解。学生主动投入，收效显著。

（4）总结归纳

回顾本节所学知识，人人通互动课堂随机挑选学生发言，浅谈自己在本节课中的收获，从知识、方法或者情感等方面总结，对病毒特征及其预防措施有更进一步的认识，同时对继续探究病毒表现出较高的积极性。最后，教师总结概括，并鼓励学生利用课下时间继续搜集、研究病毒的有关内容，拓展知识面。

2. 课中随堂巩固习题、答案及评分细则

课中习题用于检测学生经过小组讨论和组间展示交流之后的学习成果，为此教师设计有层次性的检测题，通过当堂检测的形式进行纸笔测试，然后通过人人通互动课堂的随堂拍功能进行集体订正，统计错题率，教师答疑解惑。

当堂达标

一、填空。

1、病毒是一类没有（　　）的特殊生物。他能引起（　　）（　　）（　　）等许多疾病。

2、根据病毒所寄生的生物细胞不同，将病毒分为（　　）（　　）（　　）三类。

3、预防病毒引发疾病的措施有（　　）（　　）（　　）等方法。

4、狂犬病毒主要是通过（　　）传播的。

二、小法官。

1、病毒是一类可以独立生存的生物。（　　）

2、病毒必须生活在其他生物的细胞中，从而对这些生物造成危害。（　　）

3、病毒与人类的关系是：它对人类既有有利的一面，也有有害的一面。（　　）

三、我会选。

小时候，医生让我们口服的“糖丸”，主要是预防（　　）的发生。

A. 狂犬病　　　　B. 乙型肝炎　　　　C. 脊髓灰质炎

3. 课中教师任务与学生任务说明

（1）通过播放新型冠状病毒视频，让学生直观地了解病毒性疾病巨大的危害性，并引导学生提出与病毒有关的问题，激发学生的探究欲望。

（2）小组合作，交流课前任务单和搜集的资料，了解有关病毒性疾病的基本的外显症状和传播途径，引导学生概括出预防各种病毒性疾病的措施，为学生在日常生活中提早预防和及时发现病毒引起的疾病打下基础。

（3）教师根据自身的教学经验以及学生预习中存在的共性问题，将病毒的结构、大小以及病毒的生活、繁殖方式确定为本节课的重点，展示交流时学生可以从多个角度阐述自己对病毒的认识，比如病毒的大小、形态、种类等，了解病毒的特征后，教师播放相关视频，扩大学生对病毒的了解范围，使学生对病毒获得一个比较直观、完整的认识。

（4）通过“辩论会”的形式，结合自己准备的多种材料进行讨论交流，认识病毒对人们生活既有有利的一面，也有不利的一面，能够辩证地看待问题，并能举出适当的生活实例加以说明，最后老师通过实例讲解，突破难点，再次加深对病毒两面性的认识和理解。

（5）教师推送当堂检测习题，学生独立完成，集体订正，统计答题情况，针对学生的共性问题进行精讲点拨。

（6）互动课堂随机挑人，引导学生对本节课所学病毒的有关知识进行回顾整理，使学生对病毒有一个整体系统的认识，并鼓励学生利用课下时间继续搜集、研究病毒的有关内容，拓展知识面。

（四）课后阶段教与学活动的设计与组织

1. 课后教与学活动设计方案

（1）教师根据学生课堂上出错率较高的问题进行举一反三，设计类似题目，通过人人通学习平台的在线检测功能发布，学生利用平板或者电脑进行网上答题，完成后提交，平台会进行评分并推送答案及解析，学生针对自己的错题进行反思、整改。

（2）教师要充分利用人人通空间在线检测，对不同层次的学生进行不同的指导。例如，学优生会完成得比较快，教师可以在肯定他们成绩的同时，看他们能不能找出多种方法来解决问题，也可以为他们单独推送更难一些的题目，拓展提升他们的能力。同时，在线检测使学困生获得更多的关注，发现他们的错误，由此了解他们在知识的掌握中还存在哪些问题，一对一进行指导，让他们更容易理解和掌握，查漏补缺，跟上学习进度，并且也可以帮助学困生克服学习中的畏难情绪，提升自信。

（3）结合“新冠肺炎疫情”，设计“病毒小课题研究方案”，用PPT、微视频、美篇等方式形成报告，让学生在研究中更加深入地了解病毒的来源、病毒的危害、病毒给人类生活带来的影响、病毒的防治等，通过自身的直观认识、切身体验，充分认识到此次疫情的危害，同时做好防护，并向自己的亲人宣传，为坚决打赢疫情攻坚战贡献自己的力量。

2. 课后进阶提升习题及参考答案

（1）课后进阶提升习题

课后检测

一、认真填一填。

1. 根据病毒寄生的生物细胞不同，可将病毒分为________类：专门寄生在人和动物细胞里的________病毒；专门寄生在植物细胞里的________病毒；专门寄生在细菌细胞里的________病毒，也叫________。

2. 病毒不能________生存，必须生活在其他生物的________。

3. 由病毒感染引起的疾病有________、________、________、________等。

二、我是小法官。

1. 绝大多数病毒只有在电子显微镜下才能被看到。（　　）

2. 病毒是一类没有细胞结构的特殊生物。（　　）

3. 番茄花叶病毒属于动物病毒。（　　）

4. 肝炎病毒是引发甲型、乙型和非甲非乙型病毒性肝炎的病毒。（　　）

三、认真选一选。

1. 专门寄生在人和动物病毒里的动物病毒是（　　）。

A. 乙肝病毒　B. 番茄花叶病毒　C. 大肠杆菌噬菌体病毒

2. 下列对流感的描述正确的是（　　）。

A. 得流感后待在屋子里，关紧门窗不要通风

B. 流感是由流感病毒引起的急性呼吸道传染病

C. 流感不会传染

（2）课后进阶提升习题答案

一、1. 三；动物；植物；细菌、噬菌体

2. 独立；细胞内

3. 流感；狂犬病；脊髓灰质炎；麻疹

二、1. √ 2. √ 3. × 4. √

三、1. A 2. B

3. 教师与学生创制生成的教学资源

（1）根据学生自主搜集上传的文字、图片、视频等资料进行整理、归类，建设清平小学“病毒”资源库，便于后期辅助教学。

（2）在科学教师的带领下，学生进行“病毒小课题研究”，经历了自我搜集材料，自我整理分析材料的过程，并用PPT、微视频、美篇、课题小册子等方式形成研究报告，

学生不仅对如何做好病毒的预防有了深刻的认识，还分享给家人和亲朋好友，让更多的人认识到新冠肺炎疫情的严重性，知道预防方法，为控制疫情蔓延做出自己的贡献。

（五）学生学习质量评价方案

坚持及时对学生的学习情况进行评价，将成绩记录到学生综合素质评价表中。引导学生对课前预习、课中学习、课后检测各个阶段中出现的问题进行及时纠正并反思总结，让学生学会学习，同时设置了“优秀预习单评选”“优秀研究报告评选”等多种奖励评价活动，激发学生学习科学的兴趣，增强学生自信心。

案例七　音乐学科案例“请来看看我们的村庄”

一、教师基本情况介绍

姓　　名	杨静	执教年级	二年级
教材情况	人民教育出版社《音乐》二年级下册		
职　　称	小学二级教师		
个人简介	玉林师范学院完成音乐学本科学习并获学士学位。 2013 年获得“优秀教师”称号。 每时每刻都能用耐心和爱心去发现孩子，欣赏孩子，培养孩子。只有欣赏孩子的现在，才能塑造孩子的未来。		
所在学校情况介绍	同第四章 案例六		

二、案例基本情况介绍

案例题目	请来看看我们的村庄
课　　型	新授课☑　习题讲评课□　专题复习课□

续表

案例涉及的教学内容介绍	1.“请来看看我们的村庄”是一首一段体结构的西班牙儿歌。2/4 拍，降 E 大调。歌曲音域仅有六度，旋律多是同音连续反复和级进下行，由于二度移位模进的手法贯穿全曲，曲调新颖有特色。最后八小节衬词的出现，使歌曲更显欢快紧凑，增添了儿童们演唱的兴趣，使歌曲情绪首尾呼应，洋溢着热烈的气氛，充分表现了西班牙人的热情与好客。 2. 常见的节奏型：X、XX、X— 3. 常见的休止符：0 4. 歌曲的拍子、情绪：2/4 拍、欢快、活泼的。 5.“请来看看我们的村庄”：西班牙儿歌，维本译词，沈鹤霄配歌。 6. 学习歌曲的方法：通过听唱法分句学唱歌曲，进一步建立学生对音高的概念。利用听赏和模仿动物的叫声感受乐曲的音乐形象，进一步引导学生记忆歌词。选用打击乐器为歌曲伴奏和创编简单的动作等活动，体验歌曲带给人们的欢快情绪，培养学生学习音乐的能力。 7. 音乐与相关文化：通过学习歌曲“请来看看我们的村庄”，了解西班牙的风土人情，进一步感受西班牙儿歌的音乐特点，养成聆听音乐与演唱歌曲的好习惯，能与他人合作表演并进行评价。
案例的自我评价	基于网络学习空间的智慧课堂，本节课通过教学助手平台上传课前学习任务单及歌曲“请来看看我们的村庄”相关音频与歌谱资源。学生通过平台聆听音频，帮助学生理解歌曲内容。感受歌曲的拍子与情绪，感受西班牙人的热情与好客。 通过课前自主学习任务的完成情况与反馈，95% 的学生知道这是一首西班牙儿歌，80% 的学生对歌曲“请来看看我们的村庄”留下了好的音乐印象，能随音乐晃动身体，并能随音乐哼唱歌曲。 音乐视觉艺术，在教学过程中充分发挥智慧课堂的个性化学习的优势，运用多媒体教学技术来调动学生的学习热情，实现教材的多元化，能够达到听觉、视觉共同呈现的效果。一方面能够更好地让学生体会到歌唱的声音，另一方面结合画面能够帮助学生体会到歌唱的情境。同时，多媒体这种多感官的教学方式能够调动学生学习音乐的热情，学生才能更加有兴趣投入音乐歌唱的学习中，更加自如地参与歌唱学习，从而提升小学音乐歌唱教学的教学质量和效果。

三、案例正文

（一）案例背景介绍

学生在音乐学习中能实现兴趣的培养，同时强化音乐能力，借助音乐学习同样有助于陶冶学生的情操。智慧教学在音乐教学改革中发挥的作用不容忽视，很多教育工作者都对此表示认同。

如今传统模式的教学活动效果已经严重滞后于教学需求，音乐教学中增加信息技术的应用势所必然，信息技术的融合有助于增加多元化的教学内容，改变单一的教学形式。正是由于智慧教学在实践中取得了良好的成效，我们需要对其进行进一步研究，增强智慧教学与音乐教学的融合性，让智慧教学的作用得到更充分的发挥。

小学音乐教学中，运用多媒体教学技术来调动学生的学习激情，多媒体教学能够实现教材的多元化，达到听觉、视觉共同呈现的效果。运用多媒体开展小学音乐的歌唱教学，一方面能够更好地让学生体会到歌唱的声音，另一方面结合画面能够帮助学生体会到歌唱的情境。同时，多媒体这种多感官的教学方式能够调动学生的学习热情，从而使学生更有兴趣投入音乐歌唱的学习。运用多媒体教学还能有效地活跃课堂气氛，使学生能够更加自如地参与歌唱学习，从而提升小学音乐歌唱教学的教学质量和效果。

（二）课前阶段教与学活动的设计与组织

1. 课前教与学活动设计方案

教师：通过人人通活动广场发布学习任务单及学习资源，结合自主学习任务完成情况，最后进行疑难问题的统计反馈，并对学生疑难问题线上解答。

学生：认真阅读自主学习任务单中的学习指南部分，了解本节课学习目标、重难点，根据人人通活动广场发布的本节重难点知识的提示，依据学习方法的指导依次完成自主学习任务，结合观看教学音频、乐曲图谱、教学课件学习，初步感受歌曲的拍子、音乐的情绪，认识常见的节奏型，完成导学案。将遇到的问题于任务单中的“困惑与建议”部分向教师进行反馈。最后，阅读课堂活动预告，为课中学习做好准备。

【困惑与建议】

学生：老师，歌曲中奥巴哥拉马，奥巴哥拉马，奥巴奥巴奥巴什么意思，怎么演唱？

教师：歌词中“奥巴哥拉马”是衬词，表达的是高兴的心情，是西班牙语“欢迎”的意思，演唱时的心情是欢快的。

2. 自主学习任务单

一、基础信息	
课程名称	请来看看我们的村庄
教材情况	人教版《音乐》二年级下册
授课对象	小学二年级全体学生
开课学期	2020—2021 学年第二学期
课程授课地点	小学二年级各班
网络课程平台	人人通

续表

二、学习指南	
学习内容	第三单元第一章第一节“请来看看我们的村庄”
课前学习 拟达成目标	1. 正确地感受歌曲的拍子与情绪； 2. 知道这是一首西班牙歌曲； 3. 能听辨歌曲中出现的小动物； 4. 能对歌曲中的小动物进行模仿。
本节知识重点	重点： 能用轻快、跳跃的声音演唱“请来看看我们的村庄”，与他人合奏参与表演。 难点： 1. 认识换气记号，并能在歌曲演唱中正确运用； 2. 掌握歌曲中弱起节奏及后十六分节奏。 突破措施：通过多种形式练唱，学习歌曲。通过多听多唱感受欣赏歌曲。
学习方法建议	自主学习、模唱、听唱、小组合作
三、课前任务	
课前自主 学习任务	通过人人通活动广场发布的本节课学习目标，结合活动广场上传的微视频、歌谱、音频，完成下列学习任务： 1. 这首歌曲拍子、情绪是怎样的？ 2. 这首歌曲是哪个国家的歌曲？ 3. 聆听音乐村庄里有哪些小动物？请试着模仿它们的叫声。 4. 聆听音乐进行律动表演，模仿歌曲中小动物的形象。
课前学习 效果检测	通过人人通活动广场完成本节课知识内容的自我检测。
四、困惑与建议	
课前学习后 存在的疑惑与困惑	
对教师课堂授课 内容与形式的建议	
五、课堂活动预告	
教师精讲	1. 教师播放“请来看看我们的村庄”，引导学生思考：村庄里面都有哪些可爱的小动物呢？你能模仿一下小动物的叫声吗？小动物是用什么情绪来欢迎我们的？ 2. 教师边唱歌，边播放 PPT 中小动物的图片，引导学生模仿小动物的叫声并创编动作。衬词部分加入声势演唱。 3. 师生接唱：教师跟音乐唱歌，学生接唱动物叫声并模仿小动物的形象。
课前学习 任务汇报与研讨	各小组对于课前学习任务的内容进行汇报交流，教师针对出现的问题进行及时的引导与总结。

3. 自主学习效果检测习题

当堂达标

聆听音乐回答 1—4 题。

1. 这首乐曲的名称是（　　）。

A. “咏鹅” B. “小雨沙沙” C. “粉刷匠” D. “请来看看我们的村庄”

2. 这是一首（　　）歌曲。

A. 2/4 B. 3/4 C. 4/4 D. 3/8

3. 这是一首（　　）儿歌。

A. 法国 B. 西班牙 C. 英国 D. 美国

4. 下列不属于打击乐器的是（　　）。

A. 串铃 B. 沙锤 C. 钢琴 D. 碰钟

4. 课前教师任务与学生任务说明

课前阶段教师的主要任务是完成自主学习任务单的设计与开发，并依据自主学习任务单进行教学资源的收集、设计、开发与整合，并将自主学习任务单与教学资源上传到人人通活动广场。学生根据自主学习任务单的指导和教师发布的学习任务进行学习。通过聆听音乐对照歌谱感受歌曲的情绪与拍子，感受西班牙人的热情与好客，培养学生欣赏音乐的好习惯，对歌曲“请来看看我们的村庄”形成良好的音乐印象。在教师提供的其他辅助学习资源支持下完成学习任务和检测题，教师对学生自主学习过程中遇到的问题与疑惑进行解答。

（三）课中阶段教与学活动的设计与组织

1. 课中教与学活动设计方案

以音乐的形式师生问好，创设情境导入新课，激发学生的好奇心，引导学生认真聆听乐曲，感受音乐的情绪，并能随音乐晃动身体进行表演，模仿音乐中小动物的声音与形象。

（1）疑难突破

歌词中“奥巴哥拉马”是衬词的演唱。教师进行范唱，引导学生模仿。通过有节奏的读歌词（提醒学生在衬词句时拍手、拍腿）、弹琴教唱衬词。认识换气记号（v），边听音乐边找出换气之处、唱歌时就要像我们说话一样，要换一口气，休息一下。换气时注意呼吸要均匀，吸气时不能耸肩，像是闻花香一样，要深呼吸，引导学生体验感受。

（2）展示交流

将全班分成演奏组、演唱组、表演组和朗诵组，分组设计表演形式。组长组织小组内成员参与设计并发表自己的想法。老师把小乐器送到演奏组学生手中（播放音乐）。

学生自编动作，接龙演唱。一组唱一个乐句或者一组唱一段，检测学生是否能够准确的演唱歌曲。

教师进行适时引导并给予针对性的建议。学生随音乐分组合作练习，确保每一位小组成员都能参与小组合作表演。最后分小组上台展示。对于展示的小组，教师进行及时的肯定、评价与总结。

（3）练习巩固

通过角色扮演的方法，引导学生在教室中间围成一个大圆圈，相同的小动物站在一起。师生一起，边唱边跳，当唱到哪个小动物时，相应的小动物要站起来模仿叫声，其余人蹲下，结尾衬词部分按照拍手和跺脚的声势来进行，再次进行巩固练习。

（4）总结归纳

引导学生回顾本节课学到了什么。小组交流并派代表发言，教师进行及时的评价总结，进而培养学生保护小动物的意识，并和它们真心做朋友。

2. 课中随堂巩固习题、答案及评分细则

教师组织学生分角色进行歌曲表演，在这一过程中对学生的歌曲演唱情况进行检查，角色扮演过程中有没有稳定拍感，节奏、音准是否准确，能否自信完整地演唱歌曲。

3. 课中教师任务与学生任务说明

（1）以谈话的形式引导学生看一看西班牙的村庄，导入新课“请来看看我们的村庄”，激发学生的好奇心，保持学生对音乐的学习兴趣。

（2）师生合作，教师跟音乐唱歌，学生接唱小动物的叫声，合作练习。小组合作进行练习，学生在每一段歌词中接唱小动物的叫声。

（3）教师出示打击乐器，引导学生分组设计表演形式。学生自编动作，接龙演唱。一组唱一个乐句或者一组唱一段，检测学生是否能够准确演唱歌曲。教师针对每个小组及时进行指导。学生随音乐分组合作练习，最后分小组上台展示。对于展示的小组，教师进行及时的肯定、评价与总结。

（4）通过角色扮演的方法，声情并茂地进行完整的歌曲表演，再次巩固练习。

（5）完成教师推送的检测习题，巩固课堂教学所学知识，教师完成讲解。

（6）小组交流回顾本节课学习内容，教师进行最后总结。

（四）课后阶段教与学活动的设计与组织

1. 课后教与学活动设计方案

（1）教师有针对性地给予各小组建议进行合作创编，并进一步合作练习，达到完整熟练的表演。

（2）学生通过课下进行歌曲演唱录制上传人人通打卡练习。巩固练习歌曲，激发学生自信且有感情地演唱，保持学生对音乐的学习兴趣。

2. 课后进阶提升习题、答案及评分细则

针对课上学习内容有感情地演唱歌曲并最后完成歌曲表演打卡。根据学生个体差异，对学生实行个性化、针对性的标准要求。对于音准节奏非常准确、乐感好的学生，要求有感情地背唱歌曲并进行律动表演录制上传活动广场。对于演唱歌曲时音准上有待提高的学生，要求他们随音乐演唱录制上传活动广场。对于少数较为内向不善于表达自己的学生，不做强制性要求。

3. 教师与学生创制生成的教学资源

课上学生进行小组合作创编，分角色合作演唱歌曲。但还有部分学生对歌曲的节奏把握不准确，不能自信且有感情地演唱歌曲，需要不断地进行练习。最后，将录制的歌曲上传至活动广场，大家相互欣赏，不断进步。

（五）学生学习质量评价方案

本节课的过程性评价分为课前学习、课中学习和课后学习三个不同阶段，且不同评价阶段评价主体存在差异。课前学习评价主要由教师完成，评价内容依据人人通活动广场提供的学习数据反馈，包括平台登录次数、在线时长、任务点完成情况、线上作业完成情况等，此部分赋分占总评成绩的 15%。课中学习评价由教师和学生共同完成，课中学习评价占总评成绩的 60%。评价依据主要是学生和各学习小组合作表演过程中的综合表现。此部分评价中教师评分的赋分占总评成绩的 35%，学生组间评价的赋分占总评成绩的 20%。课后学习评价由教师和学生共同完成，占总评成绩的 20%。学生课后根据课堂教师答疑及组间交流的情况，将自主学习任务进一步完善整理后发布于人人通活动广场，对各小组的学习任务完成情况进行评价。其中，教师评价和学生组间评价各占总评成绩的 10%。

案例八　体育学科案例“障碍跑”

一、教师基本情况介绍

姓　　名	陈丹丹	执教年级	四年级
教材情况	人民教育出版社《体育与健康》（水平三）		
职　　称	小学二级教师		
个人简介	毕业于曲阜师范大学，中共党员。自参加工作以来，热爱本职工作，努力做好一名人民教师，为人师表，始终不忘人民教师职责，爱学校、爱学生。 作为一名城乡接合部的体育教师，面对师资力量薄弱，学生数量少的境况，依然带领学校仅有的几名体育教师奋战在高新区的体育界里，按时高效地完成每一项区里下达的任务，并得到了领导对我校体育的一致好评。疫情防控期间，勇于担负起体育教师的职责，积极组织学生在家进行体育锻炼并制定每日锻炼计划，科学指导学生的体育运动，提高学生的身体素质，增强免疫力。 参加工作9年来，带领的班级和学校运动队都取得了优异成绩，在带领学生成长的同时注重个人的成长，先后获得了潍坊高新区教坛新秀、潍坊高新区优秀教师、潍坊高新区政府嘉奖、潍坊高新区立德树人标兵和潍坊市青年教改先锋等荣誉称号。		
所在学校情况介绍	同第四章 案例六		

二、案例基本情况介绍

案例题目	障碍跑
课　　型	新授课☑　习题讲评课□　专题复习课□
案例涉及的教学内容介绍	本课的教学内容是障碍跑，水平三阶段的障碍跑内容是小学三、四年级学习的继续，是在采用钻、跨、跳、绕等方式进行障碍跑练习的基础上适当增加跑动的距离和障碍物的数量，来相应提高动作难度和要求。
案例的自我评价	本节课利用了信息化的教学和测评手段，在教学过程中，为了提高学生的运动兴趣，加深学习印象，借助小打卡学习小程序、KEEP软件、智能手环等，利用图、文、像、动画、微视频等多种学习手段，通过看、学、练、测、用让学生在情境中感知，在感知中体练，在体练中应用，有效达到练中教、练中学、练中用的教学效果。在这节课的教学中教师应充分了解学生，尊重学生的实际能力，给学生更多的展示空间，应用多种信息化教学手段来吸引学生的注意力，使他们爱上体育课，在课堂上成功体验学习的乐趣。

三、案例正文

（一）案例背景介绍

“障碍跑”一节是人教版《体育与健康》（水平三）的内容，障碍跑能发展学生的速度、力量、耐力、灵敏、协调等身体素质，并锻炼学生顽强拼搏的意志品质和互相配合的团队能力。那么体育教师陈丹丹是如何在信息技术的支持下通过智慧课堂来上好这一堂课的呢？

（二）课前阶段教与学活动的设计与组织

1. 课前教与学活动设计方案

教师：课前，教师通过小打卡程序、微信群，上传学习资料，布置学习任务。

学生：登录小打卡程序，学习通过障碍跑的方法，并把自己搜集的文字、图片、视频等资料整理上传到小打卡的圈子，供大家交流学习。

（三）课中阶段教与学活动的设计与组织

1. 课中教与学活动设计方案

（1）开始部分（8 分钟）

环节一是课堂常规——军容军貌展示，充分体现小红军战士的风范，在小队长的带领下进行展示。教师导入本课内容、明确学习目标，提出本节课的要求，给学生分发佩戴手环。

环节二是热身部分——韵律操，韵律操中融入了健美操和流行舞蹈元素，形式和动作都比较新颖，音乐也非常动感，从课程元素上吸引孩子充分活动好身体，为后面课程开展奠定基础。

学生打开平板上的 KEEP 软件，跟着一起做韵律操进行热身活动。

设计意图：用信息化手段调动学生的积极性，激发学生的学习热情。

达成目标：学生充分活动上下肢肌肉，让全身热起来，为后面的练习做好充分准备。

（2）基本部分

①创设情境，导入新课

教师在挂图上以红军长征的图片切入主题，大家都知道，红军长征走了整整两年时间，其间历尽千辛万苦，经过多次艰苦的战斗，最终取得胜利，为新中国的成立奠定了坚实的基础，才有了我们今天的幸福生活，所以孩子们要加倍珍惜时间，学好本领，将来才能更好地建设我们的祖国。设想当年红军是怎样克服困难突破重重障碍取得最后胜利的？如果你是一名红军，你遇到障碍时怎样处理？提出问题，学生小组讨论。教师提问学生，小组代表回答通过障碍的方法，教师通过学生的回答引入下一环节。

②师生互动，探究新知

a. 教师讲述红军长征的情境，通过情境语言的引导，让孩子们快速进入红军爷爷当年浴血奋战，艰苦奋斗的场景，激发他们的爱国热情和参与锻炼的积极性。教师出示第一场景——四渡赤水，本次障碍的任务内容是连续四次钻过跨栏，发展学生的基本身体活动方式——钻的能力。学生根据课前预习情况，观看平板内钻过障碍的视频，模仿动作。教师点评并讲解示范动作，学生分组继续练习。

b. 教师出示第二场景——巧渡金沙江，这个任务体现的是一个巧字，体育与健康学科课程标准小学水平三阶段要求发展学生的灵敏能力，安排的是绕杆跑练习。学生观看平板内绕的视频后模仿动作。教师点评并讲解示范动作，学生分组继续练习。

c. 教师出示第三场景——飞夺泸定桥，体现的是一个飞字，任务内容是每人完成十次跳绳。学生观看平板内的视频后，模仿动作。教师点评并讲解示范动作，学生分组练习。

d. 教师出示第四场景——爬雪山过草地，本场景是利用体操垫和跳箱组成了雪山和草地的场景，要求学生们在体操垫上完成匍匐前进，遇到跳箱时完成翻越的动作。学生观看平板内的视频后模仿动作。教师点评并讲解动作，学生分组练习。

e. 教师将四组障碍物路线连起来，让每组学生通过完整的障碍，学生根据练习时需要注意的地方进行完整的练习。

③总结新知，创新应用

a. 组长带领同学总结所学过关方式，并进行创新性展示。

b. 展示过程中，学生把同伴的视频拍摄下来上传小打卡程序，让学生随时查看自己与其他同伴的动作，进行现场分析讲解。这样既能寓教于乐，又能让学生更好地掌握动作。

c. 教师通过智能手环查看学生后台系统的运动实时监测，了解这节课学生的运动量、平均心率、练习密度。

d. 教师可以把学生的课堂运动情况通过公众号推送给家长，并给予学科知识指导。

④拓展延伸，课后作业

a. 自主创设情境，拍摄一组通过障碍物的视频并上传到小打卡程序。

b. 教师在小打卡程序上进行线上点评。

设计意图：通过小打卡程序及时将课堂上所学内容进行实践性练习及巩固。

（四）课后阶段教与学活动的设计与组织

1. 课后教与学活动设计方案

（1）放松身心，整理恢复。

学生根据 KEEP 软件动作指导进行放松活动。

（2）相互评价，总结提升。

集合整队，教师做课堂小结，对本节课学生所学情况进行点评，鼓励学生课后针对不足积极练习。最后收回器材，宣布下课。

2. 教师与学生创制生成的教学资源

略。

（五）学生学习质量评价方案

1. 通过教学微视频，智能手环、KEEP 软件等教学资源，学生可以反复观看动作要领和动作细节，及时反馈学生运动过程中的运动负荷和心率，SOS 功能也有效避免了意外伤害事故的发生。

2. 课堂教学录像第一时间上传到小打卡程序，学生可以随时随地再现课堂，达到复习巩固的目的。课外辅导，有针对性地解决了学生学练中遇到的各种困难。

第五章　初中智慧课堂学科教学案例

案例一　语文学科案例“曹刿论战”

一、教师基本情况介绍

<table>
<tr><td>姓　　名</td><td>丁娜</td><td>执教年级</td><td>九年级</td></tr>
<tr><td>教材情况</td><td colspan="3">人民教育出版社《语文》九年级下册</td></tr>
<tr><td>职　　称</td><td colspan="3">中学二级教师</td></tr>
<tr><td>个人简介</td><td colspan="3">2016 年于广西大学完成汉语言文学本科学习并获学士学位。
2016 年从事初中语文教育教学工作；2017 年在青葵花导师计划第三期乡村教师研修营中为甘肃地区乡村教师提供教育教学与学校管理公益培训，获得“青葵花优秀培训师”称号；2017 年指导学生代表参加青岛市“国学达人”挑战赛并获得三等奖；2020 年在第十五届全国青少年冰心文学活动中，荣获辅导教师一等奖；2020 年在第四届“二中·半岛杯”学生记者中文征文大赛中获得“优秀指导教师”称号。
工作期间，指导学生参加各类征文比赛，并获第 17、18 届世界华人大赛三等奖，“二中杯”二等奖等多项奖项；热爱教育教学，善于调动学生课堂积极性，具备良好的课堂组织能力与中学语文教学技能。</td></tr>
<tr><td>所在学校情况介绍</td><td colspan="3">青岛大学附属中学以“成全教育观”为思想引领，实施“文化立校、思想领校、团队强校、课程赢校、特色亮校”战略，以“培养具有国际视野、民族情怀、科学素养、人文底蕴的国际化人才”为育人目标，打造“纯生态，去功利，致良知，可持续”的生命样态，重点推进学校“八项建设”，全面深化课堂改革，为学生素质全面发展搭建各级各类平台，多方举措促进教师专业成长。全校师生团结一心、开拓进取、积极探索、大胆实践，学校教育教学工作成绩显著，已成为青岛市民办学校的一面旗帜。</td></tr>
</table>

二、案例基本情况介绍

案例题目	曹刿论战
课　　型	新授课☑　习题讲评课□　专题复习课□

续表

案例涉及的教学内容介绍	“曹刿论战”选自《左传》。这场战争发生在公元前684年，是历史上以弱胜强的著名战例之一。 “曹刿论战”讲述了曹刿对此场战争的一番评论，并在战时活用“一鼓作气，再而衰，三而竭”的原理击退强大的齐军的史实。 这篇课文的主要内容不是记叙这次战役的进程，而是记录曹刿关于战争的论述，它生动地说明，政治上取信于民，运用正确的战略战术和掌握战机，是弱国战胜强国的必要条件。全文的关键是“远谋”一词，通过人物对话，曹刿的“远谋”和“肉食者鄙”都得到了鲜明的再现。 “公输”记述了鲁人墨子出使楚国，用自己的智慧说服楚国工匠公输盘和楚国国王放弃意欲侵略宋国的企图，其语言水平和用心精巧为世人所共慕。 文章主要是通过对话形式，出色地表现了墨子的机智勇敢和反对攻伐的精神，同时也揭露了公输盘和楚王的阴险狡诈，是墨子“兼爱”“非攻”主张的生动而且具体的体现。
案例的自我评价	教学过程，采用学生自主、合作、探究的学习方式：课文的朗读和分析由学生完成，教师只作相应的点拨。学生们众说纷纭，教师给予较充分的肯定和自己的理解。 德育教育渗透课堂教学：学习了这篇课文，学生能够从中初步认识到战争的本质，并引导学生在生活中正确面对矛盾冲突。 引导学生将所学知识学以致用，举一反三：通过自主学习“公输”，做到课内课外相结合，不仅巩固了课内学习，还拓展了知识。

三、案例正文

（一）案例背景介绍

新课程标准中指出：“阅读教学是学生、教师、教科书编者、文本之间对话的过程，阅读是学生的个性化行为。”因此，在“曹刿论战”的教育教学过程中也是始终把尊重学生在阅读过程中的独特体验放在重要的位置。尊重学生的个性化表现，肯定学生原创性的理解，在平等和谐的课堂氛围中领悟文学作品带来的心灵触动。

历史上著名的“长勺之战”，是以弱胜强的著名战例之一。这篇课文生动地说明，政治上取信于民，运用正确的战略战术和掌握战机是弱国战胜强国的必要条件。这节课预想在学习“曹刿论战”之后，学生通过自主探究学习“公输”，学会迁移运用，引导学生学习古文不仅要学习文言知识，更应该从中汲取古人的智慧，学习古人的气魄与精神。

（二）课前阶段教与学活动的设计与组织

1. 课前教与学活动设计方案

教师：这篇课文将分成两个课时完成。第一课时教授本文，首先，引导学生疏通文义，整体把握文章内容，并要求学生积累文言重点实词、虚词，提高文言文阅读能力；

其次，引导学生把握本文以“论战”为中心选材、组材详略得当的特点，分析曹刿和鲁庄公两个人物形象，体会作品的艺术魅力，从而理解课文的主旨。第二课时主要是针对中考文言文展开训练。因此，首先是对于这篇文章的文言知识进行巩固训练；其次是结合“公输”进行巩固训练，从而将课内所学应用于课外，实现拓展延伸的目的；最后是结合两篇文章的主人公人物形象理解作品带给我们的启迪，从而深化学生对本篇文章情感态度价值观的理解。

在学习平台上发布自主学习任务单及学习资源，在学生完成自主学习任务之后，整理统计学生反馈的共同疑难问题，并将个别同学的疑难问题线上解决，提问较多的疑难问题，放入课堂展开讲解。

学生：仔细阅读自主学习任务单的学习指南部分，把握学习目标、重点，根据任务清单提供的本节重难点知识的提示，依据学习方法的指导依次完成自主学习任务，结合教材学习、课下注释、工具书、教学课件学习，初步掌握本节的主要内容，完成预习案。将遇到的疑难问题于自主学习任务单中“困惑与建议”部分向教师反馈。最后阅读课堂活动预习，为课中学习做好准备。

2. 自主学习任务单

一、课程信息	
课程名称	曹刿论战
教材情况	人教版《语文》九年级下册
授课对象	初三年级学生
开课学期	2019—2020 学年第一学期
授课地点	初三 8 班教室
智慧课堂平台	智学网
二、学习指南	
学习内容	“曹刿论战”第二课时 +“公输”课外拓展
学习目标	知识与技能：积累本课的实词、虚词以及文言现象；掌握本课的句意理解。 过程与方法：通过自主研读、合作探究的方式掌握本课的文言知识，学会运用课内知识解决课外文言文阅读的问题。 情感态度价值观：感受古人的政治智慧，引导学生学习古人的责任感和担当精神。
学习重难点	重点：积累课内实词、虚词以及文言现象，引导学生运用课内所学知识解决课外问题。 难点：学会运用课内知识解决课外文言文阅读的问题。

续表

学习方法	独立自主，合作探究，小组协作学习
三、课前任务	
课前自主学习任务	1. 根据学习目标提示，结合课下注释、古汉语词典、教学课件自主复习“曹刿论战”，掌握重点实词、虚词，深入理解文章内容。 2. 自主归纳总结本节课文言现象，完成导学案。 3. 自读“公输”，结合注释和古汉语词典初步理解文意，有个别不理解的词语和句子用笔圈画，做好标记，然后完成检测卷。 4. 思考这篇文章讲述了一个怎样的故事？突出了墨子的什么思想？ 5. 这两篇文章都是有关战争的，曹刿和墨子面对战争时，有哪些闪光点值得你学习？
课前学习效果检测	1. 利用智学网平台，通过检测卷的形式对“曹刿论战”复习效果进行检测。 2. 利用智学网平台，通过检测卷的形式对“公输”检测卷内容学习效果进行检测。

3. 自主学习效果检测习题参考答案及评分细则

“公输”（有删节）参考答案及评分细则

公输盘（bān）①为楚造云梯②之械，成，将以攻宋。子墨子③闻之，起于鲁，行十日十夜而至于郢（yǐng）④，见公输盘。

子墨子曰：“北方有侮臣者，愿借子杀之。”公输盘曰：“吾义固不杀人。”

子墨子起，再拜，曰：“请说之。吾从北方闻子为梯，将以攻宋。宋何罪之有？荆国⑤有余于地，而不足于民， 杀所不足而争所有余，不可谓智；宋无罪而攻之不可谓仁知而不争不可谓忠。争而不得，不可谓强。义不杀少而杀众，不可谓知类⑥。”公输盘服。

子墨子见楚王，曰：“今有人于此，舍其文轩⑦，邻有敝舆而欲窃之；舍其锦绣，邻有短褐(duǎn hè)而欲窃之；舍其粱肉，邻有糠糟而欲窃之——此为何若人？”王曰：“必为有窃疾矣。”

子墨子曰：“荆之地方五千里，宋之地方五百里，此犹文轩之与敝舆也。荆有云梦，犀兕（sì）麋鹿满之，江汉之鱼鳖鼋鼍（yuán tuó）⑧为天下富，宋所谓无雉兔鲋（fù）鱼者也，此犹粱肉之与糠糟也。荆有长松文梓楩（pián）楠豫章⑨，宋无长（zhàng）木⑩，此犹锦绣之与短褐也。臣以王吏之攻宋也，为与此同类。”楚王曰：“善哉。吾请无攻宋矣。”

注释：①公输盘：鲁国人，公输是姓，盘是名，也写作“公输班”或“公输般”。

②云梯：攻城的器械，因其高而称为云梯。③子墨子：指墨翟（dí），前一个“子”是先生、老师的意思，是弟子们对墨翟的尊称。④郢：春秋战国时楚国国都，在湖北江陵。⑤荆国：楚国的别称。⑥知类：明白事理。⑦文轩：装饰华美的车。下文的敝舆：破车。⑧云梦：楚国的大泽云梦泽。犀：雄性的犀牛，兕：雌性的犀牛。鼍：鳄鱼。⑨文梓：梓树。楩：黄楩木。豫章：樟树。⑩长木：大树。

1. 下列断句正确的一项是（B）。（3分）

A. 宋无罪 / 而攻之不可 / 谓仁知而不争 / 不可谓忠

B. 宋无罪而攻之 / 不可谓仁 / 知而不争 / 不可谓忠

C. 宋无罪而攻 / 之不可谓 / 仁知而不争 / 不可谓忠

D. 宋无罪 / 而攻之 / 不可谓 / 仁知而不争不可 / 谓忠

2. 下列加点字解释正确的一项是（C）。（3分）

A. 北方有侮臣者　侮：侮辱

B. 必为有窃疾矣　疾：疾病

C. 子墨子起，再拜　再：又（再：两次）

D. 此犹粱肉之与糠糟也　犹：犹如，像

3. 下列各组加点词的用法相同的是（D）。（3分）

A. 将以攻宋（用来）　　可以一战（凭借）

B. 吾义固不杀人（坚决）而戍死者固十六七（本来）

C. 起于鲁（从）　皆朝于齐（到）

D. 行十日十夜而至于郢（顺承）　再而衰（顺承）

4. 下列加点词的用法和例句相同的是（D）。（3分）

例句：吾义固不杀人（名作动，坚持正义）

A. 下视其辙（名作状）

B. 吾妻之美我者（意动）

C. 法皆斩（名作状）

D. 公将鼓之（名作动）

5. 下列句式与例句相同的一项是（B）。（3分）

例句：为与此同类（判断）

A. 试用于昔日（倒装）　　B. 夫战，勇气也

C. 士卒多为用者（被动）　D. 必以分人（倒装）

6. 下列对原文理解不正确的一项是（D）。（3 分）

A. 文章记叙的齐鲁长勺之战，是鲁国抵抗齐国进攻的一次战役。虽然是一个不大的战役，却说明了战略防御的原则，是后发制人、以小敌大、以弱胜强的著名战例。

B. 曹刿是作者着意刻画的主要人物。他具有卓越的军事智谋和指挥才能，能在瞬息万变的战争中沉着、冷静、果断地号令军队。

C. 墨子从道义上把公输和楚王驳得体无完肤，从而阻止战争的发生。全文通过墨子的言论行动来刻画人物，表现了墨子的机智善辩。

D. 墨子劝说楚王时说宋国土地物资都比楚国强，所以墨子认为楚王派官吏进攻宋国，是和楚王说的患偷窃病的人的行为是一样的。

7. 翻译下列句子。（每小句 3 分，共 6 分）

1）北方有侮臣者，愿借子杀之。

北方有一个欺侮我的人，希望借助你的力量去杀了他。

2）荆国有余于地，而不足于民，杀所不足而争所有余，不可谓智。

楚国在土地方面有富余却在人口方面不够。损失不足的人民而去争夺多余的土地，不能叫明智的行为。

附录：译文

公输盘替楚国造云梯这种器械，制造成功后，准备用来攻打宋国。墨子听到这个消息后，从鲁国出发，行走了十天十夜，才到达郢都，见到了公输盘。

墨子说："北方有一个欺侮我的人，希望借助你的力量去杀了他。"公输盘说："我坚守道义，从来不无故杀人。"

墨子起身，两次行拜礼，说："请允许我解说这件事。我在北方听说你在制造云梯，将要用它来攻打宋国。宋国有什么罪呢？楚国在土地方面有富余却在人口方面不够。损失不足的人民而去争夺多余的土地，不能叫作明智的行为。宋国没有罪却攻打它，不能叫作仁爱。明白道理却不向楚王进谏，不能叫作忠诚。诤谏却没有达到目的，不能叫作坚强。你崇尚仁义不愿意帮我杀死一个人却愿意帮楚国攻打宋国杀死很多人，不能叫作明白事理。"公输盘被说服了。

墨子拜见了楚王，说："现在这里有一个人，舍弃他自己装饰华美的车，邻居有破车，却想要去偷；舍弃自己华美的衣服，邻居有件粗布的短衣，却想要去偷；舍弃自己的好饭好菜，邻居只有粗劣饭食，却想要去偷。这是怎么样的一个人呢？"楚王回答说："这一定是患了偷窃病的人。"

墨子说："楚国的土地，方圆五千里；宋国的土地，方圆五百里，这像装饰华美的车子与破车相比。楚国有云梦泽，里面有成群的犀牛、麋鹿，长江、汉水里的鱼、鳖、鼋、鳄鱼多得天下无比，宋国却连野鸡、兔子、小鱼都没有，这就像拿美食佳肴与糠糟相比。楚国有巨松、梓树、黄楩木、楠、樟等名贵木材，宋国连多余的木材都没有，这像华丽的衣服与粗布短衣相比。我认为大王派兵进攻宋国，是和这个患偷窃病的人的行为是一样的。"

楚王说："好，我不会攻打宋国了。"

4. 课前教师任务与学生任务说明

（1）教师任务

①完成自主学习任务单的设计与开发，并依据自主学习任务单进行教学资源的收集、设计、开发与整合，并将自主学习任务单与教学资源上传到学习平台。

②教师根据学生自主学习任务单的完成情况并结合课前习题检测了解学生课前学习状况，对学生的问题进行精准分析，利用智学网平台解答学生的疑难问题，将疑问率比较高的问题纳入课堂教学，在课堂教学过程中给予有针对性的解答和学习指导。

（2）学生任务

学生根据自主学习任务单的指导完成相应的学习任务和习题检测，而后学生将自主学习过程中遇到的问题与疑惑反馈给教师。

（三）课中阶段教与学活动的设计与组织

1. 课中教与学活动设计方案

【导入语】上节课我们学习了"曹刿论战"，曹刿虽是一介平民，在国家危难之际却能挺身而出，为国解忧，他以天下为己任的献身精神与爱国情怀让我们为之震撼。对上节课基础知识，同学们积累掌握得如何？我先来提问一下。

运用平板随机提问的功能，对上节课的重点知识进行抽查，让学生通过温故知新的方式快速进入课堂状态，针对学生回答的情况，教师及时进行点评反馈。

（1）疑难突破

学生以小组为单位对自己整理的文言现象展开交流讨论。学生参考教师平板推送的参考答案，自主核对订正自己整理的文言现象总结表，组内成员互相展示自主整理的总结表，相互讨论指出对方的错误并交流补充，丰富自己的总结表。将疑难问题在小组中讨论解决，无法解决的寻求老师帮助，教师巡视学生学习情况，及时进行指导。

（2）展示交流

①组内相互展示自主学习成果。学生小组之间相互展示自主整理的文言现象总结表，讨论解决课前自主整理中的疑难困惑并进行反馈，无法解决的问题寻求老师帮助，老师针对提问较多的问题集中讲解。

②小组派代表向全班同学展示自主整理的文言现象总结表。小组代表通过平板向全班同学展示自己的学习成果，其他同学对其进行点评交流。

（3）练习巩固

①学生自读文章“公输”选文，初步理解文意。教师提醒学生理解过程中抓住关键词，注意文言现象，有个别不理解的词语句子用笔圈画出来。

②小组交流讨论疑难问题，组内无法解决的问题寻求老师帮助。

③教师针对学生在自主任务单的学习和课上学习情况推送课上练习，学生在平板上作答并上传到平台，教师可以看到学生的完成情况。教师针对学生的疑难及易错知识点进行针对性精讲，巩固疑难知识点。其他习题均由学生组内讨论讲解。

（4）情感提升

①结合背景理解墨子思想：墨子是墨家学派创始人和代表人物。墨子所处的时代，各诸侯国掠夺性的战争频繁不已，严重破坏生产，甚至使下层人民被迫“折骨为炊，易子而食”。墨子希望解除劳苦大众的苦难，这是他提出“非攻”“兼爱”等政治主张的思想基础。墨子正是抓住对方的言行来反驳对方，用以子之矛攻子之盾的方式不动一兵一卒赢得了胜利，维护了和平。

②这两篇文章都是关于战争的，但是他们都侧重于表现人物形象，平民曹刿在反侵略战争中勇担国家重担，文人墨子面临国家危难，不畏艰辛维护和平。他们面对祖国危难所表现出的共同点以及对我们的启示，放手让学生畅所欲言。

（5）总结归纳

回顾本节课所学，引导学生总结在文言文学习中要注重积累，把握关键词、特殊句式，课外文言文要理解文意，翻译要字字落实。

古文是我们中华文化的重要组成部分，而掌握了课内文言文，就获得了打开课外文言文的钥匙，也是打开中华文化的一把钥匙。我们学习古文不仅要学习文言知识，更应该从中汲取古人的智慧，学习古人的气魄与精神。这两篇文章都是关于战争的，但是他们都侧重于表现人物形象，平民曹刿在反侵略战争中勇担国家重担，文人墨子面临国家危难，不畏艰辛维护和平，他们面对祖国危难，表现出的爱国、有责任、有担当、机智、深谋远虑等精神品质值得我们传承发扬。

这篇文章从宋国鲁国的角度来看，都是反侵略的战争，我们和墨子一样渴望和平，但若是对方执意挑起争端，我们也和曹刿一样勇于承担重担，不畏战争。正所谓“国家兴亡，匹夫有责”。只要国家需要，我们每个人都时刻准备着。

2. 课中随堂巩固习题、答案及评分细则

略。

3. 课中教师任务与学生任务说明

（1）教师通过引导学生复习巩固第一课时的重点实词虚词让学生快速融入课堂，然后教师根据智学网显示的学习数据、学生提出的疑难问题以及自身的教育教学经验对于疑难问题进行补充以及重点讲解，最后结合文章内容理解墨子“兼爱”“非攻”的思想，引导学生思考两篇文章带来的启示。

（2）学生通过小组合作对课前自行整理的文言现象进行交流，小组长带头解决组员的疑难问题，仍解决不了的问题，由解决了该问题的其他小组讲解，教师负责补充及精讲。

（3）学生小组讨论理解“公输”的主要内容，以及课后练习题。仍解决不了的问题，由小组代表进行展示，由解决了该问题的其他小组讲解，教师根据智学网平台数据对疑难点进行补充及精讲。

（4）小组合作总结本节课的收获，选出代表总结本节课所学知识，反思学习过程中出现的问题，教师补充完善，对进一步的学习提出建议。

课堂学习中要时刻注意体现学生的主体地位，把学生的学放在首位。教师是课堂的引导者和组织者，要充分肯定学生的主观创造性。

（四）课后阶段教与学活动的设计与组织

1. 课后教与学活动设计方案

（1）小组针对在课堂修订补充的文言现象总结表，进一步整理完善文言现象表，对本节课重点知识点巩固落实。

（2）教师通过平台发送“烛之武退秦师”原文，这篇文章中很多知识点和我们这节课学的知识是相通的，请同学们根据自己的学习经验，自主出两道选择题，并写出具体的答案解析，上传到平台。教师精选学生提交的习题，通过平台发送给其他学生进行解答，解答完成后平台显示答案，学生可以自行批改。

（3）学生对于本节课学习之后仍然存在的疑惑问题可以在平台讨论区和教师或者学生进行互动提问，教师随时登录平台解答疑惑，还可以在互动讨论区与学生讨论交流这三篇文言文所体现的古人智慧。

2. 教师与学生创制生成的教学资源

学生课上小组合作完成了文言现象的总结表，经过课堂和课下的完善后上传于智学网平台上，学生相互之间可以分享交流。学生通过自行整理的文言现象表能够培养自主归纳总结的能力，使学习的知识更加条理清晰，也体现了学生个人对本节课知识点的理解。

（五）学生学习质量评价方案

学生学习质量的评价要讲究评价主体的多元性，因此本节课的过程性评价分为课前学习、课中学习和课后学习三个阶段，而且不同评价阶段评价主体存在差异。课前学习评价占 30%，由教师根据网络教学平台提供的学习数据，包括平台登录次数、在线时长、学习清单中的任务完成情况、线上作业得分情况等。课中学习评价占 50%，教师评价和学生评价各占 25%。小组长根据组员在学习小组自主学习任务展示及课堂主题讨论活动中的综合表现对其进行评价。课后学习评价主要由教师完成，占总评成绩的 20%。学生课后根据课堂教师答疑及组间交流的情况，将自主学习任务进一步完善整理后发布于平台，利用平台的评价功能对各小组的学习任务完成情况进行评价。

案例二　英语学科案例

“How do you get to school？（Review）”

一、教师基本情况介绍

姓　名	王丽梅	执教年级	六年级（五四学制）
教材情况	山东教育出版社《英语》六年级下册		
职　称	中学二级教师		

续表

个人简介	2008 年 11 月山东轻工业学院英语专业毕业。 2012 年 9 月通过东营区事业单位招考，加入教师队伍。 2016 年 3 月被评为“东营区教育局教学新秀”。 2017 年 3 月执教初中英语公开课“被动语态专题复习课”。 2018 年 6 月参与东营区“草根式”课题“翻转课堂下的小学英语对话教学模式探究”。 2019 年 7 月被评为“东营区青年骨干教师”。 2020 年 9 月被东营区文华学校评为“教育教学先进个人”。 2020 年 9 月被评为“东营区初中英语教学能手”。 十年来深耕教学一线，扎根初中英语教学，对如何用信息技术改变课堂充满热忱，愿在智慧课堂的教学中锐意进取，提高实效！		
姓　　名	李玉峰	执教年级	六年级
职　　称	中学一级教师		
个人简介	1997 年 5 月胜利油田师范专科学校体育教育专业毕业。 2005 年获东营市教师基本功比赛一等奖。 2013 年 12 月荣获东营区教育局“安全工作先进个人”。 2014 年 1 月荣获东营市教育局“安全工作先进个人”。 2016 年 6 月获东营区优质课一等奖。 2017 年 12 月被评为东营市优秀指导教师。 2019 年 6 月被评为东营区六户镇优秀党员、教育先进个人、优秀教师。 2020 年 9 月被评为“东营区初中体育教育能手”。 2020 年 11 月获东营区安全优质课一等奖。 2020 年 12 月被评为“东营区文华学校先锋模范党员”。 2021 年 5 月获东营区体育优质课一等奖。		
所在学校情况介绍	东营区文华学校是一所九年一贯制公办学校，总占地 133.5 亩，设计规模 90 个教学班，总投资 3 亿元。致力打造数字校园、智慧校园，有线网络实现万兆进校园、千兆到桌面，无线网络实现校园全覆盖，配备了先进的 IP 广播系统、信息发布系统、监控系统、消防控制系统、多媒体教学系统，建有录播教室、云微机室、高标准中心机房、多媒体报告厅等，有效提高了教育教学现代化水平。 大力实施文化立校工程，结合办学目标定位和办学实践，以“关注每一个孩子，不放弃每一个孩子，让每一个孩子都得到适合的发展”为出发点，构建起完善的文化理念系统，确立了“关注生命质量，尊重个性成长 ”的核心办学理念、“敢为人先，永不言败”的学校精神、“明德至善，博学致远”的校训，形成了“文以养正，德以生华”的校风、“业精善导，立己达人”的教风、“学文力行，悦读乐学”的学风，确立了“培育守正有德、体健志坚、崇劳爱美的社会主义接班人”的培养目标，最终实现“打造黄河三角洲地区最具魅力的品牌学校”的发展愿景。 办学两年来，学校先后荣获全国网球特色学校、山东省科技教育创新发展实践基地、东营市文明校园、东营市平安校园、东营市安全工作先进单位等荣誉称号。在东营市义务教育管理标准化学校评估认定中，学校各项工作均位列前茅，荣获东营市文明校园称号。2021 年 4 月，被评为山东省智慧教育示范学校。 扬帆风正劲，文华自奋蹄。站在新起点，踏上新征程，“敢为人先、永不言败”的文华人必将砥砺前行、奋发向上，倾心倾力把学校打造成黄河三角洲最具魅力的品牌学校。		

二、案例基本情况介绍

<table>
<tr><td>案例题目</td><td>Unit 5　How do you get to school？（Review）</td></tr>
<tr><td>课　　型</td><td>新授课☐　习题讲评课☐　专题复习课☑</td></tr>
<tr><td>案例涉及的教学内容介绍</td><td>本单元的话题是“谈论如何去某地”，它与我们学生的日常生活紧密联系，生活离不开“行”。本单元就是学习描述人们日常出行的主要方式，学习一般现在时。
本单元的教学内容与学生的实际密切相关，易于引发学生用英语进行交流，先完成听说读写的任务活动，学生应重点掌握和熟练应用“How do you get to school？”“How long does it take？”“How far is it from... to...？”及其答语等。
新授课完成后，根据同学们对本单元的掌握情况设计了本节复习课。主要从以下三方面展开。
1. Words and expressions
能正确使用下列词汇：
train，bus，bike，subway，boat，car，kilometer，minute，river，village，villager，bridge，year，dream，stop，ride，drive，live，cross，leave，far，many, new，every，afraid，true，sixty，eighty，ninety，hundred，by，between，like
2. Key sentences
能熟练运用 how、how long、how far 引导的特殊疑问句询问出行方式、花费时间和两地之间的距离。
A: How do / does you / they / he / she get to school？
B: I / they / he / she ride(s) a bike.
A: How long does it take you / them / him / her to get to school？
B: It take(s) you / them / him / her about 20 minutes.
A: How far is it from your / his / her home to school？
B: It’s about two kilometers.
3. 能谈论出行方式
A: Does Jane walk to school？
B: No, she doesn’t. She goes to school by bike.
A: Do they take the bus to school？
B: No, they don’t. They walk.
4. 对课文进行改编，通过首字母填空任务考查学生对本单元单词短语句子的整体认知
Crossing the River to School
How do you get to school？ For many students, it is 1. e_______ to get to school. But for the students in one small village in China, it is 2. d_______. There is a big river 3. b_______ their school and the village. There is no 4. b_______ and the river runs too 5. q_______ for boats. So these students go on a ropeway to cross the river to school.
It’s not easy to cross the river on a ropeway, but the students aren’t 6. a_______ because they love their school and love to 7. p_______ with their classmates. Many of the students and the villagers never 8. l_______ the village. It’s their 9. d_______ to have a bridge. I hope their dream can come 10. t_______.</td></tr>
</table>

续表

案例的自我评价	自从2020年学校引入智慧课堂后，王丽梅和李玉峰老师一直在探索智慧课堂如何与英语课堂进行深度融合。本节复习课充分发挥了智慧课堂高效即时反馈和个性化学习的优势，提高了学生的参与度和课堂达成度。 在教学过程中，采用了选词填空等课堂活动对词汇进行了考查，查看每个题目的正确率，对错误率高的题目及时讲解。在听力环节，采用单选功能，立即生成反馈，对出错的学生和错误的题目进行点拨。在对话环节，针对不同的小组推送不同的资源，丰富了课堂的内容，而且引导了学生珍惜当下生活。在首字母填空环节，采用拍照上传、学生互评等功能，调动学生的参与热情，同时整节课还利用了查看学生屏幕，及时查看学生的完成情况，把控课堂进度。 经过整个智慧课堂的学习，基于Unit 5 “How do you get to school？（Review）”的课堂内容，切实提高了学生复习的效率，培养了学生的英语学科核心素养。

三、案例正文

（一）案例背景介绍

东营区文华学校以《国家中长期教育改革和发展规划纲要（2010—2020年）》《教育信息化十年发展规划纲要（2011—2020年）》《教育信息化“十三五”规划》为指导纲要，遵循“信息技术支持学习变革与创新”，以智慧教育改革课堂教学模式，坚持立足课堂；以课程建设为载体，以德育培养为根本，实验先行，扎实稳定地推进智慧课堂的建设工作。

东营区文华学校积极推行“智慧课堂”。“智慧课堂”不应该是一种具体模式，也不单纯是一种技巧，而是不断追求的一种学习境界。它让我们更多地去关注如何“智慧地去学习”。在这里，每个学生都能平等地获得发展的权利，教室成为学生发展的平台；在这里，课堂是生命活动的场所，师生通过课堂活动获得幸福体验；在这里，课堂教学的目的是使学生的智慧得到发展，教师应努力追求课堂教学效益最大化。

王丽梅和李玉峰老师是东营区文华学校智慧课堂的骨干教师，也是学科带头人，扎实地践行和推进学校在智慧课堂方面的工作。在学校开展的各项智慧课堂方面的工作中，善于思考、肯钻研，各项工作完成出色。

Unit 5 “How do you get to school？（Review）”是选自鲁教版《英语》六年级下册的一节复习课。对于六年级的学生来说，难度较大。上完新授课后，需要再次对所学知识进行系统讲解，特别是三大句型，帮助学生消化所学内容。本节复习课充分发挥了智慧课堂高效、即时反馈和个性化学习的优势，提高了学生的参与度和课堂达成度。对本单元学到的重点词汇、句型和文章进行了深入复习。

（二）课前阶段教与学活动的设计与组织

1. 自主学习任务单

<table>
<tr><td colspan="2"></td><td>你的发现</td></tr>
<tr><td colspan="2">Topic</td><td></td></tr>
<tr><td colspan="2">学习目标</td><td>语言知识目标：
1. 掌握各种交通工具的表达方式及其他基本单词。
2. 掌握how/how far/how long引导的特殊疑问句及其回答以及基本句型。
语言能力目标：
1. 能够听懂以出行方式为话题的听力材料。
2. 能够描述自己或他人的出行方式。
3. 能够读懂以出行方式为话题的文章。</td></tr>
<tr><td rowspan="3">课前任务</td><td>基本词汇</td><td>Means of transportation（交通工具）:
Others:</td></tr>
<tr><td>基本词组</td><td>Ways of transportation（交通方式）:
Others:</td></tr>
<tr><td>基本句型（至少3个）</td><td></td></tr>
<tr><td rowspan="2">困惑与建议</td><td>疑难与困惑</td><td></td></tr>
<tr><td>建议</td><td></td></tr>
<tr><td rowspan="2">课堂活动预告</td><td>文章</td><td>熟读文章“Crossing the River to School”并填空</td></tr>
<tr><td>对话</td><td>How do your parents go to work？ Do a survey in your group and give a report.</td></tr>
</table>

2. 自主学习效果检测习题及评分细则

（1）自主学习效果检测任务

画一幅家到学校的路线图，并用英文介绍 how、how far、how long 等情况，发送照片和语音至平台。

（2）评分细则

Good（3 分）：内容表达清楚，要点齐全。

Better（4 分）：内容表达清楚，要点齐全；语言流利，自然大方。

Best（5 分）：内容表达清楚，要点齐全；语言流利，自然大方，适当拓展。

3. 课前教师任务与学生任务说明

课前阶段教师的主要任务是完成自主学习任务单的开发与设计，并依据自主学习任务单进行教学资源的收集、设计、开发与整合，并将自主学习任务单与教学资源上传到学习平台。

学生根据自主学习任务单的指导和教师设定的学习任务，通过观看本节课的拓展资源，并在教师提供的其他辅助学习资源支持下完成自主学习单和学习检测任务。而后学生将自主学习过程中遇到的问题与疑惑反馈给教师，教师据此结合课前检测了解学生课前学习状况，对学习者的问题进行精准分析，利用网络或在课堂教学过程中给予有针对性的问题解答和学习指导。教师可据此开展智慧课堂教学活动的设计与组织，有针对性地给予学习者学习方法指导和适当的决策支持服务。

（三）课中阶段教与学活动的设计与组织

1. 课中教与学活动设计方案

（1）疑难突破

以六人一个小组的形式对课前自主学习任务单进行交流讨论，对词汇、句型难点突破，解决同伴间的疑难问题。同时，对同伴的词汇句型进行补充。通过听力环节，对重点句型进行输入。先听后说，将目标短语放入句型中，呈现并练习。设置不同场景下学生上学的方式，分组推送给学生们做对话。通过练习，解决难点句型。

（2）展示交流

学生两人一组对课前检测任务——自己出行方式进行问答。利用 How 再次巩固目标句型。

学生六人一组，对父母的上班方式进行调查并做出报告。教师对各种交通出行方式的利弊进行总结提升，并对学生进行情感教育，要珍惜当下父母提供的良好生活条件，努力学习，并在有能力的情况下帮助他人。

（3）练习巩固

针对学生课前任务单的学习，课上利用选词填空的方式对单词和短语进行考查。此外，利用智慧课堂及时反馈学生的正确率和出错率，更有针对性地辅导学生。利用听力选择的形式对重点、难点句型 how、how long、how far 进行考查，正确率和错误率立即呈现出来，便于教师及时解决易错点。利用拍照上传和同学互评的形式对语篇填空题进行考查，让每个学生都当小老师，给别人的问题诊断把脉。

（4）总结归纳

回顾本节课复习的所有内容，小组合作完成本节课的思维导图，用平板屏幕以共享的方式展示交流，选择其中一个小组进行发言，教师补充并提供改进意见。

2. 课中随堂巩固习题、答案及评分细则

习题一：

Words and phrases — Fill in the blanks.

1. My mother ______ a car to work every day.
2. Don't ______ the road when a car runs quickly on the road.
3. He lives in a small ______.
4. Every day I ______ home at six and get to school at 6:20.
5. —What's your ______?

   —I want to be a teacher.
6. April is ______ March and May.
7. He is the first in this test. Is that ______?
8. The boy is ______ of the dog.

答案：

1. drives　2. cross　3. village　4. leave　5. dream　6. between　7. true　8. afraid

评分细则：每空 1 分。

习题二：

Key sentences — Listen and choose.

1. —How do you get to school?

   —I ______ to school.

   A. ride a bike　　B. take the bus　　C. take the subway

2. —How long does it take you to get to school?

—It takes about ______.

A. sixty minutes　B. thirteen minutes　C. thirty minutes

3. —How far is it from your home to school?

—It's about ______.

A. three miles　B. three kilometers　C. thirty kilometers

答案：

1. A　2. C　3. B

评分细则：每空 1 分。

习题三：

Passage — Fill in the blanks.

How do you get to school?

For many students, it is 1. e ______ to get to school. But for the students in one small village in China, it is 2. d ______. There is a big river 3. b ______ their school and the village. There is no 4. b ______ and the river runs too 5. q ______ for boats. So these students go on a ropeway to cross the river to school.

It's not easy to cross the river on a ropeway, but the students aren't 6. a ______ because they love their school and love to 7. p ______ with their classmates. Many of the students and the villagers never 8. l ______ the village. It's their 9. d ______ to have a bridge. I hope their dream can come 10. t ______.

答案：1. easy　2. difficult　3. between　4. bridge　5. quickly　6. afraid　7. play　8. leave　9. dream　10. true

评分细则：同桌互评，确定等级。（非常完美 / 表现一般 / 不太理想）

3. 课中教师任务与学生任务说明

单词与短语部分，教师通过看图说单词、看汉语抢答英语的形式，引导学生快速复习单词短语。教师布置选词填空任务，学生在平板上完成后，教师查看正确率并点拨释疑。

重点句型部分，教师布置听力选择，学生平板答题后，教师查看正确率，及时讲评。通过听力，引入对话任务。学生两人一组，分别用 how、how far、how long 对自己的交通方式和他人的交通方式进行问答，教师进行点评，并引导学生绿色出行，珍惜当下生活。

文章部分，教师通过视频引入另一种交通方式 go on a ropeway，然后布置首字母填空任务。学生完成后拍照上传并互评。教师查看学生屏幕，查找错误率高的题目，进行点拨释疑。同时，引导学生珍惜上学的机会，关爱贫困地区的同学。

教师布置任务，四人一组调查并汇报组内同学家长的出行方式并适当评价。拓宽学生的话题范围，增进学生之间的了解。

（四）课后阶段教与学活动的设计与组织

1. 课后教与学活动设计方案

思维导图：小组针对课堂上初步完成的 Unit 5 的思维导图以及教师的点评和改进意见，进一步完善思维导图，形成本单元知识点完整的逻辑框架。

课后习题：学生课下在平板学生端完成由教学平台推送的“Unit 5 课后进阶提升习题”，完成后平台自动批阅并推送答案。学生查看得分及答案，整理错题集。

答疑解惑：对本节课学习仍有疑问的，或者对课后进阶提升习题中存在疑难问题的，可在平台上互动提问，教师随时登录平台答疑解惑。

2. 课后进阶提升习题、答案及评分细则

习题：

1. Jeff goes to work ______ and his wife goes to work ______ .

   A. by car, on her bike　　B. by a car, on her bike

   C. by cars, by bikes　　D. by his car, by bike

2. You can walk to ______ subway station. It’s not far.

   A. the　　B. a　　C. an　　D. 不填

3. What do you ______ the transportation in your city?

   A. think about　　B. think of　　C. think over　　D. think

4. —______ does it take you to get to Beijing?

   —Twenty hours.

   A. How often　　B. How far　　C. How many　　D. How long

5. How do you get to school, ______ bike or ______ foot?

   A. by, by　　B. on, on　　C. by, on　　D. on, by

6. How ______ is it ______ your school to the Children’s Palace?

   A. long, to　　B. for, to　　C. long, from　　D. far, from

7. —How do you ______ there?

—I take the train.

A. get　　B. get to　　C. gets　　D. gets to

8. She likes talking with others and she can get on well ______ them.

A. for　　B. on　　C. with　　D. at

9. It's difficult for me ______ to school.

A. to get　　B. get　　C. gets　　D. to gets

10. Look! There is ______ over there. Do you know him?

A. a 8-year-old boy　　B. an 8-year-old boy

C. a 8-years old boy　　D. an 8-years old boy

11. She has too ______ homework this weekend.

A. much　　B. many　　C. some　　D. a lot

12. —Must I go now?

—No, you ______. It's early now.

A. don't have to　　B. mustn't　　C. can't　　D. shouldn't

13. ______ stops are there to the small town?

A. How long　　B. How far　　C. How many　　D. How much

14. It takes me 25 minutes ______ to the club by bus.

A. to go　　B. going　　C. go　　D. goes

15. He usually goes to visit his friends ______ Saturday afternoon.

A. at　　B. in　　C. on　　D. of

答案：

1. A　2. A　3. B　4. D　5. C　6. D　7. A　8. C　9. A　10. B　11. A　12. A　13. C　14. B　15. C

评分细则：每题 1 分

3. 教师与学生创制生成的教学资源

学生课上小组合作完成了本节课的思维导图，但是课上完成的较为简单，还不能完整体现本节课的知识点和逻辑框架。在听取了老师的讲解和改进意见后，课下学生基于小组的思维导图绘制了个人的思维导图，并拍照上传至平台。

（五）学生学习质量评价方案

本节课的过程性评价分为课前学习、课中学习和课后学习三个不同阶段。课前学习评价主要由教师完成，评价内容依据网络教学平台提供的学习数据，包括平台登录次数、在线时长、课前任务完成情况等，此部分赋分占总评成绩的 30%。课中学习评价由教师和学生共同完成，课中学习评价占总评成绩的 50%。评价依据一是课中随堂巩固习题的正确率，二是学生和各学习小组在自主学习任务汇报及课堂主题讨论活动中的综合表现。此部分评价中教师评分的赋分占总评成绩的 35%，学生组间评价的赋分占总评成绩的 15%。课后学习评价由教师和学生共同完成，占总评成绩的 20%。学生课后根据课堂教师答疑及组间交流的情况，将自主学习任务进一步完善整理后发布于平台，利用平台的评价功能，对各小组的学习任务完成情况进行评价。其中，教师评价和学生组间评价各占总评成绩的 10%。

案例三　英语学科案例

"There were few doctors, so he had to work very hard on his own."

一、教师基本情况介绍

姓　　名	徐慧敏	执教年级	九年级
教材情况	外语教学与研究出版社《英语》九年级上册		
职　　称	中学二级教师		
个人简介	聊城大学教育学专业本科毕业。 初三英语备课组长，多次获得"教学先进个人""优秀教师"称号。 对学生负责，课堂充满激情，热情洋溢并充分带动学生的学习积极性。站在学生的角度思考问题，解答问题。		
所在学校情况介绍	莘县明天中学始建于 1996 年，是一所集学前、小学、初中于一体的民办公助寄宿制学校。"学生、教师、学校、社会利益和谐一致，共同发展"是学校的办学理念。"认真、健行"是学校的校风。"让家长安心创业，让孩子健康成长"是学校追求的目标。 学校先后荣获"全国课堂教学改革实验先进学校""全国青少年校园足球特色学校""全国中小学中华优秀文化艺术传承学校""市级规范化学校"等荣誉称号。		

二、案例基本情况介绍

案例题目	Module 3　Unit 2　There were few doctors, so he had to work very hard on his own.
课　　型	新授课☑　习题讲评课□　专题复习课□

续表

案例涉及的教学内容介绍	1. 本单元单词的读音。 2. 跟读课文，注意重读，连读，声调，降调。 3. 状语从句。 4. 分段理解文章，获取信息。 5. 课文每句话存在的语法。 6. 写人物的方法。 7. 以时间为线索写一篇有关白求恩的文章。 8. 以时间为主线介绍科学家袁隆平的生平事迹。
案例的自我评价	英语课堂教学强调学习要充分发挥学生的自主性、独立性。 学生首先根据A课任务单的要求进行自主学习，利用教师上传的相关资源（单词及课文音频，状语从句微课等等）充分预习之后完成教师已上传的A课自主检测题。自主检测一键批阅，每道题的得分率以及哪些学生出错一目了然。教师根据错误率进行备课，准备在B课精讲。 B课检测A课预习情况，解决A课的错题以及A课疑惑的知识点，错题先经过小组讨论，小组解决不了的，由老师进行精讲。有疑惑的知识点通过微课的形式进行解释，让学生夯实基础。同时，进一步回扣课本，夯实基础。

三、案例正文

（一）案例背景介绍

外研版《英语》九年级上册“Module 3　Unit 2　There were few doctors，so he had to work very hard on his own.”主要介绍了国际共产主义战士——诺曼·白求恩的伟大事迹，属于人物传记类的文章。这类文章通常是按照时间顺序来讲述人物的生平，故事性强，内容较易理解，学生也比较感兴趣。通过学习白求恩大夫的生平事迹，让学生感受到白求恩舍己为人、无私奉献、忘我工作的精神。在教学过程中，只要把握住时间这条脉络去引导学生阅读文章，通过文章的阅读和学习，让学生学会怎样去描述自己心目中的英雄，梳理文本，为写作打基础。

（二）A课教与学活动的设计与组织

1. A课教与学活动设计方案

教师：在习学本上发布A课任务单及学习资源，让学生严格按照任务要求进行自主学习，教师关注学有余力的学生的学习进度，指导学生继续学习，关注学生的学习习惯（特别是成绩稍弱的学生），如坐姿、笔记、标注、默记等学习任务单中的行为。

学生自学过程中，教师尤其要关注学困生，指导学困生的学习，及时解决自学中的问题或困惑。在学生完成自主学习任务之后，整理统计学生反馈的共同疑难问题及错题，以便在B课上解决。

学生：仔细阅读A课学习任务单的学习指南部分，把握学习目标、重点，根据任务单上提供的本节重难点知识的提示，按任务要求认真自学教材，观看微视频、教师发布的学习资源，做到边看、边思、边记录，初步掌握本节的主要内容，完成任务单。将遇到的疑难问题于自主学习任务单中“困惑与建议”部分向教师反馈。最后，阅读B课任务单，为B课学习做好准备。

【困惑与建议】

学生：die for、die of、die from 的区别是什么？

教师：die for、die of、die from 的区别如下：

（1）die for

为某种目的而献身或牺牲，其后常跟 cause、idea、belief 等名词。

For example: He would rather die for his belief. 他宁愿为他的信仰而死。

（2）die of

因……而死（原因多来自内部，如情感、冻、饿、生病等），其后常跟 hunger、cold、illness、old age、fever、heat 等名词（短语）。

For example: Many people died of hunger in the old days. 过去，许多人因饥饿而死去。

（3）die from

由于……而死（原因常来自外部创伤、交通事故等），其后常跟 wound、accident、carelessness、overwork、drinking 等名词。

For example: The old man died from a traffic accident. 那位老人死于交通事故。

2. 自主学习任务单

一、基础信息	
课程名称	Module 3　Unit 2　There were few doctors, so he had to work very hard on his own.
教材情况	外研版《英语》九年级上册
授课对象	初三年级全体学生
开课学期	2020—2021 学年第一学期
授课地点	初三年级各班级

续表

二、学习指南	
学习内容	Module 3　Unit 2　There were few doctors, so he had to work very hard on his own.
课前学习拟达成目标	1. 知识目标：（1）能正确使用下列单词和词组，如 sick、soldier、treat、die for…、take care of、tool、at that time、useful、die of…、Canada、invention；（2）能掌握由 so、so that 和 because 引导的状语从句。 2. 能力目标：能够读懂人物事迹的文章，掌握文章大意及细节，能运用文章的结构和写法来介绍心目中的英雄人物。 3. 情感目标：通过学习白求恩大夫的生平事迹，让学生感受到白求恩舍己为人、无私奉献、忘我工作的精神，并在实际生活中努力践行这种精神。
本节知识重点	掌握重点词汇、句型和语法，理解文章大意及结构。
学习方法建议	自主学习，小组合作
三、A 课任务	
A 课自主学习任务	任务一：根据教师提供的本节课重难点知识的提示，结合教师上传的音频、微课、学习课件、教材学习，初步掌握本节的主要内容，完成 A 课任务单。 任务二：通过反复阅读文章，精准获取信息，体会阅读技巧。 任务三：绘制本节课的知识结构框架图，总结介绍英雄人物事迹的规律。 任务四：感受白求恩舍己为人、无私奉献、忘我工作的精神，联想自己，从自身做起，从小事做起，每个人都可以成为英雄。
课前学习效果检测	利用习学试卷完成对本节知识内容学习效果的检测
四、困惑与建议	
课前学习后存在的疑难与困惑	
对教师课堂授课内容与形式的建议	
五、课堂活动预告	
教师精讲	对 A 课学习活动中存在的疑惑进行讲解，对于课前达标检测中学生存在的疏漏进行精讲点拨。
课前学习任务汇报与研讨	各个小组完成 A 课自主学习任务并进行汇报，老师给予适时点评。

3. 自主学习效果检测习题、答案及评分细则

M3U2 习学试卷（A 课）

一、选择题。（共 10 小题）

1. The teacher asked me to speak louder ______ all the students could hear me.

A. for　　B. because

C. so that　　D. in order to

2. In our school, ______ students like English, but ______ of them can speak English smoothly.

A. a little，a few　　B. a few，few

C. a few，little　　D. a little，few

3. Jim is always so busy ______ he has little time for his family.

A. if　　B. until　　C. that　　D. which

4. —Which of the two T-shirts will you take？

—I will take ______. One is for my brother and the other is for myself.

A. neither　　B. either　　C. both　　D. all

5. —Why don't you use ______ pen？

—OK, I will.

A. you own　　B. own you　　C. your own　　D. own your

6. My dad is quite busy, he has been working for two days without ______.

A. thinking　　B. resting　　C. shouting　　D. knocking

7. I'm going to take him to some famous hutongs ______ he can learn more about China.

A. because　　B. when　　C. so that　　D. as if

8. Every year, many African children ______ hunger.

A. die in　　B. die by　　C. die of　　D. die for

9. —I hear you've handed in your report.

—Yeah, I ______ to finish it yesterday evening.

A. manage　　B. managed

C. will manage　　D. manages

10. Many heroes died ______ our country in the history of China.

A. of　　B. from　　C. in　　D. for

答案：1. C　2. B　3. C　4. C　5. C　6. B　7. C　8. C　9. B　10. D

评分标准：每题 1 分

4. A 课教师任务与学生任务说明

A 课阶段教师的主要任务是完成自主学习任务单的设计与开发，并依据自主学习任务进行教学资源的收集、设计、开发与整合，并将自主学习任务单与教学资源上传到习学本。学生根据自主学习任务单的指导和教师设定的学习任务，通过观看微课获取基础知识，并在教师提供的其他辅助学习资源支持下完成学习任务和习题检测。而后学生将自主学习过程中遇到的问题与疑惑反馈给教师，教师据此并结合课前习题检测了解学生课前学习状况，对学生的问题进行精准分析，在 B 课教学过程中给予有针对性的问题解答和学习指导。

（三）B 课教与学活动的设计与组织

1. 自主学习任务单

<table>
<tr><td>B 课学习任务</td><td>学习目标
1. To be able to write key words and useful expressions of Module 3 Unit 2.
2. To be able to understand the passage on Dr Norman Bethune.
3. To be able to write a passage using the adverbial clause.
任务一　复习检测
默写下列短语，同桌交换批改。
1. ________________ 最著名的英雄之一
2. ________________ 为……而死
3. ________________ 照顾
4. ________________ 病人
5. ________________ 他自己
6. ________________ 目的是，为了
7. ________________ 设法完成某事
8. ________________ 最后
9. ________________ 两者都
任务二　错题再现
1. 组内讨论错题难题。（5 分钟）
2. 错题回顾。
（1）The teacher asked me to speak louder ______ all the students could hear me.
A. for　　B. because　　C. so that　　D. in order to
（2）In our school, ______ students like English, but ______ of them can speak English smoothly.
A. a little, a few　　B. a few, few　　C. a few, little　　D. a little, few</td></tr>
</table>

续表

<table>
<tr>
<td>B课学习任务</td>
<td>
（3）Jim is always so busy ______ he has little time for his family.
A. if　B. until　C. that　D. which
（4）—Which of the two T-shirts will you take?
—I will take ______. One is for my brother and the other is for myself.
A. neither　B. either　C. both　D. all
（5）—Why don't you use ______ pen?
—OK, I will.
A. you own　B. own you　C. your own　D. own your
（6）My dad is quite busy. He has been working for two days without ______.
A. thinking　B. resting　C. shouting　D. knocking
（7）I'm going to take him to some famous hutongs ______ he can learn more about China.
A. because　B. when　C. so that　D. as if
（8）Every year, many African children ______ hunger.
A. die in　B. die by　C. die of　D. die for
（9）—I hear you've handed in your report.
—Yeah, I ______ to finish it yesterday evening.
A. manage　B. managed　C. will manage　D. manages
（10）Many heroes died ______ our country in the history of China.
A. of　B. from　C. in　D. for
任务三　巩固测练
1. 认真观看状语从句微课。（3分钟）
2. 独立完成习学卷子错题重组的题目，完成核对答案。（5分钟）
任务四　回扣课本
1. 独自完成任务单上的语法填空。（4分钟）
Norman Bethune is one of the most famous heroes in China. He was a Canadian doctor. He came to China to help the Chinese people and died ___1___ （介词）them.
Norman Bethune was ___2___ （bear）in 1890. He became a doctor in 1916 and went to Spain in 1936 to treat the ___3___ （wound）soldiers during the war there. Dr Bethune developed new ways of taking care of ___4___ （冠词）sick. He invented special medical ___5___ （tool）to use outside hospitals and chose to the fighting areas so that doctors could ___6___ （treat） the wounded more quickly. His inventions ___7___ （save） many lives.
In 1938, Dr Bethune came to China and helped treat the wounded during the Anti-Japanese War. At that time, there were few doctors, so he had to work very on ___8___ （he）own. Dr Bethune often worked very hard without resting or taking care of himself. ___9___ （介词）the end, he died of his wound.
Dr Bethune's work for the Chinese people made him a hero in China. There are many books and films about him, and he is still remembered in both China ___10___ （连词）Canada today.
2. 组内核对答案并讨论错题原因。（3分钟）
</td>
</tr>
</table>

续表

<table>
<tr><td rowspan="1">B课学习任务</td><td>任务五
1. 根据以下表格内容复述文章。
<table>
<tr><td>In 1890</td><td>be born</td></tr>
<tr><td>In 1916</td><td>become a doctor</td></tr>
<tr><td>In 1936</td><td>go to Spain, treat the wounded soldiers</td></tr>
<tr><td>Later</td><td>develop new ways of…
invent special medical tools to… so that…</td></tr>
<tr><td>In 1938</td><td>come to China，develop training courses for…
write books so that…</td></tr>
<tr><td>Once</td><td>work for 69 hours without…
manage to save over 100 lives</td></tr>
<tr><td>In 1939</td><td>cut his finger… continue… die of…</td></tr>
<tr><td>After he died</td><td>hard work… a hero… be remembered…</td></tr>
</table>
2. 小组讨论：
How to write your hero?
任务六　Writing
请根据提示，按照时间顺序描述伟大的科学家袁隆平的生平。
1930　Was born in Beijing
1950—1953　Studied in Southwest Agricultural College
1964　Made a special study of rice
1974　Developed a new kind of rice
1980　Travelled around the world and gave advice about growing rice
2004　Won World Food Prize
Over the 20 years　helped many countries of the world grow more rice than before
任务七　Homework
整理本模块的语法知识点</td></tr>
<tr><td>课后反思</td><td>关注学生上课状态</td></tr>
</table>

2. B课教与学活动设计方案

让学生说出自己心目中的英雄并做简单介绍。

Free talk：

A: Who is your hero？　　　　B: My hero is…

A: Why ?　　　　　　　　B: Because he…

引出本单元所要谈论的英雄白求恩。

（1）复习检测

复习背诵 A 课中需要记住的单词、短语、句子。

学生根据任务单提示，默写部分短语，时间限定在 1 分钟之内，目的是要求学生记忆熟练。完成后同桌交换，相互批改，及时更正。

（2）合作学习

合作交流：对于 A 课中课文阅读理解以及习学试卷出现的问题，让学生先进行独立思考，自纠错误，反思错误原因。针对自己不能解决的难题，小组内合作交流，实现兵教兵、兵练兵、兵强兵；针对错误较多的题目，确立学生合作交流的主题，进行小组内合作交流与研讨。

成果展示：以学习小组为单位进行展示合作交流的学习成果，进行错题讲解，其他小组的同学进行补充与质疑，旨在实现全班学生资源的共享与提升。

精讲点拨：教师要针对本节课的重点、难点、关键点及学生在合作交流过程中存在的问题，如 die of、die from、die for 的区别，教师进行启发式精讲点拨，诱导学生进行思维操作，为学生解惑，进一步梳理学生的认知过程，完善各知识点的合理建构。

（3）巩固测练

根据 A 课习学试卷中出现的错题以及交流讨论中出现的疑惑，教师重组一套相关试题，进行巩固测练。

观看状语从句的微课，进一步系统掌握状语从句的结构，突破本节课的重点与难点。

（4）回扣课文

交流讨论知识点：小组讨论交流每句话的知识点，包括句子中名词、动词、形容词、连词、副词、冠词的用法。学生认真思考，积极参与，及时补充。让每位学生对每句话的结构、意思掌握透彻，为复述课文做好准备。

课文检测：教师根据课文内容设置 10 道考查不同词性的语法题，用于检测小组讨论的结果。

（5）课文写作

复述课文：根据自己绘制的知识框架结构复述课文。

讨论交流：如何写心目中的英雄。

口头作文：合上课本，根据提示要求，小组 4 名同学共同完成一篇口头作文，在合作的过程中积极纠正错误，进一步夯实基础。

书面作文：自己根据提示在作业纸上写出来。

（6）拓展提升

对学有能力还有较大发展空间的学生，要通过拓展“习学试卷”进一步开阔学生的视野，提升所学知识的综合迁移运用能力，真正让学生得到更好的发展。

（7）总结归纳

回顾本节课所学的知识，小组合作完成本节课知识点的梳理，小组用平板屏幕共享的方式展示交流，教师总结发言。小组选出代表总结本节课所学知识，反思学习过程中出现的问题，教师补充完善，对进一步的学习提出建议和指导。

3. 课中随堂巩固习题、答案及评分细则

学生在任务单的要求及规定时间内逐项完成任务，A 课错题在 B 课经过小组讨论，在班内展示交流后的成果，看学生对知识的掌握是否准确与全面。在错题重组中，对重难点知识点进一步巩固，教师运用平板进行一键批阅，以便掌握学生的学习效果。（习题及答案略）

4. 课中教师任务与学生任务说明

（1）通过介绍自己心目中的英雄，激发学生对本节课的学习兴趣。

（2）小组合作对 A 课前的“自主学习”“合作交流”“训练巩固”部分内容进行交流，解决同伴间的疑难问题，仍解决不了的问题，由小组代表进行展示，由解决了该问题的其他小组讲解，教师负责补充及精讲。

（3）观看状语从句的微课，理解、掌握什么是状语从句。

（4）完成教师推送的错题重组，巩固课堂教学所学知识，教师完成讲解。

（5）小组合作梳理文章，选出代表总结本节课所学知识，反思学习过程中出现的问题，教师补充完善，对进一步的学习提出建议。

（四）课后阶段教与学活动的设计与组织

1. 课后教与学活动设计方案

（1）小组针对 My hero — Dr. Norman Bethune 这篇文章根据时间顺序进行梳理，教师点评和提出改进意见，形成本节课知识点完整的逻辑框架。

（2）学生课下在平板学生端完成由教学平台推送的“课后同步测试 A 卷”或“课

后同步测试 B 卷”，完成后提交，教师批改并推送答案及解析，学生查看得分以及答案解析，记录学习心得或形成错题档案。

（3）学生对于本节课学习之后仍然存在的疑惑，或对于同步测试卷中存在的疑难问题，在平台讨论区和教师或者其他学生互动提问，教师随时登录平台解答疑惑，还可以在互动讨论区与学生讨论交流。

2. 课后进阶提升习题、答案及评分细则

针对课上学习情况和本节课知识学习的重难点形成课后习题。课后习题依据题目难度水平分为基础题和拔高题，根据学生平板端显示的学生课前以及课上学习成果，个性化、针对性地向学生推送不同难度的习题作为监测学生学习效果的依据。对于基础较差的学生，平台可以只向他们推送基础题，即“课后同步测试 A 卷”，若检测结果较好，可以继续答题完成拔高题，即“课后同步测试 B 卷”；对于课上学习成果较好的同学可以直接向他们推送拔高题，即“课后同步测试 B 卷”，完成之后他们可以自由决定是否做“课后同步测试 A 卷”，不做强制性要求。

提升习题、答案及评分细则（略）。

3. 教师与学生创制生成教学资源

学生课上小组合作完成对本节课的梳理，还不能完整的体现本节课知识点和逻辑框架，经过教师讲解和提出改进意见，再上传于教学平台，大家相互之间可以分享交流，每个学生的知识梳理能够体现学生个人的认知方式和对本节课知识点的理解。

4. 学生学习质量评价方案

本节课的过程性评价分为 A 课学习、B 课学习和课后学习三个不同阶段，而且不同评价阶段的评价主体存在差异。

A 课学习评价主要由教师完成，A 课学习内容包括单词、短语、句子基础知识，基础知识部分主要通过默写，批改后得分，有关阅读理解部分老师全批全改，按每题 2 分赋分。基础知识通过上传习学试卷，此部分赋分占总评成绩的 40%。

B 课中学习评价由教师和学生共同完成，B 课学习评价占总评成绩的 40%。评价依据主要是学生和各学习小组在自主学习任务汇报及课堂讨论活动中的综合表现。此部分评价中教师评分赋分占总评成绩的 35%，学生组间评价的赋分占总评成绩的 15%。

课后学习评价由教师和学生共同完成，占总评成绩的 20%。学生课后根据课堂教师答疑及组间交流的情况，将自主学习任务进一步完善整理后发布于平台，利用平台的评价功能，对各小组的学习任务完成情况进行评价。其中，教师评价和学生组间评价各占总评成绩的 10%。

案例四　英语学科案例
“Could you please clean your room ? ”

一、教师基本情况介绍

姓　　名	王玉萍	执教年级	八年级
教材情况	人民教育出版社《英语》八年级下册		
职　　称	中学一级教师		
个人简介	山东师范大学完成英语本科学习。 2011 年获得“模范班主任”称号。 2014 年获得“优秀教师”称号。 2016 年获得“优秀教师”称号。 语言亲和力强，善于与学生沟通交流，以生活化的视角带领学生进入课堂情境。鼓励学生大胆交流，用热点话题引导学生发散思维。		
所在学校情况介绍	山东省北镇中学是滨州市教育局直属中学、山东省首批办好的重点中学、省级规范化学校、省教学示范校、省级文明校园、空军青少年航空学校。 近年来，学校围绕实现“市内示范，省内先进，全国知名”的办学奋斗目标，确立了“由优质到卓越，由卓越到伟大”的学校发展愿景，提出了“三高——高素质、高品位、高分数”培养目标和“底线＋榜样”“合格＋扬长”的培养路径。学校先后荣获“全国五四红旗团委”、2019 年山东省“富民兴鲁”劳动奖状、“省级文明校园”“滨州市五一劳动奖状”等称号。 新时代，北中人把握发展机遇，大胆创新，着力提升学校的“核心竞争力”，积极寻找学校“第二生长曲线”，努力建设高品质一流中学，向着更加美好的教育不断前行！		

二、案例基本情况介绍

案例题目	Could you please clean your room ?
课　　型	新授课☑　习题讲评课□　专题复习课□

续表

案例涉及的教学内容介绍	1. 本课案例主题：针对当代中小学生是否应该做家务这一话题展开深入探讨，目的是让学生对家务劳动有更深层的理解，积极承担家庭责任，关爱家人。学习内容从读、写技能入手，学习有关家务劳动的表达，使用动词 provide，develop 以及 spend time on...？等句型。 2. 视频情景导入：通过《少年说》微视频进行情景导入，展开对于家务劳动意义的探讨。 3. 任务环环相扣：学习略读（skimming）技巧，快速浏览两封信件，找出两位家长对孩子是否应该做家务的观点。（示例） （1）Ms. Miller Cons（反对）: I don’t understand why some parents make their kids help with housework and chores at home. （2）Mr. Smith Pros（支持）: I think it is important for children to learn how to do chores and help parents with housework. 4. 深入阅读练习：寻找支持和反对做家务的理由（示例） Pros:（1）Doing chores helps to develop children’s independence. （2）It teaches them how to look after themselves. Cons:（1）Children already have enough stress from school. （2）Housework is a waste of time. 5. 知识归纳梳理：与同伴讨论两位家长的观点，用思维导图归纳梳理青少年是否应该做家务这一话题的相关知识及观点。 6. 家务劳动的意义：哈佛大学的一项研究发现，相比于不做家务的孩子，从小做家务的孩子长大后不但更快乐，而且更容易成为成功人士，因为做家务可以帮助孩子理解劳动的价值，更愿意在团队中做出贡献。旨在培养学生的独立意识，树立正确的劳动观念，关心、关爱家人，完成情感价值的升华。
案例的自我评价	本课案例的主题选择了与学生生活息息相关的家务话题，通过阅读、听讲、视频、讨论、演示模拟等多种教学形式，依托多媒体、云平台等多方资源，将学和习相结合。充分发挥智慧课堂高效反馈性和个性化学习的优势，以两封信为主体展开，既学习了家务相关的生活化表达，同时也引导学生认识到作为家庭成员应该积极承担家务。 在智慧课堂的实践总结中，基于“Could you please clean your room”一节的课程内容。调取并整合了学习平台对整个学习过程的记录，仔细分析对比了学生课前对自主学习任务的完成情况和课后小组最终提交的任务完成情况。从学生课后提交的思维导图可以看出，学生不仅对知识有了全面的归纳梳理，对做家务这一话题也有了深入的理解，切实提高了学生的劳动观念和家庭责任感，培养了学生的生活自理能力和感恩意识，有利于学生身心健康发展。

三、案例正文

（一）案例背景介绍

“Could you please clean your room？”一节是人教版《英语》八年级下册第三单

元 Section B 部分的内容，这部分内容的学习能帮助学生学会快速找到文章的主旨句的方法，了解两位家长对家务劳动持有的不同观点并分类总结。此外，这节课还要求学生掌握词汇的应用以及能用思维导图表达自己对家务的理解。因此，通过这节课的学习，学生除了要掌握对于做家务观点表达的知识性要求外，还要把握家务劳动与家人的关系，从事适当的家务劳动可以加强责任感，培养动手能力和观察能力，有利于家庭成员间的理解和沟通，还能增强耐心和坚持不懈的精神。

（二）课前阶段教与学活动的设计与组织

1. 课前教与学活动设计方案

教师：在学习平台上发布自主学习任务单及学习资源，在学生完成自主学习任务之后，整理统计学生反馈的共同疑难问题，并对个别同学的疑难问题线上解决。

学生：仔细阅读自主学习任务单的学习指南部分，把握学习目标、重点，根据学习平台上提供的本节重难点知识的提示，在学习方法的指导下依次完成自主学习任务，结合观看教学微视频、教材学习、教学课件学习，初步掌握本节的主要内容，完成导学案。将遇到的疑难问题填写在自主学习任务单中“困惑与建议”部分并向教师进行反馈。最后阅读课堂活动预告，为课中学习做好准备。

2. 自主学习任务单

一、学习指南
1. 课题名称：Unit 3　Could you please clean your room？
2. 达成目标： 1）知识目标 掌握下列词汇及常用表达： stress，waste，provide，anyway，develop，fairness，since，drop，in order to，depend on，take care of，there is no need for… to，do not mind doing，spend time on，it’s not enough to，the earlier… the better… 2）能力目标 ①提高通过略读快速捕捉信息的能力。 ②能听懂和谈论做家务的话题。 ③通过对青少年是否应承担家务的调查，提高收集、整理、分类总结的能力。 3）情感态度价值观目标 ①能正确理解做家务的利与弊。学会照顾自己，培养自己的独立意识。 ②树立正确的劳动观念，关心、关爱家人。
3. 学习方法建议：自主学习、小组合作学习

续表

4. 课堂学习形式预告：

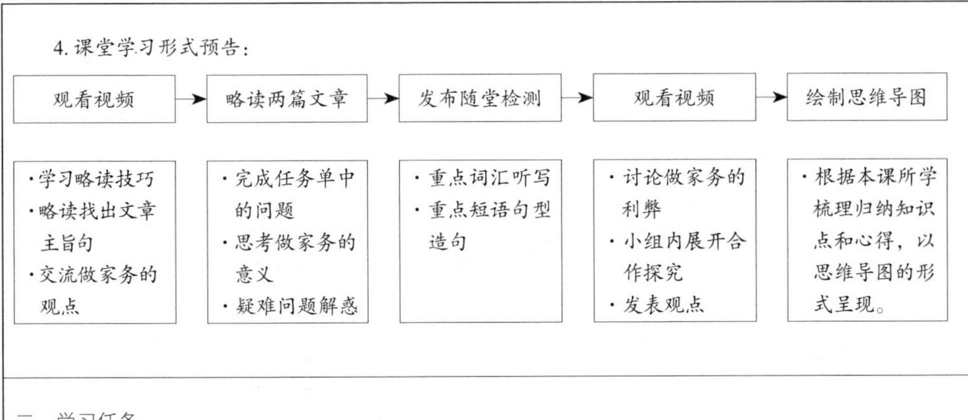

二、学习任务

【学习任务一】自主学习本节课的词汇。

【学习任务二】根据系统提供的本节课重难点知识的提示，结合观看教学微视频、教材学习、教学课件，初步掌握本节课的内容，完成导学案。

【学习任务三】中小学生是否应当帮助家长做家务无疑是世界各国教育界讨论的热门话题之一。有些家长给做家务的孩子“发工资”，以此来激励孩子参与劳动。

你对家长给做家务的孩子“发工资”有何看法?

你认为孩子应该在家做家务吗？请说出你的理由。

学习效果检测：利用学习平台上的考试模块完成对本节知识内容学习效果的检测。

三、困惑与建议

困惑：1. Is it necessary to do chores and housework for kids？ 2.“spend time on…”的使用辨析。

建议：给随堂检测练习题出错的同学多设计一些个性化习题来巩固。

3. 自主学习效果检测习题、答案及评分细则

略。

4. 课前教师任务与学生任务说明

课前阶段教师的主要任务是完成自主学习任务单的设计与开发，据此进行教学资源的收集、设计、开发与整合，并将二者上传到学习平台。学生根据自主学习任务单的指导和教师设定的学习任务，通过观看微课获取家务相关知识性表达，并在教师提供的其他辅助学习资源支持下完成学习任务和重点短语句型的习题检测。而后学生将自主学习过程中遇到的问题与疑惑反馈给教师，教师据此结合课前习题检测了解学生

课前学习状况，对学生的问题进行精准分析，利用网络或在课堂教学过程中给予有针对性的问题解答和学习指导。教师可据此开展智慧课堂教学活动的设计与组织，有针对性地给予学习者学习方法指导和适当的决策支持服务。

（三）课中阶段教与学活动的设计与组织

1. 课中教与学活动设计方案

运用“Skimming”这一阅读技巧，快速浏览文章并回答下列问题：读下面两封讨论孩子是否应该做家务的来信，并找出二人表达的观点。提示：只读信的开头和结尾句来确定何者同意，何者不同意？一起学习两封信中的知识和表达的观点。

通过问题引入略读技巧的学习，调动学生阅读和思考的兴趣，为接下来的学习做好铺垫。

（1）疑难突破

学生以异质小组的形式划分为 6 个学习小组展开交流讨论，仔细阅读文本，填写导学案中的“Pros & Cons”表格并进行交流，同学之间互助解决问题。参考老师平板推送的解析指导，自主核对导学案，订正和补充导学案，相互讨论掌握的句型，对哪些知识还有疑惑，及时进行反馈，师生共同解决课前自主学习中的疑难困惑。

（2）展示交流

小组之间相互展示自主学习任务单的完成结果，并对任务单当中的重点短语进行造句辨析，共同解决课前自主学习中的疑难困惑并进行反馈。同时，也可以寻求老师帮助，由老师解答疑惑，补充和扩展知识。六个小组分别选出一名代表对“是否做家务”问题进行展示交流，教师总结学生的展示情况。

（3）练习巩固

结合学生自主学习任务单的完成度和课上学习情况推送随堂检测，检测内容主要是对本课的重点词汇 provide、stress、waste、depend 等进行听写，运用“there is no need for... to”“a waste of time”“the earlier... the better...”等句型造句。学生完成随堂检测后上传到平台，以便老师及时掌握学生完成情况。针对易错知识点，如词汇的运用，进行习题操练与教师针对性精讲，巩固疑难知识点。

（4）总结归纳

回顾本节所学关于家务劳动的内容，帮助学生们形成对做家务的观点并积极表达出来。小组合作完成本节课思维导图绘制，用平板屏幕共享的方式展示交流，教师总结发言。小组选出代表总结本节课所学知识，反思学习过程中出现的问题，教师补充完善，对进一步的学习提出建议。

2. 课中随堂巩固习题、答案及评分细则

学生在教师引导下完成“支持和反对做家务的理由”表格，并完成随堂检测。课中习题用于检测学生经过小组讨论和组间展示交流之后的学习成果，看学生的知识掌握相较于课前学习是否有一定的提高。在习题中，对重难点知识点进行进一步的考查，要求学生能根据本节课的家务活观点完成表格填空，课中随堂练习的答题情况会上传至教师端平台，教师可以了解学生的学习情况。

3. 课中教师任务与学生任务说明

（1）在疑难生成合作突破环节，学生在教师的指导下，用略读的方法找出文章的主旨句，并完成“Pros & Cons”表格。以小组为单位对表格进行交流，选派小组代表展示来自两位家长的不同观点。教师对学生的答案进行分析点评。再次阅读两封信，小组内同学讨论、分析、总结出支持和反对的理由，由小组内任意一名同学将组内观点汇报发表。组内组外观点互相碰撞，激发学生的思辨欲望，培养学生的思辨能力。教师先引导学生跨小组答疑，后负责补充及精讲，通过小组合作的方式解决初读文章的疑难问题。

（2）在组间协作展示交流环节，教师将进一步深入讲解两篇文章，主要针对文章中的核心词汇及常用表达。学生根据教师的讲解完成导学案中的翻译句子，小组内协作完成重点短语辨析及造句，组间讨论，互相订正，协助解决。由各小组分别选出代表对自主学习任务单“如何看待家长给孩子发做家务的工资？”和“spend time on”短语辨析这两个问题进行展示交流。教师根据学生们的汇报，展示例句，进一步补充完善、总结学生的展示情况，并将学生们展示的学习任务单截屏保存归档。

（3）在课堂检测即时反馈环节，教师根据导学案的完成情况和课堂表现发布针对不同层次学生的 A、B 两类随堂检测（A 适用于学习优秀的同学，B 适用于中下游的同学）。学生在平板学生端完成由教学平台推送的“同步测试 A 卷”或“同步测试 B 卷”，完成提交后由平台评分并推送答案及其解析，学生查看得分及答案解析。教师将学生们的易错知识点进行展示和针对性精讲，同时将随堂检测试题和试题正答率分析归档至教学资源库中。

（4）在个性答疑归纳总结环节，教师任务主要是带领学生对于本节所学家务话题的内容进行重点回顾，学生经过学习后，自由表达对中学生做家务的看法；教师通过视频短片的形式再次引导学生正确认识做家务的利弊，告诉学生作为家庭中的一员应该体谅父母，积极承担家庭责任。据此各学习小组合作完成本节课思维导图绘制，使用畅言智慧课堂，共享本节课知识导图。教师最后让同学们总结本节课知识，一一点评，给予补充完善，并将学生们的学习成果整理打包，上传至教学成果资源分享库。

（四）课后阶段教与学活动的设计与组织

1. 课后教与学活动设计方案

（1）小组针对在课堂初步完成的“青少年在家是否做家务”思维导图，教师点评和提出改进意见，进一步完善思维导图，形成本节课知识点完整的逻辑框架。

（2）学生对于本节课学习之后仍然存在的疑惑，或对于同步测试中存在的疑难问题在平台讨论区和教师或者其他学生互动提问，教师随时登录平台解答疑惑，还可以在互动讨论区与学生讨论交流，及时推送反馈题，巩固易错的知识点，如 spend … on something / in doing something。

2. 课后阶段提升习题、答案及评分细则

针对课上学习情况和本节课知识学习的重难点形成课后习题。课后习题依据题目难度水平分为基础题和拔高题，根据学生平板端显示的学生课前以及课上学习成果，个性化、针对性地向学生推送不同难度的习题作为检测学生学习效果的依据。对于基础较差的学生，平台可以只向他们推送基础题，即“课后同步测试 A 卷”，完成之后若检测结果较好，可以继续答题完成拔高题，即“课后同步测试 B 卷”；对于课上学习成果较好的同学可以直接向他们推送拔高题，即“课后同步测试 B 卷”，完成之后他们可以自由决定是否做“课后同步测试 A 卷”，不做强制性要求。

提升习题、答案及评分细则（略）。

3. 教师与学生创制生成的教学资源

学生课上小组合作完成了“孩子是否做家务的观点及理由”思维导图，但课上完成的部分较为简单，还不能完整体现本节课知识点和逻辑框架，经过教师讲解和提出改进意见，课下每个学生基于小组思维导图的基础上绘制属于个人的“是否做家务”思维导图，并上传至教学平台，大家相互之间可以分享交流，每个同学绘制的思维导图更能够体现学生个人的认知方式和对本节课知识点的理解，还能够学习思维导图应用软件的使用方法。

（五）学生学习质量评价方案

本节课的过程性评价分为课前学习、课中学习和课后学习三个不同阶段，而且

不同评价阶段评价主体存在差异。课前学习评价主要由教师完成，评价内容依据网络教学平台提供的学习数据，包括平台登录次数、在线时长、任务点完成情况、线上作业完成情况等，此部分赋分占总评成绩的 40%。课中学习评价由教师和学生共同完成，课中学习评价占总评成绩的 40%。评价依据是学生和各学习小组在自主学习任务汇报及课堂主题讨论活动中的综合表现。此部分评价中教师评分的赋分占总评成绩的 30%，学生组间评价的赋分占总评成绩的 20%。课后学习评价由教师和学生共同完成，占总评成绩的 20%。学生课后根据课堂教师答疑及组间交流的情况，将自主学习任务进一步完善整理后发布于平台，利用平台的评价功能，对各小组的学习任务完成情况进行评价。其中，教师评价和学生组间评价各占总评成绩的 10%。

案例五　英语学科案例“Do you like bananas？”

一、教师基本情况介绍

姓　　名	杨庆霞	执教年级	七年级
教材情况	人民教育出版社《英语》七年级上册		
职　　称	中学一级教师		
个人简介	本科毕业于山东教育学院英语教育专业。 工作十几年来，一直兢兢业业，勤奋刻苦，获得了不少荣誉。2006 年获得蒙阴县初中英语技能大赛一等奖，2007 年获得临沂市初中英语优质课评比二等奖，2009 年获蒙阴县教学新秀，2010 年获蒙阴县初中英语优质课评比一等奖，2015 年获初中英语教学质量奖，2018 年 5 月获得全国创新课堂比赛国家级三等奖。 对英语教学有自己独特的方法，精通信息化教学，对学生严而有方。成绩只属于过去，未来更需努力。在今后的教学工作中，我将戒骄戒躁，不断学习先进的教育教学理论，努力学习，刻苦钻研，以更加崭新的风貌和态度投入工作。		

续表

所在学校情况介绍	山东省蒙阴第三中学是一所县直学校，组建于2016年，现有42个教学班，全部实现“班班通”。随着“互联网+”的到来，蒙阴三中云蒙校区已率先走进了智慧课堂，创新性提出了“精准教学模式”，成为课程改革的排头兵。蒙阴三中云蒙校区现已成为“全国个性化教学试点校”。中央电教馆【2018】92号文确定蒙阴三中云蒙校区为“基于网络学习空间的个性化学习模式研究”首批试点学校，该项目山东省只有4所学校，全国只有50所学校。目前，蒙阴三中云蒙校区34间智慧教室已经全部建成投用，学校升级了千兆光纤网络，实验班级100%无线网络覆盖，学生人手一台平板电脑，教师采用不同的技术手段与工具开展教学，极大提高了学生的学习积极性和学习效率，智慧班学生的成绩明显高于传统教学班。 该校智慧课堂下的“精准教学”引起了同行业的关注，先后有新疆奎屯一中，日照、临沂河东等学校来校学习。蒙阴三中云蒙校区行走在智慧教育的探索之路上，初步形成了区域教育品牌，继续推动教育信息化发展，全民推进“精准教学”模式，形成独具特色的教育品牌，以带动信息化教学在区域教育中的良好发展。 蒙阴三中云蒙校区为加快教育信息化发展，打造一支基础过硬、理念先进、可持续发展的智慧型教师骨干队伍，积极开展了一系列培训活动和专题讲座。蒙阴三中云蒙校区全校教师应用信息技术，采用智慧教育模式开展教学活动逐步常态化、规模化，涌现出一批成长迅速的“智慧型”骨干教师。在全国中小学创新课堂教学实践观摩活动中，蒙阴三中云蒙校区获得4个国家级奖项，其中，1个国家级一等奖，3个国家级三等奖；4个省级奖，市级奖若干。

二、案例基本情况介绍

案例题目	Do you like bananas ?
课　　型	新授课☑　习题讲评课□　专题复习课□
案例涉及的教学内容介绍	本单元内容主要围绕“谈论对事物的喜好”展开，并以like为例，进一步学习实义动词在一般现在时中的用法，是对上一个单元内容的延伸。上一个单元的主要动词是have，通过have让学生初步接触含有实义动词的一般现在时。第一至第四单元学习的则是含有be动词的一般现在时的用法。 Section A部分主要让学生使用动词like询问他人是否喜欢某种食物，学习一般现在时各个人称的肯定句、否定句和一般疑问句的构成以及回答。本部分呈现了一些食物名词，让学生初步了解可数名词、不可数名词的概念，并让他们进一步归纳，总结名词复数的构成规律和使用方法。“谈论饮食喜好”的话题贴近学生的生活，容易激发学生的学习兴趣，使他们乐于参与相关的英语实践活动。 1a-1c为本单元的导入部分。1a通过主题图呈现了本单元核心词汇和句型。主题图展现的是学生在食堂就餐的场面，为本单元的语言交流活动提供了一个真实的场景。1b-1c通过听说训练让学生感知目标句型A“Do you like ...？”和B“Yes, I do./No, I don’t.”，并让他们初步尝试运用句型与同伴就彼此的饮食爱好进行问答。 2a-2d部分的重点为听说教学。和其他单元一样，2a-2b的听力活动采用分步设计，将难度分解。2c的口语活动让学生模仿前面的听力材料，谈论自己的真实信息。2d围绕“准备同学的生日餐”这一话题，提供了语境更为完整、语言和内涵更为丰富的对话，为学生进一步语言输出提供了口语范例。本页在前面语言输入的基础上进一步拓展：前一页呈现了第二人称的一般疑问句及简略回答，本页2b通过听后填空练习的方式呈现了第一人称单数的肯定句和否定句，2d则渗透了第三人称单数的肯定句。

续表

案例涉及的教学内容介绍	Section A 部分的难点是学习第三人称单数在一般现在时中的使用。以动词 like 为例，介绍实义动词在一般现在时中的用法，并提醒学生第三人称单数动词应相应变化。上一单元中动词 have 的第三人称单数形式为 has，较为特殊。可在教材的基础上补充一些第三人称单数的一般疑问句和否定句的例句。在本部分教学中，引导学生注意食物名词的词形变化，渗透可数名词、不可数名词的概念。 本部分教学需要渗透情感态度、价值观的教育，如教师可以通过让学生谈论自己与他人早、中、晚餐喜欢吃的食物，引导学生养成良好的饮食习惯，树立健康饮食的观念。
案例的自我评价	本节课是一节听说课，我将智慧课堂互动技术与英语课堂进行有效整合，充分利用平台上的听力测试、口语测评、互动教学试卷等教学组件，让学生对单词、短语、句型、语法能够掌握，巧妙突破重难点。同时，这种信息化教学使学生的学习信息的反馈变得及时有效，教师能及时、准确、真实地获取对教学的反馈信息，第一时间调整教学策略，让教学真正做到有的放矢。 建立在智慧课堂教学基础上的这节课，学生对知识的掌握更加轻松、牢固，同时也让学生了解了中西方饮食文化差异，学生也认识到应该及早改正不健康的饮食习惯，学会均衡饮食，确保营养、健康。

三、案例正文

（一）案例背景介绍

Unit 6 “Do you like bananas？”是人教版《英语》七年级上册的一个单元。本节课围绕“食物”这一中心话题，谈论自己和他人的喜好以及个人的饮食习惯。通过谈论一日三餐，要求学生掌握有关食物名称的词汇，初步了解可数名词、不可数名词的概念，并进一步归纳、总结名词复数的构成规律和使用方法。通过本单元的学习，要求学生学会使用目标语言进行交际，讨论美食，享受生活美味，提倡健康、合理的饮食习惯。让学生了解中西方饮食文化差异，教育他们要相互尊重。请看杨庆霞老师是如何利用信息化平台，融合课前、课中、课后三个环节，有效实现快速备课、师生实时互动、即时评测。

（二）课前阶段教与学活动的设计与组织

1. 课前教与学活动设计方案

教师：通过信息化平台，向学生发送自主学习任务单，以及与本节课重点难点相关的微课、课件、创客素材等学习资源，并编辑与知识点相匹配的测试题。

学生：阅读自主学习任务单的学习指南部分，根据教师推送的创客素材、微课、课件、学案等，完成预习和测试，确定学习目标和学习的重难点，可快进，可反复，可寻求帮助，可查阅材料，自主学习的时间视情况而定，测试要求独立完成。

2. 自主学习任务单

一、基础信息	
课程名称	Do you like bananas？
教材情况	人教版《英语》七年级上册
授课对象	七年级全体学生
开课学期	2020—2021 学年上学期
课堂授课地点	七年级各班级教室
网络课程平台	优学派智慧课堂平台
二、学习指南	
学习内容	Unit 6　Do you like bananas？ 2a—2c
课前拟达成目标	一、知识目标 会读会拼写表示食物的单词：banana, hamburger, tomato, ice-cream, salad, strawberry, pear, milk, bread 会读并理解以下句型的含义： Do you like salad？ Yes, I do. / No, I don't. Does she / he like …？ Yes, she / he does. / No, she / he doesn't. I like … / I don't like … He / She likes … / He / She doesn't like … Let's think about the food. 二、能力目标 1. 会谈论自己与他人早餐、午餐、晚餐喜欢的食物。 2. 了解和简单使用可数名词与不可数名词。 三、情感目标 1. 让学生了解中西方饮食文化差异，教育他们要相互尊重，多为他人着想，并引导学生积极与他人合作，培养学生的合作能力。 2. 教育学生要及早改正不健康的饮食习惯，注意均衡饮食，确保营养、健康。

续表

<table>
<tr><td>本节知识重点</td><td>实义动词 like 在一般现在时中的用法。
助动词 do、does 的使用。
可数名词与不可数名词的正确使用。</td></tr>
<tr><td>学习方法建议</td><td>自主探究，小组帮扶</td></tr>
<tr><td colspan="2">三、课前任务</td></tr>
<tr><td>课前自主学习任务</td><td>阅读自主学习任务单的学习指南部分，根据信息化平台推送的口语测试、听力训练、教学组卷完成预习，会读，会拼表示食物的单词，如 banana、hamburger、tomato、ice-cream、salad、strawberry、pear、milk、bread。会读并理解谈论食物的句型，如：
Do you like salad？ Yes, I do. / No, I don't.
Does she / he like …？ Yes, she / he does. / No, she / he doesn't.
I like … / I don't like …
He / She likes … / He / She doesn't like …
Let's think about the food.
根据教师推送的创客素材、微课、课件等，确定自主学习的重难点，自主决定学习的侧重点，完成预习测试，明确课堂学习的侧重点。如实义动词 like 在一般现在时中的用法，助动词 do、does 的使用，可数名词与不可数名词的正确使用。
根据预习内容，拟订一份关于描写你对食物喜好的写作提纲。</td></tr>
<tr><td>课前学习效果检测</td><td>使用信息化平台里的答题卡功能，创建一份预习测试卷，检验学生的预习效果，确定课堂教学侧重点。</td></tr>
<tr><td colspan="2">四、困惑与建议</td></tr>
<tr><td>存在的疑难与困惑</td><td></td></tr>
<tr><td>建议</td><td></td></tr>
<tr><td colspan="2">五、课堂活动预告</td></tr>
<tr><td>教师精讲</td><td>针对自主学习及通过平台发送的预习测试结果中出现的问题，如实义动词 like 在一般现在时中的用法，助动词 do、does 的使用，可数名词与不可数名词的正确使用，进行重点和反复讲解。</td></tr>
</table>

续表

课前学习任务汇报与研讨	完成推送的预习测试，根据作业智能批改反馈的记录，自主探究，小组帮扶，解决出现的问题。对于确实不能解决的共性问题做好记录。教师对表现优异的小组进行点赞评价。

3. 自主学习效果检测习题及参考答案

一、翻译以下短语。

喜欢 ______________　　　　一些苹果 ____________

冰淇淋 ____________　　　　五个西红柿 __________

一些草莓 __________　　　　三个汉堡 ____________

九个香蕉 __________　　　　四个男人 ____________

二、将下列单词分类。

1. hamburgers，tomatoes，oranges，bananas，strawberries，eggs，apples，carrots，pears，ice-cream，salad，chicken，milk，bread，rice

可数名词：____

不可数名词：____

可数名词和不可数名词：____

2. 可数名词的复数变化规则。

①在词尾直接加 ______，如 banana — ________________。

②以 s, x, ch, sh 结尾的单词加 ______，如 watch— ________________。

③以辅音字母加 y 结尾的单词，将 y 变为 ______，再加 ______，
如 family — ________________，strawberry — ________________。

④以 f 或 fe 结尾的单词，变 f 或 fe 为 ______，
如 life — ____________，leaf — ____________，knife — ____________。

⑤以 o 结尾的，部分加 es，如 tomato — ___________，potato — ___________。
部分加 s，如 zoo — ____________。

⑥不规则变化有：如 man — ____________，woman — ____________。

3. Do you like bananas？ 这是一个一般现在时态的一般疑问句，like 为实义动词，意思是 ______。含有实义动词的否定句或一般疑问句，在一般现在时中需借助于助动词 ______ / ______，当主语为第三人称单数时，用助动词 ______。

三、句型转换。

1. They like hamburgers.（变为一般疑问句）

______ they like hamburgers？

2. Ann likes bananas.（变为一般疑问句）

______ Ann like bananas？

3. Peter ______ （like）ice-cream.

4. Let's have ice-cream. 其中 have 是动词，有不同意思，如“吃，喝，有”等，此句中意为 ______。

I have a new watch. __________________________。

He has an apple for breakfast. ________________________。

答案：

一、like　　　　some apples

ice-cream　　five tomatoes（注意：tomato 复数加 es）

some strawberries（注意：strawberry 复数变 y 为 i 加 es）three hamburgers

nine bananas　four men（注意：man 复数变 a 为 e）

（此题重点考查可数名词的复数变化规则。）

二、1. 可数名词：hamburgers，tomatoes，oranges，bananas，strawberries，eggs，apples，carrots，pears

不可数名词：milk，bread，rice

可数名词和不可数名词：ice-cream，salad，chicken

2. ① s；bananas　② es；watches　③ i；es；families；strawberries

④ v 加 es; lives; leaves; knives　⑤ tomatoes; potatoes; zoos　⑥ men; women

（此题重点掌握可数名词复数不规则变化。）

3. 喜欢 do；does；does

三、1. Do　2. Does　3. likes　4. 吃；我有一个新手表；他早饭吃了一个苹果。

（此题重点掌握助动词 do、does 的使用及实义动词的第三人称单数。）

4. 课前教师任务与学生任务说明

课前阶段的预习主要指自主学习任务单里的学习指南部分，教师需要编辑与本节课重点难点相关的微课、课件、创客素材等，并编辑与知识点相匹配的测试题，教师将自主学习任务单与教学资源上传到学习平台，学生根据自主学习任务单和教师设定的学习任务，通过观看微课、课件等完成预习测试题，学生根据各自的水平确定学习的重难点，自主决定学习的侧重点，可快进、可反复、可寻求帮助、可查阅资料，自主学的时间视情况而定，测试要求学生独立完成，学生根据测试结果明确课堂学习的侧重点。学生的测试成绩通过信息化平台形成数据评价报告，教师根据报告分析进行备课，备课的内容是学生测试数据确定的，不是经验形成的，问题是导向性的、题目化的，能反映学生自主学习过程中的疑点、难点，体现学习的重点。大数据的智能统计与迅速反馈，更好地协助教师调整授课中的重难点，使课堂教学更加符合学生的需要，有效提高课堂效果。

（三）课中阶段教与学活动的设计与组织

1. 课中教与学活动设计方案

通过展示学生熟悉并喜欢的食物图片唤起学生兴趣，并在具体情境中引出 Do you like ... ？句型，帮助学生在交际情境中感受出现一般现在时的结构和用法。可以增加任务型听力，通过听力训练熟悉新单词、目标单词、短语和句型。

以音乐开始课堂（Enjoy a song about“Do you like bananas？”），一方面缓解了学生的课堂紧张情绪，另一方面也是本节课的有关内容，为本节课做好铺垫。然后用课前准备的各种食物，先读出物品，再拼写单词，在复习本课单词的同时也避免了单纯的听写，而且能将单词与食物对应，增加学生本节课的学习兴趣。

（1）疑难突破

根据学习成绩把学生平均分成若干小组，每个小组选出 1—6 号，其中 1 号为小组长，也是学习成绩最突出的一个，小组长根据课前老师推送的测试题答案及解析，带领小组成员核对测试题答案，学生根据各自错误进行五分钟的自我纠正和思考，自己能解决的问题自己解决，自己解决不了的问题先组内帮扶，让学生给学生讲解分析，达到兵教兵、兵强兵的目的；组内解决不了的，在教师的点拨下组间帮扶，组间帮扶不了的问题，教师再精讲。

（2）展示交流

展示交流分组内展示和班内展示。组内展示是每个小组成绩较好的前两名同学倾听组内其余同学讲解，如有不对的及时纠正。班内展示是个体代表团体的展示，这一展示要尽量面向不同层次的学生，讲解正确的同学，教师要给予点赞；讲解不够完整的，要给予纠正和完善。

（3）练习巩固

针对课前预习统计分析图，以及课内小组帮扶中解决不了的重点难点，如助动词

do、does 的使用、可数名词与不可数名词的正确使用等内容，教师课堂上进行精讲、细讲，然后当堂推送疑点难点测试，对重点难点知识进行巩固。

（4）总结归纳

总结归纳完成两评价、两积累。一个评价是对本节课知识点的评价检测，如本节课所学关于食物的单词、短语及句型，以及实义动词 like 在一般现在时中的用法；另一个评价是对学习小组课堂表现的评价排序。一个积累是生成的知识体系、规律方法的积累；另一个积累是典型题目、典型错题等的积累。

2. 课中随堂巩固习题及参考答案

一、选出每组中不属于同类的单词。

1.（　　）A. ice-cream　B. apples　C. oranges　D. bananas

2.（　　）A. carrot　B. vegetables　C. tomato　D. broccoli

3.（　　）A. pears　B. apples　C. oranges　D. hamburgers

4.（　　）A. chicken　B. hamburgers　C. tennis　D. ice-cream

二、句型转换。

1. Xiao Ming likes oranges.（改为一般疑问句）

________ Xiao Ming ________ oranges?

2. Jack likes French fries.（改为否定句）

Jack ________ ________ French fries.

3. This is a tomato.（改为复数句子）

________ are ________.

4. I like chicken very much.（对划线部分提问）

________ ________ ________ like very much?

5. Does your sister like salad?（作否定回答）

No, ________ ________.

三、翻译下列句子 。

1. 你喜欢香蕉吗? ____

2. 我妹妹不喜欢西红柿。____

3. 让我们吃冰淇淋吧! ____

4. 他不喜欢香蕉，但是他喜欢橙子。____

____

5. 你妈妈喜欢沙拉吗? ______________________________

答案：

一、1. A　2. D　3. D　4. C

二、1. Does; like　2. doesn't like　3. These; tomatoes　4. What do you　5. she doesn't

三、1. Do you like bananas？　2. My sister doesn't like tomatoes. 3. Let's eat ice-cream！

4. He doesn't like bananas, but he likes oranges.　5. Does your mother like salad？

（此题综合考查学生对本节课重难点的掌握：实义动词 like 在一般现在时中的用法，助动词 do、does 的使用，可数名词与不可数名词的正确使用。）

3. 课中教师任务与学生任务说明

（1）展示图片激发兴趣，师生互动导入新课。老师展示课件里香蕉的图片问学生“What's this in English？”和“Do you like bananas？”设置疑问，引发思考，激发学生的学习兴趣。

（2）教师利用互动组件教授单词，讲解可数名词和不可数名词。教师展示可数名词和不可数名词的食物图片，让学生区分可数名词和不可数名词。

（3）结对活动，师生互动。学生结对操练新句型及语法，带动学习英语的积极性。

（4）合作交流，巩固提高，小组进行 pair work 对话练习，运用所学知识进行互动交流。调查了解中西方的饮食差异，了解同学的食物喜好。

（5）发送当堂检测题，检验学生词汇及语法的掌握情况，针对出错率高的题目进一步讲解，教会学生触类旁通，总结做题方法。

（四）课后阶段教与学活动的设计与组织

1. 课后教与学活动设计方案

（1）小组内根据本节课的自主学习任务单，查看是否掌握本节课的教学目标及其教学重难点，如已达成，做好笔记的归纳及整理，尤其是本节课的固定短语及语法归纳，形成一定的知识体系和框架，做到由点及面；根据平台推送的测试题完成及得分情况，参照解析，积累生成的知识体系、规律方法，再就是根据平台的错题统计系统收藏典型题目、典型错题等。

（2）让学生观看教师推送的关于中西方饮食文化差异的视频，要学生及早改正不健康的饮食习惯，注意均衡饮食，确保营养、健康，并引导学生积极与他人合作，培养他们的合作能力。

2. 课后阶段提升习题、答案及评分细则

针对学生英语能力有差异的客观事实，设置不同难度的作业：对于学习英语有困难的学生，作业布置以基础知识为主；对于英语较好的学生，减少基础作业量，重在积累课外知识，发展综合能力；中等生的作业量，介于学优生与学困生之间。

3. 教师与学生创制生成的教学资源

“精准释疑”和“精准训练”指通过平台推送的教学资源，学生在自主学习过程及预习测试中生成的数据，这个数据帮助教师进行课前备课，备课要求选择学生自主探究中的重点、疑点、难点，更贴近学生的实际上课需求。自主学习、智导定位、合作探究、智能提升、评价总结是课堂教学的五个主要环节。合作探究的具体步骤是：自主探究、小组帮扶、展示交流。智能提升旨在通过精准训练，培养学生学习能力，检验学生对重点、难点、疑点的理解是否到位。整堂课要贯穿三个始终：数据应用贯穿始终、小组评价贯穿始终、素养发展贯穿始终。对学生受教育的信息进行追踪分析，融合学校“三化四有”德育教育体系，培养学生能够适应终身发展和社会发展需要。

（五）学生学习质量评价方案

1. 在学生课堂学习过程中，主要采用多种形式评价，如教师评价、学生互评、学生自评、小组评价、组间互评，及时反馈学生的学习状况，调动学生学习的积极性。

2. 尊重个体发展的差异性，在课堂过程中实行个别教育并进行有效评价。

3. 多角度评价、观察、接纳学生，要正确对待评价对象的成功与失败。

4. 要求学生自觉参与评价，成为评价主体的一员。

案例六　生物学学科案例“脊椎动物”

一、教师基本情况介绍

姓　　名	刁艳芳	执教年级	八年级
教材情况	山东科学技术出版社《生物学》八年级上册		
职　　称	中学高级教师		

续表

个人简介	1997 年毕业于山东师范大学生物系（现生命科学学院）并获理学学士学位。 作为山东师范大学生命科学学院学科教学硕士专业学位研究生校外合作导师、烟台市生物学科带头人及芝罘名师，曾荣获山东省教学能手、烟台市教学能手、山东省优秀辅导员、烟台市优秀辅导员、烟台市“和谐高效思维对话”课堂建设先进个人、烟台市芝罘区活力新课堂先进个人等荣誉称号。 曾获部级和省级一师一优课、华东地区教学设计二等奖、山东省优质课一等奖、烟台市优质课一等奖，多次执教省级、市级公开课和示范课，多次参与鲁科版初中生物教材、教师用书和教辅资料的编写，积极进行省市级课题和项目研究，并多次获课题优秀成果。 追求的教学理念是“做明白之人，使学生明理”。
所在学校情况介绍	山东省烟台第五中学始建于 1956 年，有着深厚的文化底蕴，是烟台市区历史最悠久、师资力量最强、教育理念最先进的学校之一。近几年，学校重点进行课堂教学改革，探究师友互助式素养课堂，追求“不唯知识而获得知识”的教学培养理念。学校先后荣获山东省规范化学校、山东省心理健康教育先进学校、山东省绿色学校、烟台市明星学校、烟台市实施素质教育先进学校、烟台市初中教学示范校、芝罘区规范办学先进单位、教育工作先进单位、领导班子和教师队伍建设工作先进单位、信息技术建设与应用工作先进单位、党风廉政建设和信访稳定工作先进单位、党建工作先进单位、常规管理工作先进单位、德育工作先进单位、规范化管理先进单位、教学研究与教育研究工作先进单位、安全工作先进单位等百余个荣誉称号。 学校秉承“诚以养德，静能生慧”的校训，将坚持以“核心素养”为核心，不断探索具有五中特色的教改之路。

二、案例基本情况介绍

案例题目	“脊椎动物”习题讲评课
课　　型	新授课□　习题讲评课☑　专题复习课□
案例涉及的教学内容介绍	无脊椎动物和脊椎动物的分类依据是体内有无脊柱。脊椎动物是身体内部有脊椎骨构成脊柱的动物。按照进化从低等到高等的顺序是鱼类、两栖类、爬行类、鸟类和哺乳类。 鱼类、两栖类、爬行类、鸟类和哺乳类的主要特征，代表动物的生活习性和形态结构特点，常见种类以及它们与人类的关系。 五类脊椎动物在生活环境、体表特点、运动器官、呼吸器官、循环器官以及生殖发育等方面知识的梳理概括和总结归纳。 脊椎动物具有的形态结构特点是与其功能相适应的，同时也与生活环境相适应。 生物进化的大致趋势是生活环境从水生到陆生，结构从简单到复杂，从低等到高等。 综合性习题的解题技巧：平时要熟记知识点，通读课本；做题时要默读题干，圈画关键词，联系课本的知识点进行分析总结。

续表

案例的 自我评价	“脊椎动物”习题讲评课主要是通过课堂的三个阶段充分发挥智慧课堂的高效反馈性和个性化学习的优势。课前阶段，学生根据自主学习任务单完成课前检测题目、查找错误题目进行归因分析，反馈疑难困惑三项任务，培养学生的自主学习能力。课中阶段，学生通过小组讨论阶段、展示交流阶段、训练巩固阶段和总结归纳阶段四个阶段，用多种方式解决课前自主学习中的疑难知识点，并在协作解惑的过程中完成高阶思维能力的训练与提升。课后阶段，学生先总结解题思路，后完成个性化进阶演练提升，在完成习题的实践基础上进一步完善脊椎动物的整体知识框架。 本节习题讲评课将烟台五中的“师友互助小组合作学习”课堂教学特色与智慧课堂有机结合，让每个学生都能积极主动充分地参与课堂，主动掌握知识，进而提高习题讲评课的实际功效，符合八年级学生的思维发展规律。

三、案例正文

（一）案例背景介绍

“脊椎动物”所涉及的知识点属于鲁科版《生物学》八年级上册第七单元第一章第四节至第七节的内容，这部分内容在会考中主要考查的知识点是五类脊椎动物的主要特征、代表动物、常见类型以及与人类的关系。教师期望学生通过本节习题讲评课的学习，除了掌握五类脊椎动物相关的知识点外，还要认同生物体与生活环境相适应以及生物进化的观点，与此同时还注重培养学生的自主学习能力，掌握综合性习题的解题技巧，最终完成高阶思维能力的训练与提升。

（二）课前阶段教与学活动的设计与组织

1. 课前教与学活动设计方案

教师：在平台上发布自主学习任务单及课前检测习题，在学生完成自主学习任务之后，对学生课前测验结果和归因分析进行整理汇总，进一步完善教学资源。

学生：根据教师提供的自主学习任务单完成以下三个任务：一是完成课前检测习题；二是对照习题解析改错，并对错误题目进行归因分析；三是将归因分析结果和课前存在的疑难困惑反馈到学习平台。

【疑难困惑】

学生做题过程中形成的疑难困惑：

1. 鱼的黏液有什么作用？

2. 两栖动物与爬行动物的生殖不同点有哪些？

3. 鸟儿为什么要进行双重呼吸？

4. 气囊在鸟的呼吸中起到什么作用？

5. 鸟的双重呼吸是怎样进行的？

6. 哺乳动物的生殖特点是什么？

7. 恒温动物如何保证体温恒定？

8. 哺乳动物的毛是保证体温恒定的主要原因吗？

9. 鱼类鼻孔的作用是什么？

10. 判断一种动物是不是两栖动物的标准是什么？

11. 哺乳动物特有的特征是什么？

12. 鸟的气囊是不是鸟的呼吸器官？

2. 自主学习任务单

<table>
<tr><td colspan="2">一、基础信息</td></tr>
<tr><td>课程名称</td><td>“脊椎动物”习题讲评课</td></tr>
<tr><td>教材情况</td><td>鲁科版《生物学》八年级上册</td></tr>
<tr><td>授课对象</td><td>八年级实验班学生</td></tr>
<tr><td>开课学期</td><td>2019—2020 学年第一学期</td></tr>
<tr><td>课堂授课地点</td><td>八年级实验班教室</td></tr>
<tr><td>网络课程平台</td><td>北京四中网校平台</td></tr>
<tr><td>课堂学习形式预告</td><td>详见习题讲评课流程图</td></tr>
<tr><td>学习方法建议</td><td>自主学习、师友互助、小组合作学习</td></tr>
<tr><td colspan="2">二、学习指南</td></tr>
<tr><td>学习内容</td><td>脊椎动物的相关知识点和习题</td></tr>
<tr><td>知识重点</td><td>1. 无脊椎动物和脊椎动物的分类依据，脊椎动物的概念以及分类，鱼类、两栖类、爬行类、鸟类和哺乳类的主要特征。
2. 认同动物具有的形态结构特点是与其功能相适应的，同时也与生活环境相适应。
3. 认同生物进化的大致趋势是生活环境从水生到陆生，结构从简单到复杂，从低等到高等。
4. 完成对脊椎动物知识梳理并概括总结形成知识框架。</td></tr>
</table>

续表

课前学习任务	1. 完成课前检测习题。 2. 对照习题解析改错，并尝试对错误题目进行归因分析。 3. 将归因分析和课前存在的疑难困惑提交反馈到学习平台。
课前学习拟达成目标	通过完成课前学习任务，检验对这部分知识点的掌握程度，查找知识缺漏及出错原因。
三、困惑与建议	
课前学习后存在的疑难与困惑	
对教师课堂授课内容与形式的建议	

3. 自主学习效果检测习题、答案及评分细则

略。

4. 课前教师任务与学生任务说明

对教师而言，课前阶段的准备任务比较烦琐，主要有两个：一是设计自主学习任务单，指导学生的自主学习；二是整合教学资源，选择与知识点相匹配的习题（主要有三套，分别应用于课前、课中和课后），整理与习题相关的视频或图片，并对学生课前检测结果和归因分析进行整理汇总。教师不仅要提供学生检测的习题，还要提供教学课件、习题解析文字等一系列数字教学资源，以便学生更好地分析自身存在的问题。

对学生而言，课前阶段的学习任务有三个：首先，认真高效地完成课前检测习题；其次，对照解析答案找出学习过程中存在的问题，并对错误题目进行归因分析，正确的归因分析是学生后续深度学习的基础和关键；最后，需要学生通过学习平台将归因分析和课前存在的疑难困惑提交反馈，以便教师准确掌握本节课疑难点，突出重点。

（三）课中阶段教与学活动的设计与组织

1. 课中教与学活动设计方案

与传统教学模式不同的是，智慧课堂的习题讲评课教学重难点的不完全是基于教师的既有经验，更多的是依据课前学生自主学习的数据分析和反馈的疑难困惑生成的。

（1）疑难突破

在疑难突破的师友互助小组讨论阶段，教师先出具课前检测的归因分析汇总结果，后组织学生在师生之间和小组内部进行针对出错题目的分析讨论交流，通过师生间和小组内的互助答疑相互纠错，解决部分疑惑问题。而对师友间和小组内仍无法解决的疑惑问题，再次上传至学习平台进行反馈，教师再次进行及时汇总。

（2）展示交流

在任务成果的展示交流阶段，教师先组织学生进行组间交流，了解每个小组解决了什么疑惑，掌握了哪些答题技巧，还有哪些题目存在疑惑，然后组织小组间相互解决疑惑。而对学生无法解决的疑惑或是解析不到位的，教师最后进行精讲，提升和汇总知识点和相应的解题技巧。

（3）练习巩固

在核心要点的练习巩固阶段，教师推送结合课前学生的疑难反馈和出错率高的知识点，提前选择和设计拓展性的典型题目进行课中随堂巩固检测，对学生进行巩固训练。学生当堂在平板上作答并上传到平台，以检验每个学生对出错知识和疑难困惑掌握的程度和答题技巧的运用能力。

（4）总结归纳

课堂的最后一个阶段是梳理概括的总结归纳阶段，教师通过梳理脊椎动物这一知识单元以及习题对应的知识点，引导学生反思并补充在复习课中建构的思维导图，进一步巩固已取得的学习成果，帮助学生理解和掌握脊椎动物相关的知识、方法和技能。

2. 课中随堂巩固习题、答案及评分细则

略。

3. 课中教师任务与学生任务说明

（1）教师首先出具学生课前测验的归因分析结果：行为习惯类（出错率小于 50%）：选择题的 5、7、8、9，非选择题的 1（4）；知识掌握类（出错率大于 50%）：选择题的 1、4、11、13、14、15，非选择题的 1（1）、2（3）（4）（5）；思维方式类（出错率小于 50%）：选择题的 2、3、10、12，非选择题的 2（1）。

（2）学生根据教师提供的归因分析结果，在师友之间和小组内部选择部分题目进行互助答疑，通过小组内“师父”的讲解解决疑惑，仍无法解决的题目和疑难疑惑，再次上传至学习平台进行反馈。

（3）教师再次通过后台的数据汇总选择不同小组进行交流，了解小组内部解决了什么题目，掌握的答题技巧是什么，还有哪些题目存在疑惑。激励小组间相互解决其他小组仍存在的疑惑。最后教师对学生都无法解决的疑惑或是解析不到位的内容进行精讲，提升和汇总知识点和相应的解题技巧。

表 5-1　疑难突破（一）两栖类和鸟类的呼吸比较

	青蛙	鸟
呼吸器官以及结构特点	用肺呼吸，皮肤辅助呼吸。皮肤有毛细血管，能气体交换。	用肺呼吸，气囊辅助呼吸。气囊无毛细血管，不能气体交换。

表 5-2　疑难突破（二）脊椎动物的体表特点

	鱼类	两栖类	爬行类	鸟类	哺乳类
体表	鳞片，有黏液	裸露，有黏液	鳞片或甲	羽毛	毛
主要功能	保护 减少阻力	辅助呼吸	保护 减少水分蒸发	保温 飞行	保温

表 5-3　疑难突破（三）脊椎动物的生殖发育

	鱼类	两栖类	爬行类	鸟类	哺乳类
生殖发育	体外受精 卵生	体外受精 卵生、变态发育	体内受精 卵生	体内受精 卵生	体内受精 胎生哺乳

疑难突破（四）综合性试题

解题技巧：平时要熟记知识点，通读课本。做题时要默读题干，圈画关键词，联系课本的知识点进行分析总结。

（4）学生完成教师推送的随堂巩固检测，巩固课堂教学解决的疑难困惑。上传答案后对照答案解题改错，再次上传自己的疑难困惑。

（5）教师引导学生完成对脊椎动物的梳理概括和总结归纳。

表 5-4　脊椎动物的总结归纳

类群	鱼类	两栖类	爬行类	鸟类	哺乳类
生活环境	水中	水陆两栖	陆地	陆地	陆地
体表	鳞片、黏液	裸露、黏液	角质鳞片 或甲	羽毛	毛

续表

运动器官	鳍	四肢	四肢	翼、后肢	四肢
呼吸器官	鳃	幼体：鳃 成体：肺、皮肤	肺	肺 气囊辅助	肺
循环器官	1 心房 1 心室	2 心房 1 心室	2 心房 1 心室	2 心房 2 心室	2 心房 2 心室
生殖发育	体外受精 卵生	体外受精 卵生、变态发育	体内受精 卵生	体内受精 卵生	体内受精 胎生、哺乳
体温	变温	变温	变温	恒温	恒温

归纳总结：

1. 动物的形态结构特点是与其功能相适应的，同时也与生活环境相适应。

2. 生物进化的大致趋势：生活环境从水生到陆生，结构从简单到复杂，从低等到高等。

（四）课后阶段教与学活动的设计与组织

1. 课后教与学活动设计方案

课后学生需要完成的任务有两个：一是在参与课堂学习活动的基础上进行反思内化，总结解题思路，并完善在“脊椎动物”复习课时形成的思维导图；二是完成个性化进阶演练提升，通过针对性的练习强化基础知识，形成类型题的解题方法，并针对行为习惯和思维能力问题进行有意识的训练。

对教师而言，课后阶段最重要的一点是根据学生在本节习题讲评课的学习情况及时形成教学反思，补充完善知识框架，更新新授课的知识体系。

2. 课后进阶提升习题、答案及评分细则

略。

3. 教师与学生创制生成的教学资源

学生通过方面一习题讲评课的课前、课中和课后三个阶段的习题检测、方面二课前习题的归因分析、方面三课中的师友互助小组合作以及方面四教师对疑难困惑的讲解意识到“脊椎动物”复习课中形成的思维导图还不够完整，课后阶段学生会在原有的思维导图基础上进行完善，并上传于教学平台进行展示交流，取长补短。

教师也要根据学生在本节习题讲评课的学习情况，查找出新授课教学中的缺漏，并加以弥补，同时也要扩充三个阶段的习题和完善在复习课前给学生的知识框架，如图 5-1 所示。

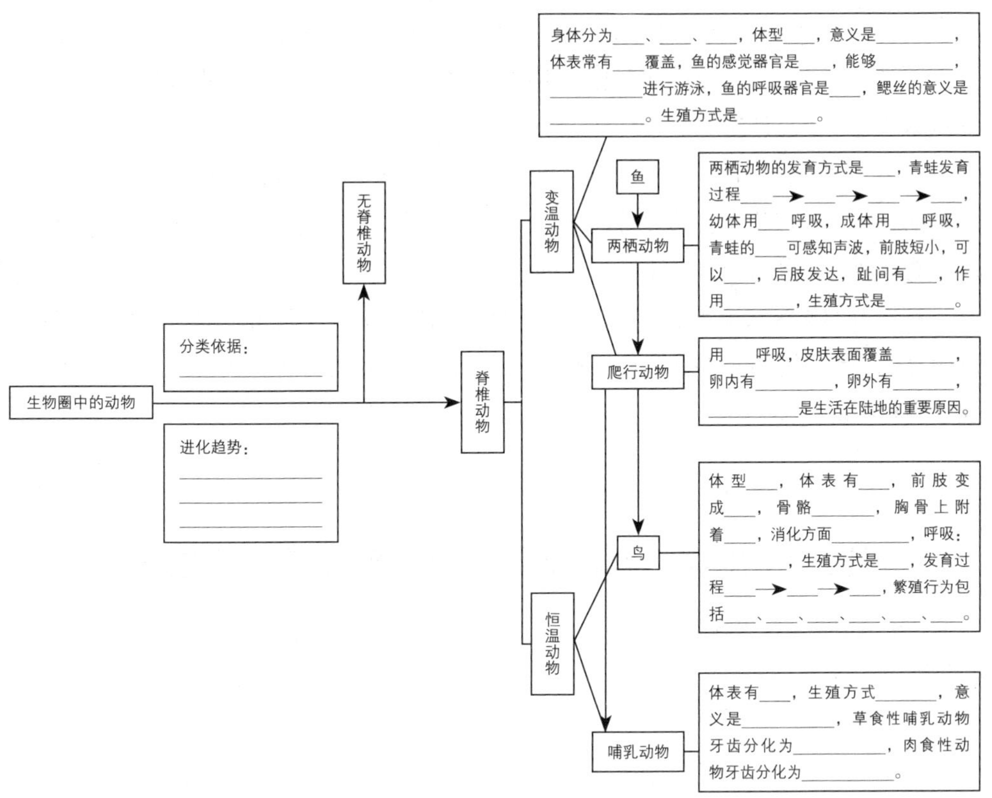

图 5-1 生物圈中的动物知识框架

（五）学生学习质量评价方案

新一轮教育教学改革强调以培养核心素养为主要目标的全面育人方向，这对广大教师的课程观与评价观提出了更高的要求。评价具有反拨教学的功能，对学生学习质量的评价方案应渗透在各教学环节之中，为达成教学目标服务。

智慧课堂下的习题讲评课分为课前、课中和课后三个不同的阶段，因此对学生学习质量的评价也相对应的分为三个阶段，其最主要的评价呈现形式是习题测评。

首先，课前学习评价由两部分组成：一部分是学生经过相同题目的课前检测形成具体分值的检测评价（占总评价的 25 分）；另一部分是教师根据学生上传至平台的归因分析和课前存在的疑难困惑形成的自主学习能力评价（占总评价的 5 分）。

其次，课中学习评价由三部分组成，第一部分是教师根据学生在疑难突破讨论阶段的表现形成的师友互助小组合作能力评价（占总评价的 15 分），师友互助小组学习是一种以学习共同体为中心的学习策略，能培养学生的合作精神，提高问题解决的效率；第二部分是展示交流阶段由其他小组给出的展示交流能力评价（占总评价的 5 分）；第三部分是学生完成针对疑难困惑量身定制的课中随堂巩固测试获得具体分值的检测评价（占总评价的 20 分）。

最后，课后学习评价由两部分组成，一部分是学生总结解题思路和完善思维导图的归纳总结能力评价（占总评价的 5 分）；另一部分是学生完成对应的个性化进阶演练检测形成具体分值的检测评价（占总评价的 25 分）。

在原有的班级授课制中，难以实现对不同层次的学生的评价。而像智慧课堂这样的信息化平台，就可以帮助我们实现对每一个学生详尽的评价，让不同水平的学生都能获得相应的提升。

案例七　生物学学科案例“血流的管道——血管”

一、教师基本情况介绍

姓　　名	曲宝妹	执教年级	七年级
教材情况	人民教育出版社《生物学》七年级下册		
职　　称	中学二级教师		
个人简介	福建农林大学完成食品科学与工程本科学习并获学士学位；中国海洋大学完成食品工程研究生学习并获硕士学位。 2018 年获得第十六届赛莱默杯全国中学生水科技发明比赛暨斯德哥尔摩青少年水奖中国地区选拔赛优秀指导教师、青岛市中学生水科技发明比赛优秀指导教师、青岛市中小学研究性学习优秀成果优秀辅导教师荣誉称号，2020 年获得青岛市青年教师基本功大赛三等奖。 不断探索灵活、高效的教学方法，联系生活、深入浅出，让学生爱上生物学科；尊重信任学生，充分发挥学生的主体作用，营造轻松活泼的课堂氛围，让学生做课堂的主人。		
所在学校情况介绍	同第五章 案例一		

二、案例基本情况介绍

案例题目	血流的管道——血管
课　型	新授课☑　习题讲评课□　专题复习课□
案例涉及的教学内容介绍	“血流的管道——血管”选自人民教育出版社《生物学》七年级下册第四章第二节。本节主要内容是三种血管的结构功能特点和分布。血管是对血液知识的延伸，属于血液循环系统的重要器官，又是学习血液循环途径的基础，因此本节课在第四章中具有重要地位。 本节课要求学生能够描述动脉、静脉和毛细血管的结构与功能特点，并通过实验观察小鱼尾鳍的血液流动，尝试区分三种血管以及血液在三种血管内流动的情况。通过课堂上的拓展知识，初步了解相关急救措施，珍爱生命。 本节课的重点在于动脉、毛细血管、静脉三种血管的结构（主要是管腔、管壁）与功能以及通过一定的判断依据区分动脉、静脉和毛细血管。难点则是知识点的应用以及与生活联系密切的部分，如判断身体中血管的类型等。另外，希望学生通过本节课可以初步了解一些急救小常识，如不同种类血管出血的处理办法等。
案例的自我评价	曲宝妹老师依据科大讯飞畅言学习平台，充分利用智慧课堂对“血流的管道——血管”整节课学习过程进行记录，仔细分析对比了学生课前对自主学习任务的完成情况和课后小组最终提交的任务完成情况，有针对性地实施教学，实现了课堂的高效。 在教学过程中充分发挥智慧课堂高效反馈性和个性化学习的优势，以自学小组讨论形式学习血管的相关知识，以及实验操作后学生平板展示，充分将课堂交给学生，又通过智慧课堂的多样化形式展示学生课堂生成的学习成果，急救知识的科普也让学生懂得热爱生活、珍惜生命。 在设计本节课时，基于“血流的管道——血管”一节的课程内容，充分利用智慧课堂教学资源开展智慧课堂，发挥学生的主体地位、教师的主导地位，注重学生的自主能力和合作能力，使学生在做中学，在乐中学，从而实现高效课堂，切实提高学生的生命观念和社会责任感，培养学生的生物学学科核心素养。

三、案例正文

（一）案例背景介绍

“血流的管道——血管”是人教版《生物学》七年级下册第四章第二节中的内容，这部分内容的学习要求学生能够描述动脉、静脉和毛细血管的结构与功能特点，学生在本节课中还可通过实验观察小鱼尾鳍血液流动，并尝试区分三种血管以及血液在三种血管内流动的情况，因此通过这节课的学习，学生既要掌握三种血管的知识性要求，还要学会区分不同种类的血管，并联系生活实际解决相应的问题，了解血管出血的初步护理和急救知识。

（二）课前阶段教与学活动的设计与组织

1. 课前教与学活动设计方案及任务说明

（1）教师教学活动设计方案

①在学习平台上发布自主学习任务单，要求学生仔细阅读自主学习任务单中“学习指南”部分和课前任务部分的具体要求，在课本中找到动脉血管、静脉血管和毛细血管的定义，鼓励有能力的学生尝试总结这些血管的结构特点，使学生在课前能基本了解到本节课的内容及掌握相关知识学习的主要方向。

②提前录制教学过程中的实验操作微课，包括实验步骤和注意事项，课前以学习资源形式分享给学生，让学生提前熟悉观察小鱼尾鳍实验的操作方法及能非常直观的复习七年级上学期显微镜的操作方法。

③为学生提前准备除课本以外的与血管有关的学习资料以及相关知识，作为课外拓展阅读，提高学生对本节课的学习兴趣。

④在课前提前了解学生的疑难点。在学生完成自主学习任务之后，在学习平台发布课前学习反馈检测，整理统计学生反馈的共同疑难问题，并将个别学生的疑难问题线上解决。

（2）学生学习活动设计方案

①仔细阅读自主学习任务单的学习指南部分及课前任务部分的具体要求，认真阅读课本，圈画关于三类血管的重点内容，把握学习目标及重点。

②根据教学系统平台上提供的本节重难点知识的提示，依据学习方法的指导依次完成自主学习任务，观看教学微课即《观察小鱼尾鳍内的血液流动》实验的实验操作方法、自主学习平台中的资源（包括课件、课外拓展部分），初步掌握本节课的主要内容，完成导学案。

③在平台上完成课前预习反馈练习并提交答案，将遇到的疑难问题在自主学习任务单中“困惑与建议”部分向教师反馈。

④尝试总结自己的学习方法和思路，阅读课堂活动预告，为课中学习做好准备。

【困惑与建议】

学生1：老师，显微镜视野下找到管径最小的血管就是毛细血管吗？怎么准确地判断毛细血管？

教师：在显微镜视野下，管径最小的血管就是毛细血管。在显微镜视野下不能仅仅通过视觉判断是不是最细的血管，应该以红细胞单行通过作为准确判断毛细血管的依据。

学生 2：如果动脉血管受伤，会死吗？

教师：如果救治及时，不会有生命危险。动脉血管受伤一定要及时救治，特别是大的动脉血管，一刻都不能耽误。首先自己要先学会初步护理，如指压止血法，然后马上拨打 120，寻求专业人员的帮助和救治，如果救治不及时，就会有生命危险。

2. 自主学习任务单

一、基础信息	
课程名称	血流的管道——血管
教材情况	人教版《生物学》七年级下册
授课对象	初一年级全体学生
开课学期	2020—2021 学年第二学期
课堂授课地点	初一生物实验室
网络课程平台	科大讯飞畅言
二、学习指南	
学习内容	第四章第二节“血流的管道——血管”
课前学习拟达成目标	1. 知识目标：能够描述动脉、静脉和毛细血管的结构与功能特点。 2. 能力目标：通过实验观察小鱼尾鳍的血液流动尝试区分三种血管以及血液在三种血管内流动的情况。 3. 情感态度价值观目标：初步了解相关急救措施，珍爱生命。
本节知识重点	1. 动脉、毛细血管、静脉三种血管的结构与功能。 2. 观察小鱼鳍内血液流动的现象，区分动脉和静脉。
学习方法建议	自主学习、小组合作学习

续表

<table>
<tr><td colspan="2">三、课前任务</td></tr>
<tr><td>课前自主
学习任务</td><td>1. 仔细阅读自主学习任务单中“学习指南”部分，在课本中找到并画出动脉血管、静脉血管和毛细血管的定义。
2. 观看实验视频《观察小鱼尾鳍实验的操作方法》，能比较熟练地掌握实验操作过程。
3. 根据课本、分享的资源以及任务单的提示，整理出本节重难点知识，初步掌握本节课中三类血管的含义，完成导学案中“知识点一”部分。
4. 血管是我们身体中的一部分，请尝试思考以下问题：
（1）尝试找到自己身上的动脉血管、静脉血管、毛细血管，你是如何判断和区分三类血管的？依据是什么？
（2）比较三类血管在结构和功能上的不同。
（3）如果血管出血，该如何采取救治措施？
（4）除了课本上的知识，你还想了解有关血管哪些方面的知识？
5. 根据本学期已学知识的相关思路，有能力的同学尝试总结血管的学习思路，并根据思路自主归纳动脉血管、毛细血管和静脉血管的相关知识。</td></tr>
<tr><td>课前学习
效果检测</td><td>1. 利用科大讯飞学习平台上的中学作业模块完成对本节知识内容学习效果的检测。
2. 有能力的同学尝试总结你对于本节课知识内容的学习思路，并拍照上传到作业端。</td></tr>
<tr><td colspan="2">四、困惑与建议</td></tr>
<tr><td>课前学习后
存在的疑难与困惑</td><td></td></tr>
<tr><td>对教师课堂授课
内容与形式的建议</td><td></td></tr>
<tr><td colspan="2">五、课堂活动预告</td></tr>
<tr><td>教师精讲</td><td>针对学生课前学习过程中存在的疑惑进行重点讲解，并通过科大讯飞平台上课前学习效果检测结果对存在较多问题的知识点进行讲解。</td></tr>
<tr><td>课前学习任
务汇报与研讨</td><td></td></tr>
</table>

3. 自主学习效果检测习题、答案及评分细则

略。

4. 课前教师任务与学生任务说明

（1）教师任务：

①依照学情，完成“血流的管道——血管”自主学习任务单的设计与开发。

②录制《观察小鱼尾鳍内血液的流动》的实验操作过程，视频编辑及剪辑。

③搜集除课本以外的血管方面的知识以及血管种类及特点的知识解析，整理成文本材料，便于平台发布。

④将自主学习任务单与教学资源上传到学习平台，并依据自主学习任务进行教学资源的收集与整合。

⑤教师依据平台上学生的问题与疑惑反馈，结合课前习题检测了解学生预习状况，对学生的问题进行整理分析，后续在课堂教学过程中给予有针对性的解答和方法指导。

（2）学生任务：

①根据自主学习任务单的指导和教师设定的学习任务，认真阅读七年级下册课本"血流的管道——血管"这节课的内容。

②通过观看微课熟悉实验操作方法及注意事项，并在教师提供的其他辅助学习资源（例如：生物世界、知识解析）支持下完成学习任务和习题检测，填写学案"知识点一"相应内容。

③学生将自主学习过程中遇到的问题与疑惑反馈给教师。

（三）课中阶段教与学活动的设计与组织

1. 课中教与学活动设计方案

通过课前平台中预习反馈的情况，在知识层面，发现学生对动脉血管、静脉血管、毛细血管这三类血管的判断、结构特点的对比存在预习的差异和困难；在能力层面，发现学生对身体中三类血管的位置和分布以及生活中的应用普遍存在一定的认识困难，因此课中主要针对以上问题开展活动。在学习思路上，首先总结归纳学习血管知识的完整思路，按照思路全面并系统地学习三种血管知识。课上利用实验操作，让学生通过显微镜直观地观察到毛细血管、小动脉及小静脉，同时增强学生的动手操作能力。

（1）疑难突破

①学生以自学小组的形式划分为 12 个学习小组，针对课前预习测试中自己的疑问进行讨论，以小组为单位整理本节课的学习思路，同时将自主学习任务单中思考的 4 个问题组内进行汇总整理，以小组形式进行汇报。

②充分利用课堂上准备的模拟材料（塑料水管、粗细不同的橡皮筋）感受血管的弹性和管腔。相互讨论交流，解决课前自主学习中的动脉血管和静脉血管管壁厚度、弹性等疑难困惑，在结构特点上区分二者。

③通过在课堂上开展实验，用显微镜观察小鱼尾鳍内血液的流动情况，找到血液在不同血管中流动的情况，并以小组为单位讨论总结分辨三类血管的判断依据。

④学生以小组为单位合作讨论，感受身体上血管的分布及位置，教师及时通过平台推送相关知识检测，完成检测后，参考教师平板推送的解析指导，自主核对自主学习导学案，组内成员互相展示自主学习导学案，相互讨论掌握了的知识点，仍然还有疑惑和问题的地方，共同解决课前及课中自主学习中的疑难困惑并进行反馈。

（2）展示交流

使用智慧课堂学生讲解，与大屏同屏播放实验过程中学生用平板拍摄的图片或者视频，并通过图片放大功能和视频倍速播放功能（慢速播放）展示实验过程中观察到的小鱼尾鳍中不同种类的血管及血管血液的流动情况，学生自己总结该过程中血管的判断依据。

学生小组之间相互展示自主学习任务单的完成结果，共同解决课前自主学习中的疑难困惑并进行反馈，针对学生共同出现的问题和疑惑，首先请其他小组有能力的同学帮助讲解，然后教师统一解答讲解并针对性地进行拓展延伸，最后教师完善、总结学生的展示情况，对各个小组进行点评。

（3）练习巩固

针对学生自主学习任务单中的预习情况和课上学习情况推送课上练习，学生在平板上作答并上传到平台，教师可以看到学生完成情况。针对学生易错知识点“血管的判断依据”“血管相关知识在生活中的联系及应用”，结合相应图片进行习题操练与教师针对性精讲，巩固疑难知识点。

（4）总结归纳

回顾本节课关于三类血管的结构和功能内容，教师推送和共享平台中思维导图小游戏，选择一个同学或者多位同学平板屏幕共享的方式展示交流，同时实时监控学生的完成进度，学生自主通过平台提交答案，由后台评价并通过数据统计反馈给教师，最后教师总结发言。小组选出代表总结本节课所学知识，反思学习过程中出现的问题，教师补充完善，对进一步的学习提出相应的建议。

2. 课中随堂巩固习题、答案及评分细则

学生在教师引导下完成“血流的管道——血管”的思维导图，并完成随堂练习题。课中习题用于检测学生经过小组讨论之后的学习成果，看学生的知识掌握是否相较于课前学习有一定的提高。在习题中，对重难点知识点进行进一步的考查，要求学生学会依据血管的定义和特点判断血管种类，能够初步了解急救的相关知识。课中随堂练习的答题情况会上传至教师端平台，教师可以掌握学生的学习效果。（习题及答案略）

3. 课中教师任务与学生任务说明

（1）教师反馈预习作业中问题较多的题目及数据，学生以小组为单位，针对课前预习测试中自己的疑问进行讨论，同时组长汇总整理自主学习任务单中的4个思考问题。以小组为单位展示和交流，未展示的小组可以适当补充，教师适时做出评价及补充。

（2）学生在进行了一轮讨论后，归纳学习血管知识的完整思路，按照思路全面并系统地学习三种血管的知识。以小组合作方式对课前自学完成的“知识点一”部分内容进行交流解决同伴间的疑难问题，仍解决不了的问题，由小组代表进行提问，由解决了该问题的其他小组讲解，教师负责补充及精讲。

（3）利用实验操作，让学生通过显微镜直观地观察到毛细血管、小动脉及小静脉，同时加强学生的动手操作能力。使用智慧课堂学生讲解，与大屏同屏播放实验过程中学生用平板拍摄的图片或者视频，并通过图片和视频展示实验过程中观察到的小鱼尾鳍中不同种类的血管，学生自己总结该过程中血管的判断依据。

（4）教师根据平台预习反馈中反映出的知识难点“血管的判断依据”，针对性地进行疑难解答，然后将学生实验过程中图片或视频生成课堂成果，用于拓展迁移，投屏让学生直接在图片上或视频中找出三类血管，教师完善和总结相应知识点，从方法上对学生在课前和课中过程中形成的较统一的问题（例如，三类血管判断的最简单方法、血流特点等）进行指导和总结。

（5）平板推送思维导图，选择一个同学或者多位同学平板屏幕共享的方式展示交流，同时实时监控学生的完成进度，最后教师通过平板后台数据统计总结发言。

（6）完成教师推送的同步检测习题，巩固课堂教学所学知识，对比预习部分的数据，掌握学生在课中是否解决了之前的问题和疑惑，然后教师进一步对错误率较高的知识点完成讲解。

（7）观看出血急救的科普视频，小组总结并展示完成出血急救的初步护理方法，交流探讨急救方法中所蕴含的本节课的知识点，填补学生对“血管与生活中的联系”的知识盲点。

（8）以小组为单位，自主讨论总结，选出代表总结本节课所学知识，反思学习过程中出现的问题，教师补充完善，对进一步的学习提出建议。

（四）课后阶段教与学活动的设计与组织

1. 课后教与学活动设计方案

（1）小组针对在课堂练习总结中完成的“血管”思维导图以及教师点评和提出

的改进意见，进一步完善思维导图，形成本节课知识点完整的逻辑框架。

（2）学生课下在平板学生端完成由教学平台推送的分层作业同步测试，完成后提交由平台评分并推送答案及其解析，学生查看得分及答案解析记录学习心得或形成错题档案。

（3）学生对本节课学习之后仍然存在的疑惑或分层作业同步测试中存在的疑难问题在平台讨论区和教师或者其他学生进行互动提问，教师随时登录平台解答疑惑，还可以在互动讨论区讨论交流血管出血的相关急救问题以及血管的相关疾病。

2. 课后进阶提升习题、答案及评分细则

针对课上学习情况和本节课知识学习的重难点形成课后习题。课后习题依据题目难度水平分为基础题和拔高题，根据平板学生端显示的学生课前及课上学习成果，个性化、针对性地向学生推送不同难度的习题作为监测学生学习效果的依据。对于基础较差的学生，平台可以只向他们推送分层作业基础题，完成之后若检测结果较好，可以继续答题完成分层作业拔高题；对于课上学习成果较好的同学可以直接向他们推送分层作业拔高题，完成之后他们可以自由决定是否做分层作业基础题，不做强制性要求。

分层作业习题、答案及评分细则（略）。

3. 教师与学生创制生成的教学资源

课中学习中，学生利用显微镜观察到小鱼尾鳍内血液的流动情况，利用平板进行图片拍摄或者视频录制（视频观察更清晰和明显），可用于之后“血管的判断”这一知识点的学习，让学生非常直观地在实物上进行区分，比起手绘黑白图，虽然难度增加，但是更加有趣、印象深刻，与生活联系得更密切。

学生课上迅速完成的本节课的思维导图属于总结性质的测试，但课上完成部分是在给出选项的基础上进行选择填空，较为简单，还不能完整体现本节课知识点和逻辑框架，经过教师讲解和提出改进意见，学生课下每个人基于小组思维导图的基础上绘制属于个人的“血管”思维导图，并上传于教学平台，大家相互之间可以分享交流，每个同学绘制的思维导图更能够体现学生个人的认知方式和对本节课知识点的理解，还能够学习思维导图应用软件的使用方法。

（五）学生学习质量评价方案

本节课的过程性评价分为课前学习、课中学习和课后学习三个不同阶段，而且不同评价阶段评价主体存在差异。课前学习评价主要由教师完成，评价内容依据网络教学平台提供的学习数据，包括平台登录次数、在线时长、任务点完成情况、线上作业完成情况等，此部分赋分占总评成绩的 30%。课中学习评价由教师和学生共同完成，课中学习评价占总评成绩的 50%。评价依据主要是学生和各学习小组在自主学习任务汇报及课堂主题讨论活动中的综合表现。此部分评价中教师评分的赋分占总评成绩的 35%，学生组间评价的赋分占总评成绩的 15%。课后学习评价由教师和学生共同完成，占总评成绩的 20%。学生课后根据课堂教师答疑及组间交流的情况，将自主学习任务进一步完善整理后发布于平台，利用平台的评价功能，对各小组的学习任务完成情况进行评价。其中，教师评价和学生组间评价各占总评成绩的 10%。

案例八　道德与法治学科案例“生活需要法律”

一、教师基本情况介绍

姓　　名	徐彤	执教年级	七年级
教材情况	人民教育出版社《道德与法治》七年级下册		
职　　称	中学二级教师		
个人简介	烟台南山学院工商管理本科学习并获学士学位。 2019 年获得“优秀教师”；2020 年获得“优秀班主任”称号。 语言亲切，课堂欢快，善用身边事例启发学生发散思维，注重培养学生的实践能力，擅长发挥思政课堂的优势，培养学生的家国情怀，引导学生树立正确的世界观、人生观和价值观。		
所在学校情况介绍	汶上县第四实验中学于 2018 年 8 月成立。学校以“求真明理，乐学善思”为校风，以“质量立校，科研强校，特色兴校”为办学思路，以“成就学生，满意家长，发展教师”为办学宗旨。学校全面贯彻党的教育方针，大力推进素质教育，办学规模不断扩大，教学质量不断提高，得到上级的充分肯定和社会的广泛赞誉。近年来，学校荣获“汶上县事业单位考核A级单位”“义务教育群众满意度先进单位”“汶上县体育工作先进单位”等荣誉称号。		

二、案例基本情况介绍

案例题目	生活需要法律
课　型	新授课☑　习题讲评课□　专题复习课□
案例涉及的教学内容介绍	1. 生活与法律的关系：每一部法律都是应生活需要制定和颁布的，又对生活加以规范和调整；法律已经深深地嵌入我们的生活之中，渗透到社会的方方面面；法律与我们每一个人如影随形，相伴一生，我们一生都享有法律规定的各项权利，同时必须履行法律规定的各项义务。 2. 法律的概念：法律是统治阶级意志的体现，是用来统治国家、管理社会的工具，也是调整关系、判断是非曲直、处理矛盾和纠纷的标尺。 3. 法治的概念：法治是依法对国家和社会事物进行治理，强调依法治国、法律至上。任何组织和个人都要服从法律，依法办事。 4. 法治的重要性：法治是人们共同的美好生活愿景，也是国家治理现代化的重要标志；法治助推中国梦的实现，是实现政治清明、社会公平、民心稳定、国家长治久安的必由之路。
案例的自我评价	智慧课堂教学实施之后，徐彤老师依据学习平台对整个学习过程的记录，仔细分析对比了学生课前对自主学习任务的完成情况，认为学生对权利和义务的区分、法治的作用理解不够全面。 在教学过程中充分发挥智慧课堂高效反馈性和个性化学习的优势，通过生活中的法律问题引导学生认识到生活与法律息息相关；在法治建设的学习中，学生认识到了我国的法律是为了维护人民的利益；同时，国家为建设法治中国采取了很多措施。在这个过程中，同学们感受到了法治的重要性，初步树立了法律意识。经过整个智慧课堂下的学习，基于“生活需要法律”一节的课程内容，切实提高了学生的法律观念和社会责任感，培养了学生的道德与法治学科核心素养。

三、案例正文

（一）案例背景介绍

徐彤老师是济宁市汶上县第四实验中学的道德与法治骨干教师，除了在道德与法治学科教学方面有着过硬的专业素养之外，她还善于学习，当得知学校开始开展智慧课堂教学实践时，徐彤老师踊跃报名，最终成为智慧课堂实验班的负责人，展开了相关的实践研究工作。

“生活需要法律”是人教版《道德与法治》七年级下册第四单元“走进法治天地”第九课“法律在我们身边”的第一框题，主要包括“生活与法律息息相关”和“法治的脚步”两个题目。

本节内容主要对照核心素养中的内容如下。

法治意识：法治指人大要依法立法，政府要依法行政，法院、检察院要依法司法，社会成员要自觉遵守法律，也就是要依法治国。

政治认同：法治助推“中国梦”的实现，是实现政治清明、社会公平、民心稳定、国家长治久安的必由之路。

社会责任：社会成员要自觉遵守法律。

理性思维：法治助推“中国梦”的实现，是实现政治清明、社会公平、民心稳定、国家长治久安的必由之路。这里的政治与社会、人民与国家，是有内在逻辑联系的。

帮助学生过积极健康的生活，做负责任的公民是思想品德课程的核心。学生在与他人、社会的互动中，难免会碰到各种矛盾和问题，而法律素养是我们解决这些问题的重要依据，初中学生逐步扩展的生活是课程的基础。法治教育要遵循青少年身心发展规律，贴近青少年生活实际，科学安排教学内容，合理确定教学重点和方法，注重知行统一，坚持落细、落小、落实，要采取实践式、体验式、参与式等教学方式，与法治事件、现实案例、常见法律问题紧密结合，注重内容的鲜活，注重学生的参与、互动、思辨、创新形式，使学生初步了解个人成长和参与社会生活必备的基本法律常识，进一步强化守法意识、公民意识，初步建立宪法法律至上、民主法治等理念，初步具备运用法律知识辨别是非的能力，初步具备依法维护自身合法权益、参与社会生活的能力，切实提高法治教育的质量和实效。那么徐彤老师是如何在信息技术的支持下通过智慧课堂来上好这一堂课的呢？

（二）课前阶段教与学活动的设计与组织

1. 课前教与学活动设计方案

教师：在学习平台上发布自主学习任务单及学习资源，在学生完成自主学习任务之后，整理统计学生反馈的共同疑难问题，并将个别同学的疑难问题线上解决。

学生：仔细阅读自主学习任务单的学习指南部分，把握学习目标、重点，根据教学系统平台上提供的本节重难点知识的提示，依据学习方法的指导依次完成自主学习任务，结合观看教学微视频、教材学习、教学课件学习，初步掌握本节课的主要内容，完成导学案。将遇到的疑难问题于自主学习任务单中“困惑与建议”部分向教师反馈，为课中学习做好准备。

【困惑与建议】

学生：老师，法律规定了我们享有的各项权利和必须履行的各项义务，那如何区分权利和义务？

教师：权利通常是指宪法和法律规定的公民享有的权益，如学生受教育的权利、劳动者获得劳动报酬的权利；义务是指宪法和法律规定的公民必须履行的责任，如年满 18 周岁的公民依法服兵役，父母年纪大了必须赡养和扶助。

2. 自主学习任务单

<table>
<tr><td colspan="2">一、基础信息</td></tr>
<tr><td>课程名称</td><td>生活需要法律</td></tr>
<tr><td>教材情况</td><td>人教版《道德与法治》七年级下册</td></tr>
<tr><td>授课对象</td><td>七年级全体学生</td></tr>
<tr><td>开课学期</td><td>2020—2021 学年第二学期</td></tr>
<tr><td>课堂授课地点</td><td>七年级各班级教室</td></tr>
<tr><td>网络课程平台</td><td>畅言智慧课堂学习平台</td></tr>
<tr><td colspan="2">二、学习指南</td></tr>
<tr><td>学习内容</td><td>生活需要法律</td></tr>
<tr><td>课前学习
拟达成目标</td><td>情感态度与价值观：激发学生对法律知识学习的兴趣；学会尊重法律，遵守法律，初步树立法治意识和法律观念。
过程与方法：通过对生活与法律关系的学习，能够体会法律在社会生活中的作用；通过对法治的学习和思考，提高学生对问题的理解思维能力和归纳能力。
知识与能力：知道生活需要法律保障，人的一生与法律相伴；了解法律产生的过程；体会法律对生活的作用，认识生活与法律的关系；了解我国法治建设发展历程，懂得依法治国的重要意义。</td></tr>
<tr><td>本节知识重点</td><td>教学重点：掌握法治的含义和要求，知道我国全面推进依法治国的总目标及意义，树立守法、依法办事意识。
教学难点：通过了解生活与法律的关系树立法治意识。</td></tr>
<tr><td>学习方法建议</td><td>情境体验法、案例教学法、合作探究法、微视频教学法。</td></tr>
<tr><td colspan="2">三、课前任务</td></tr>
<tr><td>课前自主
学习任务</td><td>1. 根据本节学习目标、重难点知识提示、结合微课、教材，初步掌握本节内容，完成导学案。
2. 观看微课《小明的一天》，思考他的生活都涉及了哪些法律？
3. 我是普法宣讲员。查阅法律资料，结合自己的生活经历，为大家推荐一部法律，主要从以下方面推荐，如法律的主要内容是什么？如果没有了法律，我们的生活会变成什么样？（提示：从家庭、学校、社会生活等方面思考）</td></tr>
</table>

续表

课前学习 效果检测	利用学习平台上测试模块完成对知识学习效果检测。
四、困惑与建议	
课前学习后 存在的疑难与困惑	
对教师课堂授课 内容与形式的建议	
五、课堂活动预告	
课前疑惑 教师精讲	针对同学们课前学习过程中存在的疑惑和课前学习效果检测结果中错误较多的知识进行重点讲解。
课前学习 任务汇报与研讨	各学习小组对课前布置的学习任务进行集体讨论并交流汇报结果，教师对汇报结果进行点评。

3. 自主学习效果检测习题、答案及评分细则

略。

4. 课前教师任务与学生任务说明

课前阶段教师的主要任务是完成自主学习任务单的设计与开发，并依据自主学习任务进行教学资源的收集、设计、开发与整合，并将自主学习任务单与教学资源上传到学习平台。

学生根据自主学习任务单的指导和教师设定的学习任务，通过观看微课获取知识基础，并在教师提供的其他辅助学习资源支持下完成学习任务和习题检测。而后学生将自主学习过程中遇到的问题与疑惑反馈给教师，教师据此并结合课前习题检测了解学生课前学习状况，对学习者的问题进行精准分析，利用网络或在课堂教学过程中给予有针对性的问题解答和学习指导。

教师可据此开展智慧课堂教学活动的设计与组织，有针对性地给予学习者学习方法指导和适当的决策支持服务。

（三）课中阶段教与学活动的设计与组织

1. 课中教与学活动设计方案

通过创设学生参与法治讲堂的场景，观看法治视频，引导学生回顾与我们的生活密切相关的法律，情境导入课堂。

（1）疑难突破

学生以异质小组的形式划分为6个学习小组交流讨论，小组合作对课前自学的“自主学习”“合作交流”“训练巩固”部分内容进行交流，解决同伴间的疑难问题。参考老师平板推送的解析指导，自主核对自主学习导学案，组内成员互相展示自主学习导学案，相互讨论掌握了哪些知识，对哪些知识还有疑惑，共同解决课前自主学习中的疑难困惑并进行反馈，如对公民权利和义务的区分。

（2）展示交流

学生小组之间相互展示自主学习任务单的完成结果，并对任务单当中“我是普法宣传员”的任务进行讨论，共同解决课前自主学习中的疑难困惑并进行反馈，实在无法解决的可以寻求老师帮助，老师解答大家共同性的问题。由六个小组分别选出一名代表对这一问题进行展示交流，教师完善、总结学生的展示情况。

（3）练习巩固

针对学生在自主任务单的学习和课上学习情况推送课上练习，学生在平板上作答并上传到平台，教师可以看到学生完成情况。针对学生易错知识点“法律的产生”进行习题操练与教师针对性精讲，巩固疑难知识点。

（4）总结归纳

回顾本节所学关于法律的内容，小组合作完成本节课思维导图绘制，小组用平板屏幕共享的方式展示交流，教师总结发言。小组选出代表总结本节课所学知识，反思学习过程中出现的问题，教师补充完善，对进一步的学习提出建议。

2. 课中随堂巩固习题、答案及评分细则

学生在教师引导下，理解生活与法律的关系，并完成随堂练习题。课中习题用于检测学生经过小组讨论和组间展示交流之后的学习成果，看学生的知识掌握相较于课前学习是否有一定的提高。在习题中，对重难点知识进行进一步的考查，要求学生学会区分权利与义务，课中随堂练习的答题情况会上传至教师端平台，教师可以掌握学生的学习效果。

3. 课中教师任务与学生任务说明

（1）通过公益广告《以人为本　法治中国》猜谜语导入本节课的主题——法律，激发学生对生活需要法律的学习兴趣。

（2）小组合作对课前自学的“自主学习”“合作交流”“训练巩固”部分内容进行交流，解决同伴间的疑难问题，仍解决不了的问题，由小组代表进行展示，由解决了该问题的其他小组讲解，教师负责补充及精讲。

（3）教师根据自身的教学经验，确定生活与法律的关系、法治的重要性为本节课重点，由六个小组分别选出一名代表对自主学习任务单“我是普法宣讲员”问题进行展示交流，教师及时点评、引导学生理解生活与法律的关系，并认识到生活离不开法律。

（4）头脑风暴与案例分析，引导学生理解法律的产生，小组总结并展示对法律和法治的基本介绍，通过案例分析交流探讨法治的重要性。

（5）面对国旗集体承诺，践行并维护法律，初步树立法治意识。

（6）完成教师推送的当堂检测习题，巩固课堂教学所学知识，教师完成讲解。

（7）小组合作制作本课的思维导图，选出代表总结本节课所学知识，反思学习过程中出现的问题，教师补充完善，对进一步的学习提出建议。

（四）课后阶段教与学活动的设计与组织

1. 课后教与学活动设计方案

（1）小组针对在课堂初步完成的本节课思维导图以及教师点评和提出的改进意见，进一步完善思维导图，形成本节课知识点完整的逻辑框架。

（2）学生课下在平板学生端完成由教学平台推送的“课后检测卷”，完成后提交由平台评分并推送答案及其解析，学生查看得分及答案解析，记录学习心得或形成错题档案。

（3）学生对于本节课学习之后仍然存在的疑惑或同步测试卷中存在的疑难问题在平台讨论区和教师或者其他学生进行互动提问，教师随时登录平台解答疑惑，还可以在互动讨论区讨论交流如何在生活中维护法律。

2. 课后进阶提升习题、答案及评分细则

针对课上学习情况和本节课知识学习的重难点形成课后习题。课后习题依据题目难度水平分为基础题和拔高题，根据学生平板端显示的学生课前及课上学习成果，个性化、针对性地向学生推送不同难度的习题作为监测学生学习效果的依据。对于基础较差的学生，平台可以只向他们推送基础题，即“检测题 A 卷”；对于课上学习成果较好的同学可以直接向他们推送拔高题，即“检测题 B 卷”。

3. 教师与学生创制生成的教学资源

学生课上小组合作完成了本节课的思维导图，但课上完成的部分较为简单，还不能完整的体现本节课知识点和逻辑框架，经过教师讲解和提出改进意见，学生课下每个人基于小组思维导图的基础上绘制个人的思维导图，并上传于教学平台，大家相互之间可以分享交流，每个同学绘制的思维导图更能够体现学生个人的认知方式和对本节课知识点的理解。

（五）学生学习质量评价方案

本节课的过程性评价分为课前学习、课中学习和课后学习三个不同阶段，不同评价阶段评价主体存在差异。课前学习评价主要由教师完成，评价内容依据网络教学平台提供的学习数据，包括平台登录次数、在线时长、任务点完成情况、线上作业完成情况等，此部分赋分占总评成绩的 40%。课中学习评价由教师和学生共同完成，课中学习评价占总评成绩的 40%。评价依据主要是学生和各学习小组在自主学习任务汇报及课堂主题讨论活动中的综合表现。此部分评价中教师评分的赋分占总评成绩的 35%，学生组间评价的赋分占总评成绩的 15%。课后学习评价由教师和学生共同完成，占总评成绩的 20%。学生课后根据课堂教师答疑及组间交流的情况，将自主学习任务进一步完善整理后的发布于平台，利用平台的评价功能对各小组的学习任务完成情况进行评价。其中，教师评价和学生组间评价各占总评成绩的 10%。

案例九　历史学科案例“经济和社会生活的变化”

一、教师基本情况介绍

姓　　名	喻靖	执教年级	八年级
教材情况	人民教育出版社《中国历史》八年级上册		
职　　称	中学二级教师		
个人简介	重庆师范大学完成历史学本科学习并获学士学位。 青岛市历史研究性学习优秀指导教师奖；山东省首届优秀微课程评选二等奖；山东省中小学教育科研优秀成果二等奖。 勤学善思，勇于接受新事物，课堂活泼，条理清晰，善于引导学生从更宏观的角度感知历史，在教学中更偏重于历史核心素养的培养，致力于讲一节有温度的历史课，做一名有温度的历史教师。		
姓　　名	刘蓓	执教年级	八年级

续表

职　　称	中教二级		
个人简介	青岛大学完成历史学本科学习并获学士学位。 山东省首届优秀微课程评选一等奖。 课堂教学严谨，深入浅出，条理清晰，注重知识点之间知识体系的构建，注重历史核心素养的培养。对待学生公平公正，认真负责，善于站在学生的角度思考问题、理解问题，帮助学生处理课堂与生活中的问题。		
姓　　名	李正彝	执教年级	八年级
个人简介	曲阜师范大学完成历史学本科学习并获学士学位； 以“以德传道，以志授业，以善成仁”作为自己的教育格言，具有高度的责任心、严谨的工作作风和良好的学科素养。从教以来，孜孜不倦地追求教学艺术，在教学中不断探索灵活、高效的教学方法，联系生活，深入浅出，让学生自觉自发地去体会历史之美，深受学生喜爱。		
所在学校情况介绍	同第五章 案例一		

二、案例基本情况介绍

案例题目	经济和社会生活的变化
课　　型	新授课☑　习题讲评课□　专题复习课□
案例涉及的教学内容介绍	1. 初步认识近代中国民族工业的发展：中国近代民族主义从产生开始，经历了发展、短暂春天、受挫萎缩几个阶段，在曲折中前进。 2. 了解近代民族资本主义发展特征及形成原因：由于半殖民地半封建的社会性质，近代民族资本主义总体落后，资金少、规模小、技术差；主要集中在轻工业部门，重工业基础薄弱；地区分布不平衡，主要集中在上海、武汉等沿海沿江大城市。 3. 认识民族资本主义的阻力：封建主义、帝国主义和官僚资本主义三座大山。 4. 了解民国以来剪发辫、易服饰等社会习俗方面的变化：体现在衣、食、住、行等各方面。 5. 总结近代社会生活变化特征：新旧并呈、多元发展。 6. 史证意识培养：通过多层面解读文字、数据、图片等史料，运用阅读、分析、讨论来体现“论从史出”“史由证来”的史证意识。 7. 树立民族意识：中国近代民族资本主义的发展在三座大山的夹缝中顽强地挣扎；在半殖民地半封建社会的中国，实业救国道路行不通；民族独立是实现工业化的前提。国家要强盛，必须发展工业；坚定为中华民族复兴而奋斗的红色信念，学会共商、共享、开放、协调。

续表

案例的 自我评价	智慧课堂教学实施之后，老师依据学习平台对整个学习过程的记录，仔细分析对比了学生课前对自主学习任务的完成情况和课后小组最终提交的任务完成情况，认为学生在最后的课堂小结中，都体现出学生对近代社会的深入理解。 在教学过程中充分发挥智慧课堂高效反馈性和个性化学习的优势，通过对近代民族资本主义曲折发展历程的学习，学生了解张謇等人兴办实业的事迹，初步认识近代中国民族工业的曲折发展历程，认识到民族独立的重要性；在社会生活变化知识学习中，学生了解到了民国以来剪发辫、易服饰等社会习俗方面的变化，认识到民族资本主义经济的发展和西方思潮的不断传入在社会生活方面的影响。 可以认为，通过整个智慧课堂的学习，切实提高了学生的史学知识和社会责任感，培养了学生的民族意识与家国情怀。

三、案例正文

（一）案例背景介绍

“经济和社会生活的变化”是人教版《中国历史》八年级上册第 8 单元第 25 课，主要内容是民族资本主义的发展和社会生活的变化。本节课一方面起到了总结近代中国政治背景的作用，另一方面介绍了工业的发展改变了社会生活，为下一课教育文化事业发展的学习奠定基础。八年级学生经过了一年多的学习，具备了一定的历史知识和学习方法，有敢想、敢说、爱说的欲望和自信心，对中国的近代化进程有了基本的认识，但对中国近代化的开端、重要的近代企业等不太了解。良好的动机、浓厚的兴趣、适度的压力、不断的成功是学习动力的主要来源。因此，本课设计了大量学生感兴趣的活动，以培养学生自主学习、合作学习、探究学习的习惯。

（二）课前阶段教与学活动的设计与组织

1. 课前教与学活动设计方案

教师：在学习平台发布自主学习任务单及学习资源，在学生完成自主学习任务之后，整理统计学生反馈的共同疑难问题，并将个别同学的疑难问题线上解决。

学生：仔细阅读自主学习任务单的学习指南部分，把握学习目标、重点；依据学习方法的指导依次完成自主学习任务；结合教材、教学课件，初步掌握本节的主要内容，完成导学案；将自主学习中的困惑向教师反馈；阅读课堂活动预告，为课中学习做好准备。

【学生困惑】

（1）近代时局（侵略、探索）的变化与近代民族工业发展之间有什么关系？

教师指导：近代西方列强对我国的侵略一方面加深了中国的民族危机，推动先进的中国人不断寻找救亡图存之路，发展民族工业成为选择之一；另一方面加速了中国自然经济的解体，从而为中国民族工业的发展创造条件。此外，伴随着侵略的加剧，中国民族工业的生存、发展环境愈加恶劣。近代探索会鼓舞更多的中国人了解世界，推动中国局势的发展，从而推动近代民族工业的发展。

（2）近代民族工业的发展对中国历史发展有哪些方面的影响？

教师指导：可以从中国近代化探索的发展和中国民主革命转型两个角度分析其影响，如使民族资产阶级走上历史舞台，推动了近代化探索的发展，如戊戌变法、辛亥革命；使无产阶级不断发展壮大，最终在五四运动中登上了历史舞台，中国新民主主义革命由此开启。

2. 自主学习任务单

一、基础信息	
课程名称	经济和社会生活的变化
教材情况	人教版《中国历史》八年级上册
授课对象	八年级全体学生
开课学期	2020—2021 学年第一学期
课堂授课地点	八年级各班级教室
网络课程平台	畅言智慧课堂
二、学习指南	
学习内容	第 8 单元第 25 课“经济和社会生活的变化”
课前学习 拟达成目标	一、知识目标 1. 知道中国近代民族工业的代表人物及企业。 2. 了解中国近代民族工业发展的历程及结局。 3. 知道民国以来剪发辫、易服饰等社会习俗方面的变化。 二、能力目标 1. 通过讲述张謇创办实业的历程，引导学生探究中国近代民族工业曲折发展的原因，使学生掌握从特殊到一般的认识规律和思维方法。 2. 学生通过手绘中国近代社会生活变化的场景图了解辛亥革命前后习俗、礼节和称谓等变化，培养学生查阅资料、合作探究的能力。 3. 通过比较中国近代社会生活与现代社会生活，使学生学会用发展的观点和历史纵向比较的方法分析历史，培养学生的历史思维能力。 三、情感态度价值观目标 1. 通过中国近代民族工业的结局，明白在半殖民地半封建社会的中国实业救国道路行不通。 2. 通过中国近代民族工业发展的影响，明白国家要强盛，必须发展工业，坚定为实现中华民族伟大复兴而奋斗的红色信念。

续表

本课知识重难点	重点：民族资本主义的发展；民国以来剪发辫、易服饰等社会习俗方面的变化。 难点：民族资本主义的发展。
学习方法建议	自主学习、小组合作学习
三、课前任务	
课前自主学习任务	1. 结合教学微视频、教材自主学习，初步掌握本课的基础知识点并完成导学案。 2. 利用学习平台作业端发布自主学习练习，完成对本课基础知识自主学习效果的检测。 3. 通过搜集与分析时代背景资料，以小组为单位手绘中国近代社会生活变化的场景图并备好说明词以供课堂评比、展示（可以挑选衣食住行等任一方面，绘画手法不限）。
四、学习困惑	
课前学习后存在的疑难与困惑	
对教师课堂授课内容与形式的建议	
五、课堂活动预告	
课前学习任务研讨与汇报	各小组再次研讨课前自主学习任务并汇报交流，教师对汇报进行点评。
教师精讲	1. 引入材料分析民族资本主义的特点及形成原因，培养“论从史出”“史由证来”的史证意识。 2. 针对同学们课前学习过程中存在的疑惑进行重点讲解。

3. 自主学习效果检测习题及参考答案

单项选择题

1. 张謇说：“天之生人也，与草木无异。若遗留一二有用事业，与草木同生，即不与草木同腐朽。”他创办的“有用事业”是（　　）。

A. 安庆内军械所　　　　B. 汉阳铁厂

C. 轮船招商局　　　　D. 大生纱厂

2. 第一次世界大战期间，中国民族工业的发展进入了一个“黄金时代”，主要原因是（　　）。

A. 辛亥革命的推动　　　　B. 日本给北京政府贷款

C. 北洋军阀的分裂　　　　D. 列强暂时放松了对华的经济掠夺

3. 在张謇创办的大生纱厂的发展历程中，我们能认识到中国近代民族工业的（　　）。

A. 均衡发展　　B. 迅猛发展　　C. 曲折发展　　D. 持续发展

4. 剪辫子这一场景最早出现在（　　）。

A. 辛亥革命后　B. 新文化运动后　C. 五四运动后　D. 新中国成立后

5. 近代以来，随着社会变革的加快，社会习俗也朝着民主、自由的方向发展，下列符合这种趋势的习俗是（　　）。

A. 见面行跪拜礼　　　　B. 女子缠足

C. 见面称呼"老爷""大人"　　D. 学校开始招收较多女学生

参考答案：1. D　2. D　3. C　4. A　5. D

4. 课前教师任务与学生任务说明

课前阶段教师的主要任务是完成自主学习任务单的设计与开发，并依据自主学习任务进行教学资源的收集、设计、开发与整合，并将自主学习任务单与教学资源上传到学习平台。学生根据自主学习任务单的指导和教师设定的学习任务，通过观看微课获取第25课《近代经济与社会生活的变化》中相关的时间、人物、社会现象等基础知识，并完成对应的习题检测。而后学生将自主学习过程中遇到的问题与疑惑反馈给教师，教师据此结合课前习题检测了解学生课前学习状况，对学习者的问题进行精准分析，利用网络或在课堂教学过程中给予有针对性的问题解答和学习指导。教师可据此开展智慧课堂教学活动的设计与组织，有针对性地给予学习者学习方法指导和适当的决策支持服务。

通过智学网反馈的数据来看，其中第1、4、5小题答对率超过90%，学生对这几道习题所涉及的基础知识已经基本掌握。第2、3题的答对率仅有60%，这两道题目所涉及的知识是本节课的重难点，在课堂中教师将通过引导学生分析材料进行突破。

（三）课中阶段教与学活动的设计与组织

1. 课中教与学活动设计方案

请同学们先观看微视频《中国工业一分钟》，想一想百年之前中国的工业会是什么样子，情境导入课堂。

（1）疑难突破：①学生以小组为单位，组内研讨导学案基础知识部分，解决同伴之间在基础知识点上的疑难；②教师出示材料，引导学生分析、研讨三个探究问题以帮助学生消除困惑。

（2）展示交流：①学生以小组为单位展示导学案的完成结果，并对导学案中“近代民族资本主义发展历程折线图”相互交流，共同解决课前自主学习中的疑难困惑并进行反馈，实在无法解决的可以寻求老师帮助，老师解答大家共同性的问题，在学生展示交流的基础上教师进行完善、总结；②学生以小组为单位展示绘画作品并加以简要说明，教师予以及时点评、鼓励。

（3）练习巩固：在完成新课讲授后教师引导学生完成随堂练习题。在习题中，对重难点知识点进行进一步的考查，要求学生学会了解近代社会生活和社会习俗的变化，初步认识近代中国民族工业的曲折发展历程，分析近代社会生活和习俗变化的原因和特征。

（4）总结归纳：在教师引导下学生回顾本课所学关于近代经济和社会生活内容，学生抢答；指导学生完成本节课思维导图绘制，教师进行板书。

2. 课中随堂巩固习题及参考答案

单项选择题

1.“他一生孤独，最大的精神支撑是内心崇高的社会理想，是一个状元告别仕途后仍念念不忘的兴国之梦。”这是对清末状元张謇的评价，他的“兴国之梦”是（　　）。

A. 民主共和　　B. 民主科学　　C. 实业救国　　D. 变法图强

2. 第一次世界大战期间，张謇创办的南通大生纱厂等企业发展很快。仅大生纱厂一、二厂，到 1921 年就获利白银一千六百多万两，其中三分之二是在大战期间获得的。“大生纱厂等企业发展很快”的主要原因是（　　）。

A. 工业结构合理调整　　B. 管理水平显著提高

C. 资本投入迅猛增加　　D. 列强暂时放松侵华

3. 申报馆所编的《最近之五十年》中记载：“欧战既终，险象即生，九、十两年（民国九年、十年）实为中国工业恐慌时代。铁厂积货如山，无人过问，至于闭炉停机；纱厂结账大都无利……其他工业亦皆消沉。”材料最能说明（　　）。

A. 近代中国重工业发展缓慢　　B. 洋务企业纷纷走向破产

C. 国家独立是经济发展的前提　　D. 军阀割据阻碍社会进步

4. 社会变化反映在人们生活的各个方面，以下是上海白渡桥平均每天通行情况表（单位：次）。材料反映出（　　）。

时间	人力车	马车	轿子	自行车	汽车	有轨电车
1889 年	544	9	11	0	0	0
1926 年	14600	0	0	3459	3936	922

A. 等级观念的消失　　B. 娱乐方式的多样化

C. 民族工业的发展　　D. 交通工具的近代化

5.《申报》报道民国时期一场婚礼："梳一东洋头，披件西式衣……宣读婚约，互换约指，才一鞠躬，即携手而归，无傧相催请跪拜起立之烦。"这一现象出现的原因是（　　）。

A. 大众传媒的普及　　B. 实现了男女平等

C. 西方思想的影响　　D. 封建思想的根除

参考答案：1. C　2. D　3. C　4. D　5. C

3. 课中教师任务与学生任务说明

（1）学生观看微视频《中国工业一分钟》，教师适当地将现代与近代形成鲜明对比，以激发学生的学习兴趣，明确学习任务。

（2）学生通过同伴学习，培养合作意识，加深对知识的理解和运用，教师负责补充、指导；教师负责提供材料并引导学生分析，以培养学生提取信息和解读史料的能力，客观理性辩证分析问题的能力。

（3）学生负责展示、讲解，教师负责点评，通过展示交流培养学生的合作意识与语言表达能力。

（4）课中习题用于检测学生经过自主学习、小组讨论和展示交流之后的学习成果，了解学生的知识掌握是否相较于课前学习有了一定的提高。课中随堂练习的答题情况会上传至教师端平台，教师可以掌握学生的学习效果和作答情况灵活安排课堂活动，针对错误较多的题目合理安排学生小组讨论、抢答讲解或教师讲解等方式巩固重难点知识。本课的课中随堂练习利用畅言智慧课堂"互动"中的全班作答功能完成，学生的通过率均在 90% 以上。这说明课中教与学活动设计方案针对性较强，学习任务解决度较高。

（5）引导学生思考民族资本主义的发展与社会生活变化之间的内在联系，理解民族资本主义的发展决定社会生活的变化，同时社会生活变化推动民族资本主义发展。

（四）课后阶段教与学活动的设计与组织

1. 课后教与学活动设计方案

“家国情怀”作为历史学科五大核心素养的最终落脚点，是学习和探究历史应具有的社会责任与人文追求。中国的民族工业经历了百年风雨，在这百年中，是这些时代先驱在民族危亡之际勇敢地站出来，用自己的行动挽救国家危亡。为了更好地感受民族资本家的家国情怀，课后需要学生自行查阅资料，了解这一时期涌现出的民族资本家。

在课堂中，发现部分学生希望提高材料分析与归纳知识的能力，课后为了解决这一问题，同时为了帮助学生构建本节课的知识体系，教师准备了有针对性的材料分析题提供给学生，请学生根据自身学情分层选做进阶提升练习题。

2. 课后进阶提升练习题、答案及评分细则

材料分析题：

1. 阅读材料，完成相关要求。

材料一：他受命于钦差大臣，后赴广东虎门销烟。“苟利国家生死以，岂因祸福避趋之”是他爱国情怀的真实写照。

——摘自初中历史教学参考书

材料二：

甲：洋务运动倡导者的梦想，主要是为了使国家能够抵御外来侵略、镇压国内动荡并加强他们自己的权位，他们从未梦想要把中国锻造成一个近代化的新式国家。

——徐中约《中国近代史——中国的奋斗》

乙：甲午战争是一个命运转折点，随着军队的战败，中国腐朽之极的封建制度走到了它的尽头。随着人民的觉醒，中华民族救亡图存、变革求新的强烈意愿喷薄而出。

——《从甲午战争的废墟上崛起》（《人民日报》2014 年 4 月 13 日第 6 版）

材料三：世人皆言外洋以商务立国，此皮毛之论也，不知外洋富民强国之本实在于工……此则养民之大经。富国之妙术，不仅为御侮计，而御侮自在其中矣。

——张謇《代鄂督条陈立国自强疏》

①材料中的“他”是谁？

②仔细分析材料一并结合所学知识归纳，洋务运动的性质是什么？它为什么没有使中国走上富强的道路？

③根据材料二并结合所学知识指出，在中华民族“救亡图存、变革求新”的意识

喷薄而出后，中国进行了一次旨在谋求“制度变革”的尝试。这次尝试指的是哪一重大事件？该事件发生的政治背景是什么？

④材料三反映了张謇什么主张？他是如何践行这一主张的？

⑤综合分析以上内容，你认为历史上的有识之士落实“家国情怀”的方式是什么？

2. 阅读材料，回答问题。

材料一：某报以“新陈代谢”为题，刊词：“……天足兴，纤足灭；阳历兴，阴历灭；鞠躬礼兴，跪拜礼灭……”。

材料二：20 世纪 30 年代初，末代皇帝溥仪的“妃子”文绣不惧舆论压力，运用法律武器维护自己的权利，与溥仪离婚。

材料三：1912 年至 1919 年，中国民族工业新建厂矿 600 多家……这八年的投资超过了以往的 40 多年。……1911 年，全国民族资产阶级开办的纱厂有 20 家，纱锭约 50 万枚，资本 1700 万元；1919 年增至 35 家，纱锭 65 万多枚……在第一次世界大战期间，1914 年面粉出口不足 7 万担，1918 年，已超出 200 万担……改变了过去洋面充斥国内市场的状况。

①联系材料一、材料二，说说当时中国社会生活的哪些方面发生了改变？

②结合材料三，分析 1912—1919 年中国民族工业的发展呈现出什么特点？得到较快发展的主要原因是什么？

③材料一、材料二的变化与材料三的变化有何相同之处？

参考答案及评分细则：

1. ①林则徐。（1 分）

②性质：洋务运动是中国历史上第一次近代化运动。（1 分）

原因：洋务运动的根本目的是维护和巩固清政府的统治；内部腐败和外国势力的挤压。（2 分，第二条答出其中任意一点即可）

③戊戌变法（或百日维新）。（1 分）

背景：甲午战争战败，签订《马关条约》（或 19 世纪末民族危机加深）。（1 分）

④实业救国。（1 分）

发展工商业，创办了大生纱厂等一系列企业。（1 分）

⑤方式：走向一线，反抗侵略，爱国爱民；变革求新，巩固统治；自主创业，强大国家；等等。（2 分，能写出任意两点、意思相近即可）

2. ①废缠足；历法；礼节；婚姻。（4 分）

②特点：1912—1919 年中国民族工业发展迅速。（1 分）

主要原因：西方列强忙于战争，放松了对中国的经济侵略。（1 分）

③相同点：都受到辛亥革命影响，都是民国时期的新气象。（1 分）

3. 教师与学生创制生成的教学资源

略。

（五）学生学习质量评价方案

本课以学生学会收集并整理史料，提取有效信息，客观完整表述历史并深入探究历史作为评价目标，采取师评和他评相结合的方式对学生以小组为单位进行质量评价。由部分学生组成互评小组，根据各组课前、课中和课后的学习过程和学习成果以课前占比 30%、课中占比 30% 和课后占比 40% 的比例利用智慧课堂平台进行评分，评分结果汇总后教师在课堂表现和评委小组评价的基础上评出奖项。评分过程中注重考查学生的学习和探究能力，设置“高效学习组”和“优秀创作组”等奖项，对学生的能力给予充分的指导和肯定，并注意过程性评价和发展性评价相结合。

案例十　历史学科案例“宋元时期的都市和文化”

一、教师基本情况介绍

<table>
<tr><td>姓　名</td><td>张秋红</td><td>执教年级</td><td>七年级</td></tr>
<tr><td>教材情况</td><td colspan="3">人民教育出版社《中国历史》七年级下册</td></tr>
<tr><td>职　称</td><td colspan="3">中学二级教师</td></tr>
<tr><td>个人简介</td><td colspan="3">本科学历，参加工作十六年，是希沃智慧课堂一星名师。在东关回中这片教育沃土上，爱岗敬业，严谨治学，热爱学生，尊重家长，无私奉献，为人师表。
善于启发学生的想象，让学生展开想象的翅膀，穿越时光隧道，去体验古代的风云变幻、英雄人物的音容笑貌、历史潮流的滚滚浪涛。
“路漫漫其修远兮，吾将上下而求索”是我追求的境界，我坚信“痴心一片终不悔，只为桃花竞相开”。</td></tr>
</table>

续表

所在学校情况介绍	青州市东关回民初级中学是一所拥有百年历史的少数民族学校，先后多次获“青州市教育工作先进单位”“潍坊市民族团结教育示范校”等荣誉称号。2018年以来，学校开始信息化教学的探索，并有意识地进行数据积累和分析。2020年5~12月，学校为全校教师组织了智慧课堂与教学融合培训的系列课程，实现了从智慧课堂的初步简单操作到深度与教学融合。2020年入选“潍坊市国家级信息化教学实验区实验学校”，2021年入选“小平科技创新实验室”建设学校。学校紧跟时代对教育的发展要求，一直以“高效课堂”为导向，探究和实施高效的措施，极力推动课堂教育教学深度变革，从而促进学生全面、富有个性的核心素养的发展，实现课堂教育教学质量的全面提升。

二、案例基本情况介绍

案例题目	宋元时期的都市和文化
课　　型	新授课☑　习题讲评课☐　专题复习课☐
案例涉及的教学内容介绍	本课是人教版《中国历史》七年级下册第二单元第十二课，这一单元将要带学生进入辽宋夏金元时期，这一时期不仅有以两宋为代表的高度物质文明和精神文明的繁荣发展，而且兴起于周边地区的各少数民族亦处于富有创造性的发展状态，在中华文明整体进步的背景下呈现出明显的多元繁荣的历史局面。而在本课中，正是以宋元时期的这种高度的物质文明和精神文明繁荣发展为主要内容。 本课主要学习“繁华的都市生活”“宋词”“元曲”三部分内容。城市的繁荣、市民生活的丰富，推动了宋词、元曲的发展演变；而宋词、元曲的内容又反映着不同时代的社会生活和变迁，二者共同为宋元文化注入了世俗情趣和蓬勃向上的活力。同时，本单元前面学习的宋元时期的政治、经济的内容，为了解宋元时期都市生活和文化繁荣的原因做了知识积累。
案例的自我评价	智慧课堂下的教学实施之后，老师依据学习平台对整个学习过程的记录，仔细分析对比了学生课前对自主学习任务的完成情况和课后小组最终提交的任务完成情况，认为学生充分理解了宋元时期经济的发展、市民阶层的扩大、都市生活的繁华、文学艺术的发展。 在教学过程中充分发挥智慧课堂高效反馈性和个性化学习的优势，通过了解宋代社会生活，认识两宋时期是我国城市发展的重要时期并对我国都市文化的发展产生了重大影响。通过宋代社会生活的学习，认识到中华民族文化内涵的丰富多彩，从而激发学生热爱祖国的优秀文化，弘扬优秀的民族文化。感受文学作品体现的个人情感与经历，体会其中折射的社会风貌和时代特征。宋元时期的一些文化名人不仅给后代留下了传世之作，而且也给后代留下了值得学习的品德，如辛弃疾为国建功的抱负，关汉卿同情人民的疾苦等。 可以认为，经过整个智慧课堂的学习，基于“宋元时期的都市和文化”一节的课程内容，学生认识到市民文化娱乐活动丰富多彩与经济的繁荣和城市的发展密切相关，从而培养了学生运用历史唯物主义的观点综合分析历史问题的能力。

三、案例正文

（一）案例背景介绍

“宋元时期的都市和文化”是人教版《中国历史》七年级下册第二单元“辽宋夏金元时期：民族关系发展和社会变化”第十二课，这一单元将要带学生进入辽宋夏金元时期，这一时期不仅有以两宋为代表的高度物质文明和精神文明的繁荣发展，而且兴起于周边地区的各少数民族亦处于富有创造性的发展状态，在中华文明整体进步的背景下呈现出明显的多元繁荣的局面。而在本节课中，正是宋元时期的这种高度的物质文明和精神文明繁荣发展的主要内容，在两宋与周边各民族的战争与和平交往中，碰撞出的正是这种多元繁荣的局面。因此，学好本节课有利于学生对本单元内容的进一步理解，在尝试解释这其中关系的过程掌握学习历史。

七年级学生刚刚接触历史，知识面较窄，理解能力不强，如对“都市”“文化”没有概念，但他们对历史充满兴趣，本节课中的都市文化生活贴近现实生活，容易联系起来；结合青州的得天独厚的优势，本课涉及的“清明上河图”青州博物馆，“李清照祠”在范公亭，景点“青州宋城”是完全按照“清明上河图”的内容和建筑风格建造的，学生身临其境，更容易拉近学生与历史的距离，增强学生对家乡的认同。

但是，学生难以将这一单元所学知识进行联系、整合，这需要教师正确引导，启发学生积极思考。那么我们是如何在信息技术的支持下通过智慧课堂来上好这一堂课的呢?

（二）课前阶段教与学活动的设计与组织

1. 课前教与学活动设计方案

教师：在学习平台上发布自主学习任务单及学习资源，在学生完成自主学习任务之后，整理统计学生反馈的共同疑难问题，并将个别同学的疑难问题线上解决。

学生：仔细阅读自主学习任务单的学习指南部分，把握学习目标、重点，根据教学系统平台上提供的本节重难点知识的提示，依据学习方法的指导依次完成自主学习任务，结合观看教学微视频、教材学习、教学课件学习，初步掌握本节的主要内容，完成导学案。将遇到的疑难问题于自主学习任务单中“困惑与建议”部分向教师反馈。最后，阅读课堂活动预告，为课中学习做好准备。

2. 自主学习任务单

一、基础信息	
课程名称	宋元时期的都市和文化
教材情况	人民教育出版社《中国历史》七年级下册
授课对象	初一年级全体学生
开课学期	2020—2021 学年第二学期
课堂授课地点	初一各班级教室
网络课程平台	希沃平板同步课堂
二、学习指南	
学习内容	第二单元第 12 课“宋元时期的都市和文化”
课前学习拟达成目标	1. 知识与能力：通过本课的学习，知道宋元时期商业贸易的繁荣，了解宋元时期的都市生活和宋词元曲的流行；逐渐培养学生形成符合当时历史条件的一定的历史情景想象，逐步提高对历史的理解能力。 2. 过程与方法：通过情景模拟法，使学生感知历史，学会在当时的历史条件下理解历史上的人和事；通过分析材料与结合单元知识，探究文化繁荣与经济发展的关系；通过自主学习、播放视频，使学生进一步体会文学艺术的魅力。 3. 情感态度与价值观：通过历史与现实的对比，使学生认识到人类历史上物质文明、精神文明的重要性，认同中华民族的优秀文化传统，学习和汲取人类创造的优秀文明成果；学习宋词、元曲等文学艺术形式，感受中国古代文学艺术。
本课知识重点	繁华的都市生活、宋词、元曲
本课知识难点	理解文化繁荣与社会经济之间的关系。
学习方法建议	1. 情景模拟法：通过学生以导游身份进入都市文化的学习，使学生真切感知历史的魅力。 2. 问题导学法：通过自主阅读教材，完成知识结构的填空，从而明确教学目标，清楚教材结构，能够快速学习和熟悉教材。 3. 体验探究法：引导学生通过创设情境、角色体验等活动形式获取知识，以学生为主体，使学生的独立探索能力得到了充分的发挥，培养学生的自觉能力、思维能力、活动组织能力。 4. 集体讨论法：针对学生提出的问题，组织学生进行集体和分组语境讨论，促使学生在学习中解决问题，培养学生团结协作的精神。

续表

三、课前任务	
课前自主学习任务	1. 根据教学系统平台上提供的本节重难点知识的提示，结合观看教学微视频、教材学习、教学课件学习，初步掌握本节的主要内容，完成导学案。 2. 老师如果要穿越到宋代旅游，这一路的旅途规划不会做，同学们作为导游可以来帮帮忙吗？比如可以去哪个城市？玩什么？请大家把旅途规划写下来跟同学分享。 任务一：如果穿越到宋代，你想去哪些著名大都市旅游？ 任务二：你要去开封最繁华的地方，去哪里呢？简单介绍。 任务三：你想旅游又想购物，去什么场所呢？说明理由。 任务四：你购物结束想再看看表演，应该去哪里？ 任务五：想象一下你在瓦子可以进行哪些休闲活动？ 任务六：选择在哪些节日去都市逛庙会更热闹呢？ 任务七：逛累了，到茶馆喝杯茶休息一下，顺便看看演出，可以观看什么艺术表演形式呢？ 任务八：到了一个勾栏，正在表演说书《司马光砸缸》。司马光是谁？他编写了哪一本著名的史书？
课前学习效果检测	利用易课堂“答题”里的“单选题”功能推送四道选择题，产生预习数据，完成对本节知识内容预习效果的检测。易课堂教师端授课，全员互动，实时获取答题数据，希沃学生终端答题互动，提高学习效率。
四、困惑与建议	
课前学习后存在的疑难与困惑	
对教师课堂授课内容与形式的建议	
五、课堂活动预告	
教师精讲	针对同学们课前学习过程中存在的疑惑进行重点讲解，并通过易课堂平台上课前学习效果检测结果，对存在较多问题的知识点进行讲解。
课前学习任务汇报与研讨	各小组对于课前自主学习任务汇报交流，教师对汇报进行点评。

3. 自主学习效果检测习题

1. 宋朝时期，随着城市的繁荣，市民阶层不断壮大，市民文化生活也丰富起来。东京城内出现了许多娱乐兼营商业的场所，称为（　　）。

A. 集市　　B. 瓦子　　C. 勾栏　　D. 邸店

2. 两宋之交最著名的女词人是（　　）。

A. 陶渊明　　B. 王昭君　　C. 李清照　　D. 辛弃疾

3. 关汉卿的代表作是（　　）。

A.《声声慢》　B.《资治通鉴》

C.《念奴娇》　D.《窦娥冤》

4.《资治通鉴》的作者是（　　）。

A. 司马光　B. 司马迁　C. 李清照　D. 辛弃疾

4. 课前教师任务与学生任务说明

课前阶段教师的主要任务是完成自主学习任务单的设计与开发，并依据自主学习任务进行教学资源的收集、设计、开发与整合，并将自主学习任务单与教学资源上传到学习平台。学生根据自主学习任务单的指导和教师设定的学习任务，通过观看微课获取知识基础，并在教师提供的其他辅助学习资源支持下完成学习任务和习题检测。而后学生将自主学习过程中遇到的问题与疑惑反馈给教师，教师据此并结合课前习题检测了解学生课前学习状况，对学习者的问题进行精准分析，利用网络或在课堂教学过程中给予有针对性的问题解答和学习指导。教师可据此开展智慧课堂教学活动的设计与组织，有针对性地给予学习者学习方法指导和适当的决策支持服务。

（三）课中阶段教与学活动的设计与组织

1. 课中教与学活动设计方案

全程采用导游模式开始一天一夜的旅程，通过导游模式，创设情景，学生更加有兴趣有感觉，有利于培养学生形成一定的历史情景想象，同时又使学生清楚了解当时的市民生活。

（1）疑难突破

结合本课“游宋元都市”的六站——“著名大都市”“大相国寺”“瓦子勾栏”“节日习俗”“宋词元曲”“史学巨著”，学生以异质小组的形式划分为 6 个学习小组展开交流讨论，小组合作对课前自学的“自主学习”内容进行交流，解决同伴间的疑难问题。参考老师平板推送的大量资料、导游词及解析指导，自主核对自主学习导学案，组内成员互相展示自主学习导学案，相互讨论掌握了哪些知识、对哪些知识还有疑惑，共同解决课前自主学习中的疑难困惑并进行反馈。

（2）展示交流

学生小组之间相互展示自主学习任务单的完成结果，并对任务单当中“旅游规划”相互交流解决方案，共同解决课前自主学习中的疑难困惑并进行反馈，实在无法解决的可以寻求老师帮助，老师解答大家共同性的问题。由 6 个小组分别选出一名代表对旅游规划进行展示交流，教师完善、总结学生的展示情况。

（3）练习巩固

针对学生对在自主任务单的学习和课上学习情况推送课上练习，学生在平板上作答并上传到平台，教师可以看到学生完成情况。针对“宋朝文化生活繁荣与社会经济发展的关系”进行习题操练与教师针对性精讲，巩固疑难知识点。

（4）总结归纳

提起宋朝，我们首先想起的是朝廷的无能，一退再退，丢失大好河山。无论是辛弃疾还是陆游，他们都是怀才不遇、壮志难酬，希望收复大好河山。但是，经过这一节课的学习，我们知道宋朝其实是一个富庶的朝代，说宋朝“积贫”其实指的是朝廷“贫”，因为宋朝是一个藏富于民的朝代；宋朝也是一个文明的朝代，宋词的魅力至今仍影响着我们，仍需要我们去探寻。陈寅恪先生说：“华夏民族之文化，历数千载之演进，造极于赵宋之世。”那么，在你们眼里，宋朝是一个什么样的朝代呢？

回顾本节课所学关于宋元时期的都市和文化内容，小组合作以“你眼中的宋朝”为题完成本节课思维导图绘制，小组用平板屏幕共享的方式展示交流，教师总结发言。小组选出代表总结本节课所学知识，反思学习过程中出现的问题，教师补充完善，对进一步的学习提出建议。

利用希沃易课堂的“拍照上传”功能，把学生们贯穿一整节课的思维导图拍照上传，学生们的作品异彩纷呈，非常精彩。然后启用“互评”功能，大家给同学们的作品打分，取长补短，共同进步。

【升华】我们穿越时空隧道，感受了宋元时期丰富多彩的社会生活，领略了宋元文化的风采，也感受了前人勤奋学习、持之以恒的人格魅力，深刻理解了成功的艰辛。古人已经为我们做出了表率，看今朝展未来，相信同学们定会奋发努力，再创辉煌，实现中华民族的伟大复兴！

2. 课中随堂巩固习题

学生在教师引导下完成随堂练习题。课中习题用于检测学生经过小组讨论和组间展示交流的学习成果，看学生的知识掌握相较于课前学习是否有了一定的提高。在习题中，对重难点知识点进行进一步的考查，要求学生了解宋朝大都市的繁华和市民生活的丰富多彩，了解宋朝传统节日习俗的特点，体会宋词、元曲的风格特色。课中随堂练习的答题情况会上传至教师端平台，教师可以掌握学生的学习效果。

1. 宋代城市中固定的娱乐场所叫作（　　）。

A. 城　　　B. 市　　　C. 坊　　　D. 瓦舍

2. 宋代市民阶层的兴起，带来了市民文化生活的繁荣。以下体育活动中，宋代市民不能参与的是（　　）。

A. 相扑　　B. 蹴鞠　　C. 跆拳道　　D. 水上运动

3. 宋元时期，城市文化生活丰富多彩，其根本原因是（　　）。

A. 政权并立，民族融合

B. 统治者纵情享乐的影响

C. 城市经济繁荣，市民阶层扩大

D. 宋词元曲等文学形式广泛流行

4. "爆竹声中一岁除，春风送暖入屠苏。千门万户曈曈日，总把新桃换旧符。"这首诗描写的传统节日是（　　）。

A. 元宵节　　B. 端午节　　C. 中秋节　　D. 春节

5. 人们常用"比黄连还苦，比窦娥还冤"这句话形容一个人含冤命苦。"窦娥"这个艺术形象的塑造者是（　　）。

A. 苏轼　　B. 关汉卿　　C. 汤显祖　　D. 辛弃疾

3. 课中教师任务与学生任务说明

（1）通过一天一夜的导游模式，创设情景，导入新课，学生更加有兴趣、有感觉，有利于培养学生形成一定的历史情景想象，同时又使学生清楚了解当时的市民生活。

（2）小组合作对课前自学的"自主学习""合作交流""训练巩固"部分内容进行交流，解决同伴间的疑难问题，仍解决不了的问题，由小组代表进行展示，由解决了该问题的其他小组讲解，教师负责补充及精讲。

（3）观看《清明上河图》视频，小组总结并展示，完成对市民都市生活的基本介绍。

（4）教师根据自身的教学经验，确定"宋朝文化生活繁荣与社会经济发展的关系"为本节课重点的疑难问题，由六个小组分别选出一名代表进行展示交流，教师完善、总结学生的展示情况。

阅读下列材料，回答以下问题：

材料一：茶坊每五更点灯，博易买卖衣物、图画、花环、领抹之类，至晓即散，谓之……大抵诸酒肆瓦市，不以风雨寒暑，白昼通夜……

——孟元老《东京梦华录》

材料二：宋朝是中国社会市民阶级正式产生的年代……他们经济富足，又有自己独立的价值追求，市民的富裕闲暇生活及审美趣味和生活情趣促成了宋朝文化的高度繁荣，戏曲、杂技、音乐、诗歌、小说等都在宋朝高度繁荣。

——詹子庆《中国古代史参考资料》

宋代市民的都市生活和文化生活丰富多彩，这与经济的繁荣和城市的发展有何关系？

教师讲解：结合“你眼中的宋朝”思维导图，我们用一个形象的比喻，把宋朝比作一棵大树，树上枝繁叶茂、硕果累累的原因是什么？当然是树根源源不断提供的营养，即宋朝文化生活繁荣的原因是社会经济的发展。

（5）观看《清明上河图》视频，小组总结并展示，完成对市民都市生活的基本介绍。

（6）完成教师推送的当堂检测习题，巩固课堂教学所学知识，教师完成讲解。

（7）小组合作制作“你眼中的宋朝”的思维导图，选出代表总结本节课所学知识，反思学习过程中出现的问题，教师补充完善，对进一步的学习提出建议。

（四）课后阶段教与学活动的设计与组织

1. 课后教与学活动设计方案

（1）小组针对在课堂初步完成的“你眼中的宋朝”思维导图以及教师点评和提出的改进意见，进一步完善思维导图，形成本节课知识点完整的逻辑框架。

（2）学生课下在平板学生端完成由教学平台推送的“课后同步测试题”，完成后提交由平台评分并推送答案及其解析，学生查看得分及答案解析记录学习心得或形成错题档案。

（3）学生对于本节课学习之后仍然存在的疑惑或同步测试卷中存在的疑难问题在平台讨论区和教师或其他学生进行互动提问，教师随时登录平台解答疑惑，还可以在互动讨论区讨论交流。

2. 课后阶段提升习题

针对课上学习情况和本节课知识学习的重难点形成课后习题。

1. 宋朝时期，随着城市的繁荣，市民阶层不断壮大，市民文化生活也丰富起来。东京城内出现了许多娱乐兼营商业的场所，称为（　　）。

A. 集市　　B. 瓦子　　C. 勾栏　　D. 邸店

2. 下列反映宋朝电视剧中出现以下场景，你认为不符合史实的是（　　）。

A. 夜市有小吃　　B. “瓦肆”上演《红楼梦》

C. 百姓中秋赏月　　D. 朋友一起饮茶喝酒

3. 宋代市民阶层的兴起，带来了市民文化生活的繁荣。以下体育活动中，宋代市民不能参与的是（　　）。

A. 相扑　B. 蹴鞠　C. 跆拳道　D. 水上运动

4. 下列有关宋词的叙述，不正确的一项是（　　）。

A. 是宋朝文学的主要成就　　B. 是一种新体诗歌，汉朝时已经出现

C. 句子有长有短，便于歌唱　　D. 经过五代到两宋，获得极大发展

5. “爆竹声中一岁除，春风送暖入屠苏。千门万户曈曈日，总把新桃换旧符。”这首诗描绘了我国下列哪个朝代的节日欢乐气氛？这个朝代的文学主流是？（　　）

A. 唐朝；诗　　B. 宋朝；词

C. 元朝；曲　　D. 明朝；小说

6. 读一读，回答问题：

爆竹声中一岁除，春风送暖入屠苏。千门万户曈曈日，总把新桃换旧符。

——王安石

东风夜放花千树，更吹落，星如雨。宝马雕车香满路。

——辛弃疾

清明时节雨纷纷，路上行人欲断魂。借问酒家何处有，牧童遥指杏花村。

——杜牧

人有悲欢离合，月有阴晴圆缺，此事古难全。但愿人长久，千里共婵娟。

——苏轼

请回答：

（1）上述诗词分别与中国哪些传统节日有关？

（2）宋代民间传统节日很多，节日习俗和庆祝方式也丰富多彩，有许多还保留至今。你能描写一个有关节日习俗或庆祝方式的场面吗？

（3）你认为“过节”有什么意义？

3. 教师与学生创制生成的教学资源

学生课上小组合作完成了“你眼中的宋朝”的思维导图，但课上完成的部分较为简单，还不能完整的体现本节课知识点和逻辑框架，经过教师讲解和提出改进意见，学生课下基于小组思维导图的基础上绘制“你眼中的宋朝”思维导图，并上传于教学平台，大家相互之间可以分享交流，每个同学绘制的思维导图更能够体现学生个人的认知方式和对本节课知识点的理解。

（五）学生学习质量评价方案

本节课的过程性评价分为课前学习、课中学习和课后学习三个不同阶段，而且不同评价阶段评价主体存在差异。课前学习评价主要由教师完成，评价内容依据网络教学平台提供的学习数据，包括平台登录次数、在线时长、任务点完成情况、线上作业完成情况等，此部分赋分占总评成绩的 40%。课中学习评价由教师和学生共同完成，课中学习评价占总评成绩的 40%。评价依据主要是学生和各学习小组在自主学习任务汇报及课堂主题讨论活动中的综合表现。此部分评价中教师评分的赋分占总评成绩的 35%，学生组间评价的赋分占总评成绩的 15%。课后学习评价由教师和学生共同完成，占总评成绩的 20%。学生课后根据课堂教师答疑及组间交流的情况，将自主学习任务进一步完善整理后发布于平台，利用平台的评价功能对各小组的学习任务完成情况进行评价。其中，教师评价和学生组间评价各占总评成绩的 10%。

案例十一　历史学科案例“香港和澳门回归祖国”

一、教师基本情况介绍

姓　　名	李新春	执教年级	八年级
教材情况	人民教育出版社《中国历史》八年级下册		
职　　称	中学一级教师		
个人简介	2003 年毕业于菏泽学院，中共党员。自参加工作以来，一直从事初中历史教学工作，荣获县优质课一等奖、优秀班主任、教学工作先进个人、德育工作先进个人、教科研先进个人、市级优质课二等奖、市级教学能手等多项荣誉称号。 2017 年至今，一直任教“智慧课堂”平板教学班，善于结合历史学科特点，将信息技术有效融合到教学中。曾多次执教智慧课堂研讨课，一直致力于创新智慧课堂模式的探索与实践，逐步形成了立足单元整体教学，落实立德树人根本任务，聚焦历史学科核心素养的不同课型的学时 A、B 课模式。 2019 年应邀去山西阳泉参加学术团体举办的“信息技术与学科深度融合创新课堂模式”研讨会，并执教 A、B 课示范课，受到与会专家、学者的肯定与好评。我坚信，只有现代化的信息技术与历史学科教学深度融合，才能创新智慧教育课堂模式，才能适应未来教育对人才培养的需求。		
所在学校情况介绍	同第五章 案例三		

二、案例基本情况介绍

案例题目	香港和澳门回归祖国
课　　型	新授课☑　习题讲评课□　专题复习课□
案例涉及的教学内容介绍	一、“一国两制”的构想 “一国两制”提出的背景、含义、地位。 二、香港和澳门回归祖国 1. 香港、澳门回归祖国的历程、意义。 2. 区分香港、澳门特别行政区的区旗、区徽；香港、澳门特别行政区区旗、区徽的寓意。
案例的自我评价	智慧课堂下的历史课堂教学，通过以学习理论为指导，促进学生核心素养发展为宗旨，运用智能信息技术打造智能、高效的课堂。在历史教学中，史料教学是历史教学的突出特点及重要教学环节，决定了历史课堂教学效率的高低。基于此，李新春老师不断探索和创新智慧环境下的历史教学模式。 在教学过程中充分发挥智慧课堂高效反馈性和个性化学习的优势，通过对香港和澳门回归祖国的学习，知道香港澳门问题的由来、“一国两制”构想的背景及过程、香港和澳门回归祖国的时间及其回归对中国、对世界的意义。 可以认为经过整个智慧课堂的学习，基于“香港和澳门回归祖国”一节的课程内容，切实提高了学生的知识水平。通过观看微课及自学，感受香港、澳门与大陆血脉相连的深情，进一步深化祖国统一不可分割的信念。

三、案例正文

（一）案例背景介绍

人教版《中国历史》八年级下册是中国历史近代内容中的“民族团结与祖国统一”部分，体现了港澳问题、台湾问题的解决与预想。这一单元反映了我国各民族大杂居、小聚居的分布格局，决定了民族平等、民族团结、民族区域自治制度政策。民族区域自治制度的实行，既保障了少数民族当家做主的自治权利，又维护了国家的统一，有利于把国家的方针、政策同少数民族的具体实际结合起来，有利于把国家的发展同少数民族的发展结合起来，发挥各方面的优势。

改革开放后，邓小平从维护祖国和中华民族根本利益出发，创造性地提出“一国两制”的伟大构想。香港、澳门回归祖国，中华民族洗雪了百年国耻，标志着我国在完成祖国统一大业的道路上迈出了重要的一步。

（二）课前阶段教与学活动的设计与组织

1. A 课教与学活动设计方案

在基于智能技术的工具操作方面，教师应该转变传统思维，学会与智能技术有效协同。智能教育不是简单的在教育系统中应用新的技术，而应是发生在深层次的、结构性的变化。

教师：首先在学习平台上发布自主学习任务单及学习资源，在学生完成自主学习任务之后整理统计学生反馈的疑难问题，并将个别同学的疑难问题线上解决。

学生：仔细阅读自主学习任务单，把握学习目标、重点，根据教学平台上提供的本节重难点知识的提示及学习方法的指导完成自主学习任务，通过观看微课、教材、任务单初步掌握本节的主要内容，完成习学试卷。将遇到的疑难问题于习学平台中“困惑与建议”部分向教师反馈。

李新春老师利用明天智慧习学平台，大大增加了学生主动学习的积极性，优化了学习效果，提高了学习效率，激发学生积极主动地进行自主学习。在这里，我就以我们山东省聊城市莘县明天中学初中部针对历史这一科目利用爱学本这一工具实际操作运用来浅谈一下。针对教学具体实际操作设计习学材料。例如，我们历史学科在利用这一工具中主要分为三大部分：任务单、习学试卷及微课。

第一部分主要是任务习学材料的设计。

任务要求包括学习目标、任务单和达标检测三方面，学习目标指明学习方向，任务单指导具体的学习方法和学习内容，达标检测巩固基础。

（1）设计微课

①在内容上，A 课的微课侧重知识重难点部分，特别是难点部分；B 课的微课侧重易错题的分析及解决方法指导。

②在形式上，图文并茂，一边讲授，一边书写，更有利于学生学习。

③在时间上，一般控制在 3—5 分钟，在保证讲解明了的前提下，时间越短越好，学生通过阅读教材能够学会的，不再制作微课，因为微课的作用是助学，要留足时间让学生进行练习巩固。

④在其他资源的设计上：推送其他资源的学习材料，要求精短，如知识和方法的小总结，背景材料等，不宜推送长篇的整个课件，可以精选课件中的一些内容（可剪切成图片），在阅读课本、根据学习任务单解决问题的基础上，让其他资源起到补充、概括、建构知识体系的作用。

制作学习任务单是上好我们明天中学“1234 动课堂”模式的前提。一份有效的学习任务单制作应注意哪些方面呢？

首先要注意方法指导。如“参考课本 ×× 页 ×× 段，思考并解决……”，“讨论……”，“展示……小组成员……，小组长负责……”，“在 ×× 时间内完成……”等。指导学生标注、笔记、讨论、展示等活动，让学生知道学什么、怎么学、学到什么程度。

其次是任务问题的设计。注意设计要“小切口”，分层次，由浅入深，由表入里，有一定的思考性，有总结的价值。注意结合教材，分块设计任务，解决问题。课本上一个大问题可以设计成一个任务，这样学生学起来知识成体系，而不感觉零碎，更有利于掌握知识，而且要额外注意易错字的提醒。

最后是观看微课任务的设计。根据需要，安排合适的环节观看微课和其他资源，并向学生明确观看微课的目的，同时指导学生做好笔记。

第二部分是习学试卷的设计。

①Ⅰ卷和Ⅱ卷要分开设计，这样可以及时一键批改选择题，也可以自批、互批等。

②虽然纸质的试卷更有利于学生分析问题、理清思路和归纳总结，但是习学试卷可以结合“互动”“教与学”“智学网”等教辅资料中的试题，精选、细选后剪切上传至习学试卷中供学生利用。习学试卷功能大大拓展了试题的宽度、深度，提升了试题的高度。

③习学试卷的另一功能是让学生把做过的错题重组，再错再练，一直练到不出错为止，还可以练习错题的相似题目，加以延伸拓展和巩固。

④设计适量的“培优卷”，推送给学有余力的学生，设计适量的“提高卷”，推送给成绩稍弱的学生，更有利于分层教学，因材施教。

制作习学试卷任务的设计应注意：根据需要安排合适的环节做习学试卷（互动等），进行练习巩固。

总之，一份有效的学习任务单统领了教材、微课、其他资源和习学试卷，起到助学导学的作用，让学生能够高效地进行自主学习和合作交流，最大限度地自主获取知识。

【困惑与建议】

学生：香港、澳门回归问题是怎样解决的？

教师：改革开放以来，邓小平从维护祖国和中华民族根本利益出发，创造性地提出了“一国两制”的伟大构想。

2. 自主学习任务单

课程名称	香港和澳门回归祖国
教材情况	人教版《中国历史》八年级下册
授课对象	初二一班全体学生
开课学期	2020—2021 学年第二学期
课堂授课地点	初二一班教室
网络课程平台	明天智慧教育平台

香港和澳门回归祖国 A 课

一、学习指南

（一）课题名称：香港和澳门回归祖国

（二）达成目标（2 分钟）

1. 叙述香港和澳门问题的由来。

2. 阐释“一国两制”提出的背景、含义及深远影响。

3. 通过观看香港、澳门回归的过程感悟祖国统一大业的意义。

（三）学习方法建议：结合微课及任务问题进行自主学习

学习目标：

1. 根据课程标准，结合本节内容制定学习目标。

2. 以学生为目标主体，语言简练，一般不超过三条。

二、学习任务单

任务一：结合课本第 65 页及相关史事探究“一国两制”提出的背景、含义、地位。（5 分钟）

任务二：结合课本第 66—68 页及课本中的图片探究香港、澳门回归祖国的历程、意义。（5 分钟）

任务三：结合课本思考并解决以下问题：区分香港、澳门特别行政区区旗、区徽；香港、澳门特别行政区区旗、区徽的寓意。（5 分钟）

要求：1. 先独立思考然后小组交流；

2. 小组交流时先结对子交流，再进行小组交流。

任务四：达标测试（限时 12 分钟，独立完成习学试卷 A 课基础卷，学有余力的同学做 A 课提高卷。）

A 课　习学试卷——基础卷

1. 1997 年 7 月 1 日，中国各地一片欢腾，喜庆气息洋溢神州大地，这是全国人民在庆祝（　　）。

A. 中国对香港恢复行使主权　　B. 中国成功加入世贸组织

C. 中国成功申办 2000 年奥运会　　D. 中国对澳门恢复行使主权

2. 香港、澳门回归祖国后，分别设立特别行政区，其中“特别”的意思是（　　）。

A. 特别行政区与中央政府互不管辖

B. 香港、澳门分别与英国、葡萄牙继续保持政治、经济联系

C. 香港、澳门人的国籍不变

D. 在社会主义社会制度不变的前提下，享有高度的自治权利

3. “就在 21 世纪的钟声即将敲响之前，从神州大地上消除了最后一块帝国主义侵略造成的殖民地的残痕，完整而彻底地完成了民族独立的历史使命。”这段材料描述的历史事件是（　　）。

A. 抗日战争的胜利　　B. 恢复对香港行使主权

C. 恢复对澳门行使主权　　D. 两岸关系的发展

4. 从 1999 年到 2020 年，澳门本地生产总值由 502.7 亿澳门元增长至 4134.7 亿澳门元，翻了好几番；人均 GDP 由 1.5 万美元增至 8.7 万美元，增长 4.8 倍，在经济体排名中位列亚洲第一、世界第四。以上材料说明“一国两制”政策（　　）。

A. 有利于澳门的繁荣稳定　　B. 问题的核心是中国的统一

C. 符合港澳全体人民的共同愿望　　D. 是国家的一项基本国策和制度

5. 1984 年 12 月，中英双方通过长达两年多的外交谈判，签署了《中英联合声明》，中国政府成功地解决了香港问题。促成和谈成功的最主要原因是（　　）。

A. 中国综合国力的提升　　B. 中英双方的共同努力

C. 《南京条约》已废止　　D. 中国胜利重返联合国

6. 习近平主席在庆祝澳门回归祖国 20 周年活动时指出，回归祖国以来的 20 年，是澳门历史上经济发展最快、民生改善最大的时期。澳门取得的历史性成就得益于（　　）。

①“一国两制”构想的成功实践

②中央政府和内地的大力支持

③民族区域自治制度的实行

④澳门社会各界的团结奋斗

A. ①②③　　B. ①②④　　C. ①③④　　D. ②③④

7. 香港、澳门顺利回归祖国说明了（　　）。

①中国人民洗雪了百年国耻

②我国在完成祖国统一大业的道路上迈出了重要一步

③西方殖民势力在中国完全消失

④祖国统一大业取得了完全的胜利

A. ①③④　　B. ①②④　　C. ②③④　　D. ①②③

8. 下列属于“一国两制”历史意义的是（　　）。

A. 为了解决历史遗留的香港问题、澳门问题和台湾问题，实现祖国统一

B. 实现祖国统一是包括港澳台同胞、海外侨胞和大陆全体同胞在内的整个中华民族的强烈愿望

C. 邓小平提出完成祖国统一大业的伟大构想

D. 是新时期推进祖国统一大业的基本方针，在这个方针指引下，香港和澳门顺利回归是我国在祖国统一大业的道路上迈出的重要一步

9. “一国两制”的伟大构想，作为中国特色社会主义理论体系的重要组成部分，闪耀着辩证唯物主义和历史唯物主义的光芒，它的根本出发点是（　　）。

A. 维护香港的稳定和团结

B. 维护中国的国际地位

C. 促进国家经济的发展

D. 维护中国和中华民族的根本利益

10. 1999 年 12 月 20 日中国对澳门恢复行使主权，设立直辖于中央人民政府的澳门特别行政区。下列关于“澳门特别行政区”的理解正确的是（　　）。

A. 政治上不受中央政府管辖

B. 与葡萄牙仍有紧密的政治联系

C. 成为经济特区，原有经济地位不变

D. 享有高度自治权，原有社会制度不变

四、困惑与建议

将学习中遇到的问题上传至平台。

香港和澳门回归祖国 B课

一、学习指南

（一）课题名称：香港和澳门回归祖国

（二）达成目标（2分钟）

1. 复习巩固A课的知识点及解决A课存在的问题。

2. 讲述香港和澳门问题的由来。

3. 阐释“一国两制”提出的背景、含义及深远影响。

4. 通过香港、澳门回归的过程感悟祖国统一大业的意义。

（三）学习方法建议：通过小组合作形式解决疑难问题。

学习目标：立足于A课中存在的问题制定B课的学习目标。

1. 会纠错、释疑，学会分析问题的方法。

2. 会灵活运用基础知识分析、解答实际问题。

学习任务单：

任务一：认知学习目标　　　　1分钟

任务二：A课问题反馈展示　　2分钟

任务三：问题再现　　　　　　15分钟

先结对子（同桌）交流，然后组内交流。

任务四：展示表达（个体展示），教师点评拓展

出错同学展示，展示思路：错解、错因，正解、正因。

任务五：典例分析（小组展示 / 个体展示）

精选典型例题，多为八县市期中、期末或中考题（毕业班）。

优先小组展示，组长做好分工，组织有序，最后总结解题思路，做题方法（也可以根据典例实际问题，用个体展示）。

方法指导

总结做此类题目的解题思路、方法及应注意的问题。

任务六：深化练习 / 达标测评　10—15分钟

任务七：合作交流　　　　　　3—5分钟

先结对子交流后组内交流，根据反馈决定是否组间交流或讲评。

任务八：课堂小结　　　　　　　2 分钟

二、学习任务

【任务一】知识梳理（2 分钟）

根据 A 课的课堂反馈进行提问检测，完成知识梳理。

【任务二】错题重现，解惑答疑（6 分钟）

通过明天智慧平台，香港和澳门回归祖国 A 课的错题或疑惑，针对错题先独立结合相应的知识重点分析自己的错因并进行错题再练或答疑，仍有疑问的可小组内解决，再解决不了的师生共同分析解疑释惑。

【任务三】典例分析

1. 阅读下列材料：

材料一：1984 年，邓小平对英国外交大臣说："中国面临的实际问题就是用什么方式才能解决香港问题，用什么方式才能解决台湾问题。只能有两种方式，一种是和平方式，一种是非和平方式。"

材料二：1984 年，邓小平提出："我国政府在一九九七年恢复行使对香港的主权后，香港现行的社会、经济制度不变……北京除了派军队以外，不向香港特区政府派出干部。"

材料三：见下图

请回答：

（1）根据材料一并结合所学回答，为和平解决香港、澳门和台湾问题，邓小平创造性地提出了哪一伟大构想？

（2）依据材料二和所学知识回答，邓小平提出的这一伟大构想的具体内容是什么？这一伟大构想有什么重大历史意义？

（3）材料三的两幅图片分别展示的是哪两个地区回归祖国时政权交接的场景？这两个地区成功回归祖国，用实践证明了邓小平提出的伟大构想的正确性，同时也为我国解决哪一地区问题创造了条件？

（4）2017 年是香港回归祖国 20 周年，2019 年是澳门回归祖国 20 周年，结合这两个地区的发展现状，谈一谈你的感想。

【任务四】问题探究，疑难问题小组合作，师生合作（10 分钟）

【任务五】达标测试（限时 10 分钟）

1. 自主完成习学试卷：对做错的问题当堂更正，完成错题再练。（限时 7 分钟）

2. 能力提升：能力较强，完成较快的学生可以再做能力提升卷。

B 课　习学试卷——基础卷

1. 1999 年 12 月 19 日下午 5 时，第 127 任澳督韦奇立在澳门总督府进行最后一次降旗仪式，为政权移交仪式揭开序幕。澳门回归是中华民族发展史上的重大事件，它的重要意义是（　　）。

A. 在中国国土上彻底消除了最后一块帝国主义侵略造成的殖民地的残痕

B. 为解决香港回归的问题提供了经验

C. 标志着“一国两制”的构想首先得到成功运用

D. 完成了祖国的统一大业

2. 2015 年 11 月 7 日，习近平、马英九在新加坡会面，就推进两岸关系和平发展交换意见。中国社会科学院台湾研究所副所长朱卫东说：“此次会面是两岸关系 66 年来石破天惊的重大历史事件，是两岸领导人在两岸关系处于重要历史关头，为推进两岸关系和平发展、维护台海和平稳定所做出的重大努力，是具有里程碑意义的标志性事件。”关于海峡两岸的关系，下列表述不正确的是（　　）。

A. 1949 年渡江战役后，国民党政府退居台湾，造成台湾与大陆的第三次分离

B. 从 1979 年开始，中央人民政府倡议海峡两岸直接“三通”，欢迎台湾同胞回大陆探亲、旅游、经商，海峡两岸局势逐步走向缓和

C. 随着海峡两岸交流日趋密切，海协会和海基会先后成立

D. 新时期推进祖国和平统一进程的指导思想是 1995 年江泽民总书记提出的“八项主张”

3. 中国共产党在不同时期制定了不同的地方管理政策（如下表），其体现的共同政治理念是（　　）。

时间	政策	名称
1947 年 5 月	设立民族自治区	内蒙古自治区
1980 年 3 月	设立经济特区	深圳特区
1997 年 7 月	设立特别行政区	香港特别行政区

A. 搁置分歧，民族利益至上　　　　B. 实事求是，与时俱进促发展

C. 独立自主，主权毋庸置疑　　　　D. 因地制宜，民族平等共繁荣

4. 2017 年 1 月，李克强总理在云南考察时强调："创新是推动国家发展和社会进步的不竭动力。当今世界各国的竞争，实际上是创新的竞争。"下列选项能够体现改革开放以来我党创新精神的是（　　）。

①第一个五年计划的实施　②资本主义工商业改造过程中的赎买政策

③"一国两制"构想　　　④家庭联产承包责任制

A. ①②　　　B. ②④　　　C. ②③　　　D. ③④

5. 邓小平说："香港问题为什么能够谈成呢？并不是我们参加谈判的人有特殊的本领，主要是我们这个国家这几年发展起来了，是个兴旺发达的国家，是个有力量的国家。"下列不属于推动"我们这个国家这几年发展"的原因是（　　）。

A. 中国加入世贸组织　　　　B. 创办经济特区

C. 实行家庭联产承包责任制　　D. 将工作重心转移到社会主义现代化建设上来

6. "七子之歌"将中国带入无限悲伤，为之泪浸前襟，今天祖国以宽广的胸怀将其拥抱而归。某同学搜索我国之所以能用"一国两制"解决香港、澳门回归问题，其根本原因是（　　）。

A. 中国国际地位不断提高　　　　B. 改革开放使我国综合国力不断增强

C. "一国两制"方针的正确指导　　D. 全国人民齐心协力

7. 口号、标语不仅是浓缩的历史，还是影响人们思想观念、引导人们行为取向的有效的鼓动方式。在中华人民共和国历史上，下列口号、标语，按提出时间的先后顺序排列正确的是（　　）。

①"抗美援朝，保家卫国"　　②"上山下乡"，"停课闹革命"

③"港澳回归，洗雪国耻"　　④"人有多大胆，地有多大产"

A. ①②③④　　B. ①④②③　　C. ③④①②　　D. ②①④③

8. 某同学搜集了如下一组图片，他探究的主题是（　　）。

音乐舞蹈《团结颂》

香港政权交接仪式

汪辜会谈

A. 民族团结　　B. 祖国统一　　C. “一国两制”　D. 两岸关系

9. 据统计，1997 年有 30 万港人移民海外，到 2007 年，从海外回流香港的人高达 30 万人，即当年外流的港人在十年中陆续回港。出现这种变化主要是因为（　　）。

A. 经济全球化的深入　　B. “一国两制”的保障

C. 中国国际地位的提高　　D. 投资环境的优化

10. 1997 年 6 月 30 日午夜至 7 月 1 日凌晨，中、英两国政府在香港如期举行香港政权交接仪式。这一瞬间标志着（　　）。

A. “一国两制”构想成功实践　　B. 中国结束半殖民地社会

C. 新中国的国际威望日益提高　　D. 香港不再是国际自由港

三、困惑与建议

将学习中的问题与建议上传至平台。

3. 教师任务与学生任务说明

A 课阶段教师的主要任务是完成自主学习任务单的设计与开发，并依据自主学习任务进行教学资源的收集、设计、开发与整合，并将自主学习任务单与教学资源上传到学习平台。学生根据自主学习任务单的指导和教师设定的学习任务，通过观看微课获取知识基础，并在教师提供的其他辅助学习资源支持下完成学习任务和习题检测。而后学生将自主学习过程中遇到的问题与疑惑反馈给教师，教师据此并结合课前习题检测了解学生课前学习状况，对学习者的问题进行精准分析，利用网络或在课堂教学过程中给予有针对性的问题解答和学习指导。教师可据此开展智慧课堂教学活动的设计与组织，有针对性地给予学习者学习方法指导和适当的决策支持服务。

（三）B 课阶段教与学活动的设计与组织

1. B 课教与学活动设计方案

通过制作同学们观看香港和澳门回归祖国的视频，体验香港和澳门回归祖国的场景，使学生感受香港、澳门回归祖国的意义。

（1）疑难突破

学生以小组的形式划分为12个学习小组，展开交流讨论，小组合作对A课自学的“自主学习”中的任务、“达标测试”部分内容进行交流，解决疑难问题。

（2）展示交流

学生小组之间相互展示自主学习任务单的完成结果，12个学习小组展开交流讨论。“典型例题”“问题探究”中的案例还是有一定的难度，需要小组内相互交流解决方案，共同解决自主学习中的疑难困惑并进行反馈，实在无法解决的可以寻求老师帮助，老师进行答题技巧指导。由每个小组分别选出一名代表对“典型例题”“问题探究”进行展示交流，教师完善、总结学生的展示情况以及本类型题的方法指导。

（3）达标测试

针对学生A课学习成果的反馈推送课上练习，学生在平板上作答并上传到平台，教师可以看到学生完成情况。针对学生易错知识点进行错题重组与错题再练，出错率较高的习题，教师针对性精讲，巩固疑难知识点。

（4）总结归纳

回顾本节所学内容，小组合作完成本节课思维导图绘制，小组用平板屏幕共享的方式展示交流，教师总结发言。小组选出代表总结本节课所学知识，反思学习过程中出现的问题，教师补充完善，对进一步的学习提出建议。

2. 课中随堂达标测试、答案及评分细则

学生在明天智慧教育平台完成随堂练习题——习学试卷。课中习题用于检测学生经过小组讨论和组间展示交流之后的学习成果，看学生的知识掌握是否相较于课前学习有一定的提高。在习题中，对重难点知识点进行进一步的考查。课中随堂练习的答题情况会上传至教师端平台，教师可以通过平台掌握学生的学习效果。

3. B课教师任务与学生任务说明

①通过创设意境，学生感悟香港和澳门回归祖国这一重大意义，由此情景导入本节课的主题——香港和澳门回归祖国，通过香港和澳门被侵占的图片激发学生坚定祖国必须统一的信念，从而进入本节课。

②小组合作对课前自学的“自主学习”“达标测试”部分内容，先独立完成，后小组合作交流，解决存在的疑难问题，仍解决不了的问题，由小组代表进行展示，由

解决了该问题的其他小组讲解，教师负责指导及精讲。

③教师根据自身的教学经验，确定本节课重点的疑难问题，由小组分别选出一名代表对自主学习任务单问题进行展示交流，教师完善、总结学生的展示情况。

④观看香港和澳门回归祖国的微课，独立完成并总结、展示本节课的基础知识点，培养学生独立学习的好习惯。

⑤完成教师推送的达标测试，巩固课堂教学所学知识，教师解惑答疑。

⑥小组合作制作香港和澳门回归祖国的思维导图，选出代表总结本节课所学知识，反思学习过程中出现的问题，教师补充完善，对进一步的学习提出建议。

（四）B 课阶段教与学活动的设计与组织

1. 课后教与学活动设计方案

小组针对在课堂初步完成本节课思维导图以及教师点评和提出的改进意见，进一步完善思维导图，形成本节课知识点完整的逻辑框架。

学生课下在平板学生端完成由教学平台推送的“A 课基础卷”或“A 课提高卷”（“B 课基础卷”或“B 课提高卷”），完成后提交由平台评分并推送答案及其解析，学生在查看得分以及答案解析后完成错题再练。

学生对于本节课学习之后仍然存在的疑惑，或对于同步测试卷中存在的疑难问题，在平台讨论区和教师或者学生进行互动提问，教师随时登录平台解答疑惑，还可以在互动讨论区学生之间讨论交流。

2. B 课进阶提升习题、答案及评分细则

针对课上学习情况和本节课知识学习的重难点形成课后习题。课后习题依据题目难度水平分为基础题和拔高题，根据学生平板端显示的学生课前以及课上学习成果，个性化、针对性地向学生推送不同难度的习题，作为监测学生学习效果的依据。

3. 教师与学生创制生成的教学资源

学生课上小组合作完成本节课的思维导图，但课上完成的部分较为简单，还不能完整的体现本节课知识点和逻辑框架，经过教师讲解和提出改进意见，学生课下每个人基于小组思维导图的基础上绘制个人的思维导图，并上传于教学平台。

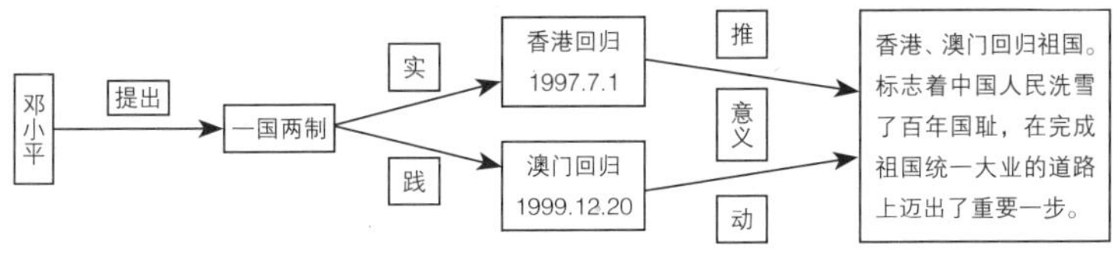

图 5-2 学生思维导图

（五）学生学习质量评价方案

本节课的过程性评价分为A课学习、B课学习和课后学习三个不同阶段，而且不同评价阶段评价主体存在差异。学习评价主要通过习学试卷反馈情况由教师完成，评价内容依据教学平台反馈的学习数据，包括任务完成情况、错题再练情况以及正确率。

案例十二　地理学科案例“欧洲西部”

一、教师基本情况介绍

姓　　名	陈西留	执教年级	七年级
教材情况	星球地图出版社《地理》七年级下册		
职　　称	中教一级		
个人简介	本科毕业于曲阜师范大学，中共党员。自参加工作以来，兢兢业业，勤于钻研，工作扎扎实实、有创新，在新课程改革中钻研教材教法，形成了自己独特的教学风格。 2020年至今一直任教“智慧课堂”平板教学班，成功地将“智慧课堂”融合到地理课堂教学中，于2010年8月执教兖州区地理公开课；2011年6月获得初中地理教学能手；2015年12月获得济宁市微课程二等奖，发表论文《情景教学模式在地理教学中的运用》。 我始终坚信，“智慧课堂”将为传统地理课堂插上腾飞的翅膀。		
所在学校情况介绍	济宁市兖州区第一中学附属学校是区委、区政府为适应教育发展新形势，满足人民群众对优质教育的需求建设的九年一贯制学校，是按照区教体局教育创新发展思路，充分发挥一贯制办学优势，连贯基础教育各学段，打造的一所区域内优质、高效衔接的精品学校。		

二、案例基本情况介绍

案例题目	欧洲西部
课　　型	新授课☑　习题讲评课□　专题复习课□

续表

案例涉及的教学内容介绍	“欧洲西部”这节课的教学内容是初中阶段世界分区地理的重要组成部分，欧洲西部是世界上资本主义工业发展最早的地区，目前也是世界上经济发达的地区之一。这里人口稠密，发达国家最为集中。同时本地区战略地位重要，过去曾是两次世界大战的策源地，当前也是世界的热点地区之一。由此，教材选择了欧洲西部作为地区学习的案例。通过本节课的学习，学生能够看到全球经济的发展趋势，理解我国正在进行的产业结构调整的现实意义，而现代化的畜牧业则突出了以人地关系为核心的教学思想。 “工业密集，发达国家集中”包含了本地区位置与范围、经济发展与地位等内容，是对本地区的一个总体把握。“现代化的畜牧业”突出了畜牧业生产与当地气候和地形的关系，是分析本地区人地关系的切入点。“繁荣的旅游业”不仅列举了欧洲西部主要的旅游胜地，重点还在于利用这些旅游胜地作为例子，说出本地区发展旅游业的优势，以完成课程标准的要求。 教给学生处理问题的智慧，体现用智慧去教，教给学生智慧，使教学全过程充满智慧，构建智慧课堂的教学理念。以课程标准为依据，以达成课程标准为基本要求，用教材教，而不是教教材。在教学内容的选择上不局限于某一本教材，进行多版本教材内容、生活与社会知识的整合运用，建立相对开放的、与生活实际相联系的课堂。
案例的自我评价	智慧课堂教学实施之后，陈老师依据学习平台对整个学习过程的记录，仔细分析对比了学生课前对自主学习任务的完成情况和课后小组最终提交的任务完成情况。 在教学过程中充分发挥智慧课堂高效反馈性和个性化学习的优势，分析本节课基于生活真实情境，设计独特新颖的教学环节，多次采用小组合作交流的方式，在方法和学案的引领下，学生的活动不再是漫无目的，参与热情非常高，尤其是调动了学困生的学习积极性，让他们也能有话说，也能参与小组讨论，不再是旁观者，学习效果相当显著，培养了学生的地理学学科核心素养。

三、案例正文

（一）案例背景介绍

智慧课堂真正实现课前预习、课中自主学习、课后巩固练习三个教学环节的有效衔接，内容也会发生一些改变，除了传统的一些内容外，还增加了微课、习题，同时也跨越了时间和地点。

智慧课堂通过大数据分析及应用等技术手段，记录教育教学过程，采集学生的行为、情感数据，实现全过程的动态评价。这种评价就是从结果性评价转为过程性评价，在认知评价的基础上实现情感评价，是带有温度的评价。这种认知评价加情感评价就能体现我们的综合素质评价。

智慧课堂的背景之下，地理课堂教学有助于教学实践创新，培养学生自主学习能力，调动学生的学习积极性，通过多元化的方式提升教学工作质量。让整个教学变得更加轻松愉悦，更加富有情趣，从而进一步培养学生的地理素养。

（二）课前阶段教与学活动的设计与组织

1. 课前教与学活动设计方案

在学习平台上发布自主学习任务单及学习资源，在学生完成自主学习任务之后整理统计学生反馈的共同疑难问题，并将个别同学的疑难问题线上解决。

仔细阅读自主学习任务单的学习指南部分，把握学习目标、重点，根据教学系统平台上提供的本节重难点知识的提示，依据学习方法的指导依次完成自主学习任务，结合观看教学微视频、教材学习、教学课件学习，初步掌握本节的主要内容，完成导学案。将遇到的疑难问题于自主学习任务单中“困惑与建议”部分向教师进行反馈。最后阅读课堂活动预告，为课中学习做好准备。

【困惑与建议】

学生：欧洲西部大西洋沿岸发展畜牧业的有利自然条件是什么？

教师：欧洲西部大西洋沿岸的气候和地形有利于发展畜牧业，该地的气候是温带海洋性气候，特征是全年温和湿润，全年月平均气温在0—20℃。参考主要农作物的最适合生长温度表，最适宜的作物是牧草；地形主要是平原，有利于牧草的生长。因此，欧洲西部大西洋沿岸发展畜牧业的有利自然条件是温带海洋性气候和平原地形。

表5–5　主要农作物最适合生长温度表

作物	最适合温度（℃）
水稻	30—35
小麦	25—31
玉米	37—44
牧草	5—40

2. 自主学习任务单

一、基础信息	
课程名称	欧洲西部
教材情况	星球地图出版社《地理》七年级下册

续表

授课对象	七年级全体学生
开课学期	2020—2021 学年第二学期
课堂授课地点	初一各班级教室
网络课程平台	智学网
二、学习指南	
学习内容	第四节“欧洲西部”
课前学习 拟达成目标	知识与能力目标： 1. 读图说明欧洲国家、首都以及欧盟。 2. 运用地图资料分析欧洲西部的地形、气候特征及其对畜牧业的影响。 3. 认识欧洲西部繁荣的旅游业。 过程与方法目标： 1. 充分利用教材上的图表，培养学生的读图能力以及对地理信息的提取、归纳、对比及分析能力。 2. 通过课堂上小组活动，提高学生的口头表达能力和合作探究能力。 情感、态度和价值观： 通过本节课学习，确立学生尊重其他国家文化传统，激发学生立志建设祖国的热情，树立人地协调、因地制宜的理念。
本节知识重点	运用气候资料，认识欧洲西部气候特点及其对畜牧业和园艺业的影响。
学习方法建议	自主学习、合作探究
三、课前任务	
课前自主学习	观看教学微视频和阅读材料，完成以下任务。 1. 为什么欧洲西部超市里牛奶比水还便宜？当地畜牧业发展的状况是怎样的？ 2. 欧洲西部有哪些发展旅游业的优势？
课前学习 检测效果	利用学习平台上预习模块完成对本节知识内容学习效果的检测。
四、困惑与建议	
课前学习后存在的疑难和困惑	
对教师课堂授课内容与形式的建议	

续表

五、课堂活动预告	
教师精讲	针对学生课前学习过程中存在的疑惑进行重点讲解，并通过学习平台上课前学习检测效果，对存在较多的问题进行讲解。
课前学习任务汇报与研讨	各小组对于课前学习任务汇报交流，教师对汇报进行点评。

3. 自主学习效果检测习题及参考答案

1. 欧洲人酷爱乳产品和牛羊肉，这种饮食结构的形成原因主要是（　　）。

A. 发达的水稻种植业　　B. 发达的商品谷物农业

C. 发达的畜牧业　　D. 发达的制造业

2. 欧洲西部的农业以畜牧业为主，根本原因是（　　）。

A. 英、法、德等国草场面积广大　　B. 欧洲人爱吃牛羊肉，喝牛奶

C. 各国政府规定只能发展畜牧业　　D. 欧洲西部的地形和气候适合发展畜牧业

3. 关于欧洲西部工业的叙述，不正确的是（　　）。

A. 本地区是世界工业革命的发源地

B. 20 世纪 70 年代以来传统制造业发展迅速

C. 本地区传统工业大国有英国、法国等

D. 本地区低价进口原料加工成产品出口

4. 以下旅游名胜与所在地连线正确的是（　　）。

A. 法国——埃菲尔铁塔　　B. 挪威——音乐之都

C. 奥地利——午夜的太阳　　D. 瑞士——水城威尼斯

5. 欧洲西部旅游资源丰富，下列旅游活动的安排，正确的是（　　）。

A. 乘船游览峡湾，观看午夜的太阳——意大利

B. 游水城威尼斯，参观古罗马斗兽场——西班牙

C. 去阿尔卑斯山滑雪，参观世界表都伯尔尼——德国

D. 登埃菲尔铁塔，游览凯旋门——法国

参考答案：1. C　2. D　3. B　4. A　5. D

4. 课前教师任务与学生任务说明

课前阶段教师的主要任务是完成自主学习任务单的设计与开发，并依据自主学习任务进行教学资源的收集、设计、开发与整合，并将自主学习任务单与教学资源上传

到学习平台。学生根据自主学习任务单的指导和教师设定的学习任务，通过观看微课获取基础知识，并在教师提供的其他辅助学习资源支持下完成学习任务和习题检测。而后学生将自主学习过程中遇到的问题与疑惑反馈给教师，教师据此并结合课前习题检测了解学生课前学习状况，对学习者的问题进行精准分析，利用网络或在课堂教学过程中给予有针对性的问题解答和学习指导。教师可据此开展智慧课堂教学活动的设计与组织，有针对性地给予学习者学习方法指导和适当的决策支持服务。

（三）课中阶段教与学活动的设计与组织

1. 课中教与学活动设计方案

通过课前预习欧洲西部超市里牛奶比水的价格低的原因，得出欧洲西部畜牧业发达，通过学生的提问欧洲西部发展畜牧业的有利条件是什么，引导学生读图分析本区的气候和地形特点，归纳总结出欧洲西部发展传统畜牧业的优越条件，明确独特的自然环境对地区农牧业有重要影响。培养学生分析判断的思维能力，树立人地协调的理念。

（1）疑难突破

欧洲西部的人们饮食结构与畜牧业发达有关系，畜牧业发达与本地的自然环境关系密切。同学们，自然环境主要从哪两大方面来了解呢？（引导学生说出“地形”和“气候”）

接着引导学生参考课本第 56、57 页欧洲西部的气候与地形图总结本区的气候特点、地形特点，进而分析归纳出本区自然条件对发展畜牧业的影响。

学生展示后互评。

教师小结：

欧洲西部大西洋沿岸的气候和地形有利于发展畜牧业，欧洲西部地处中纬度大陆西岸，气候是温带海洋性气候，特征是全年温和湿润，全年的月平均气温在 0—20℃。参考主要农作物最适合生长温度表，最适宜的作物是牧草；地形主要是平原，有利于牧草的生长。因此，欧洲西部大西洋沿岸发展畜牧业的有利自然条件是温带海洋性气候和平原地形。

（2）展示交流

学生小组之间相互展示自主学习任务单的完成结果，并对任务单中气温影响农业种类的选择讨论交流，共同解决课前自主学习中的疑难困惑并进行反馈，实在无法解决的问题可以寻求老师帮助，老师解答大家共同性的问题。由三个小组分别选出一名代表对这些问题进行展示交流，教师完善、总结学生的展示情况。

（3）练习巩固

针对学生对在自主任务单的学习和课上学习情况推送课上练习，学生在平板上作答并上传到平台，教师可以看到学生完成情况。

（4）总结归纳

回顾本节所学关于因地制宜发展农业，小组合作完成本节课思维导图绘制，小组用平板屏幕共享的方式展示交流，教师总结发言。小组选出代表总结本节课所学知识，反思学习过程中出现的问题，教师补充完善，对进一步的学习提出建议。

2. 课中随堂巩固习题、答案及评分细则

课中习题用于检测学生经过小组讨论和组间展示交流之后的学习成果，看学生的知识掌握是否相较于课前学习有一定的提高。在习题中，对重难点知识点进行进一步的考查，培养学生人地协调发展的核心素养。课中随堂练习的答题情况会上传至教师端平台，教师可以掌握学生的学习效果。（习题及答案略）

3. 课中教师任务与学生任务说明

教师布置小组合作任务，引导学生参考课本第 56、57 页欧洲西部的气候与地形图总结本区的气候特点、地形特点，进而分析归纳出本区自然条件对发展畜牧业的影响。

引导归纳温带海洋性气候区，气候温凉、潮湿、多雨多雾、日照少，多汁牧草生长旺盛；平原面积广大，草场广布，加上本区经济发达、人口密集、城市集中，使得大西洋沿岸畜牧业发达。

学生通过合作探究分析气候与农业生产的关系，小组合作完成导学案中的任务，理解因地制宜的农业发展观。

（四）课后阶段教与学活动的设计与组织

1. 课后教与学活动设计方案

小组针对在课堂初步完成的本节课思维导图以及教师点评和提出的改进意见，进一步完善思维导图，形成本节课知识点完整的逻辑框架。

学生课下在平板学生端完成由教学平台推送的课后同步测试题，完成后提交由平台评分并推送答案及其解析，学生查看得分以及答案解析记录学习心得或形成错题档案。

学生对于本节课学习之后仍然存在的疑惑或同步测试卷中存在的疑难问题在平台讨论区和教师或者其他学生互动提问，教师随时登录平台解答疑惑。

2. 课后巩固习题及参考答案

课后巩固习题

1. 下列海洋中不是欧洲西部濒临的是（　　）。

A. 大西洋　　B. 北冰洋　　C. 印度洋　　D. 地中海

2. 关于欧洲西部国家的说法不正确的是（　　）。

A. 国家数量众多　　B. 国家面积相对较小

C. 大多数为发展中国家　　D. 多为临海国

3. 作为早期的工业中心，鲁尔区位于（　　）。

A. 英国　　B. 德国　　C. 法国　　D. 意大利

4. 下列国家属于内陆国的是（　　）。

A. 英国　　B. 瑞士　　C. 法国　　D. 意大利

2016 年法国欧洲杯暨第十五届欧洲足球锦标赛，于法国当地时间 2016 年 6 月 10 日开幕，据此回答第 5—6 题。

5. 欧洲杯期间，巴黎的气候特点是（　　）。

A. 温暖湿润　　B. 炎热干燥　　C. 寒冷干燥　　D. 高温多雨

6. 法国人的餐桌上常见牛排、牛奶、奶酪等食品，与该国发达的（　　）有关系。

A. 种植业　　B. 畜牧业　　C. 渔业　　D. 园艺业

7. 下列著名旅游景点位于法国的是（　　）。

A. 古罗马斗兽场　B. 水城威尼斯　C. 埃菲尔铁塔　D. 峡湾

8. 有一位来自欧洲西部的旅行者，为我们带来了新鲜的柑橘，他有可能来自（　　）。

A. 英国　　B. 丹麦　　C. 德国　　D. 意大利

9. 欧盟大部分成员国的居民使用统一的货币是（　　）。

A. 美元　　B. 法郎　　C. 英镑　　D. 欧元

参考答案：1. C　2. C　3. B　4. B　5. A　6. B　7. C　8. D　9. D

3. 针对课上学习情况和本节课知识学习的重难点形成课后习题

课后习题依据题目难度水平分为基础题和拔高题，根据学生平板端显示的学生课前以及课上学习成果，个性化、针对性地向学生推送不同难度的习题作为监测学生学习效果的依据。

4. 教师与学生创制生成的教学资源

学生课上小组合作完成了本节课的思维导图，但课上完成的部分较为简单，还不能完整的体现本节课知识点和逻辑框架，经过教师讲解和提出改进意见，学生课下基于小组思维导图的基础上绘制个人的思维导图，并上传于教学平台，大家相互之间可以分享交流，每个同学绘制的思维导图更能够体现学生个人的认知方式和对本节课知识点的理解，还能够学习思维导图应用软件的使用方法。

（五）学生学习质量评价方案

用平板授课的过程中，教师只需在平板上点击需要的工具或图标即可实现所需要的操作，而且教师可以当黑板使用交互式平板课堂自身的界面，适应了教师的讲课习惯，使授课自如。又由于平板课堂与各种软件能很好地兼容，其自带资源库中存放有各学科的图片、活动挂图、音像资料、学科工具等，教师可以灵活方便地引用所需的信息资源和教学软件，极大地丰富教学信息。平板智慧课堂可以根据教学实际情况调用需要的素材，随时在书写、标记和计算机操作状态之间进行切换，根据需要灵活地进行编辑、组织、展示与控制，使教学的灵活性大大增强，学生有了更多到平板前展示、表现、练习和合作的机会，提高了学生参与的积极性，更有利于培养学生积极探索、主动建构的能力和意识，也有利于回归富有活力的课堂。平板的视觉效果还有利于吸引学生的注意力，提高学生的学习兴趣。这些特点都为课堂上的师生互动、生生互动提供了技术上的便利，促进了以学生为主体的课堂的形成。

案例十三　地理学科案例“八年级上学期期中试题讲解”

一、教师基本情况介绍

姓　名	崔聿彦	执教年级	八年级
教材情况	湖南教育出版社《地理》八年级上册		
职　称	中学二级教师		
个人简介	2014 年至 2018 年在山东师范大学完成地理信息科学专业本科学习并获理学学士学位。2018 年 9 月参加工作，一直在青州市东关回民初级中学从事一线地理教育教学工作。		
所在学校情况介绍	同第五章 案例十		

二、案例基本情况介绍

案例题目	八年级上学期期中试题讲解
课　　型	新授课□ 习题讲评课☑ 专题复习课□
案例涉及的教学内容介绍	1. 我国省级行政区域单位的简称、位置、轮廓 2. 影响人口分布的因素：（1）自然因素：位置（纬度位置、海陆位置）、地形地势、气候、水源、资源；（2）社会因素：经济发展水平、交通、政策、历史。 3. 地形地势对地理环境的影响 华北平原所处温度带：暖温带；干湿地区：半湿润地区；气候类型：温带季风气候；土地利用类型：旱地；径流带：平水带；典型农作物：冬小麦；作物熟制：一年两熟或两年三熟。 4. 河流主要特征的影响因素 影响工业分布的因素：土地、水源、原料、环境、科技、市场、运输、政策、劳动力、动力。
案例的自我评价	智慧课堂教学实践中通过对学习资源进行信息化整合，依托平台优势使教学过程直观可视化，对比课前、课中、课后全流程，实时反馈、深度分析，将略有枯燥的习题讲评课进行得生动、顺畅。 整堂课通过将试题提炼出 6 大“核心考点”，把试题分割、细化，将知识点串联，引导学生从突破“核心考点”完成对试题的理解和知识的掌握。透过数据分析，得到学生掌握情况和学习实况，针对暴露的问题，有的放矢进行针对性的夯实与提升。 在整个智慧课堂当中，基于本节所学，学生的地理思维水平有显著提高。学习和教学过程本质是一个思维的“化繁为简”的过程。既有基于人文和谐与美好的思辨，也有基于数理的实践与实验的思辨。

三、案例正文

（一）案例背景介绍

本节课为八年级上学期期中试题讲解，考查范围为湘教版《地理》八年级上册，试题相对系统综合，难度较大。通过试题讲评学生初步了解中考题型（25 道选择题、5 道综合题）；了解答题时间和试卷难度系数，合理安排时间和答题顺序，培养中考答题习惯；通过试题练习和讲解，检查知识体系的漏洞，训练获取和解读地理信息、调动和运用地理知识的关键能力，培养区域认知、综合思维的学科核心素养。

（二）课前阶段教与学活动的设计与组织

1. 自主学习任务单

一、基础信息	
课程名称	八年级上学期期中试题讲解
教材情况	湘教版《地理》八年级上册
授课对象	初二年级全体学生
开课学期	2020—2021 学年第一学期
课堂授课地点	初二各班级教室
网络课程平台	希沃白板 5
二、学习指南	
学习内容	八年级上学期期中试题讲解
课前学习拟达成目标	1. 了解中考题型。 2. 了解答题时间和试卷难度系数安排，合理安排时间和答题顺序，培养中考答题习惯。 3. 通过试题练习和讲解，检查知识体系存在的漏洞，训练获取和解读地理信息、调动和运用地理知识的关键能力，培养区域认知、综合思维的学科核心素养。
本节知识重点	1. 影响人口分布的因素。 2. 地形地势对地理环境的影响。 3. 河流主要特征的影响因素。 4. 影响工业分布的因素。
学习方法建议	自主学习、小组合作学习
三、课前任务	
课前自主学习任务	参照教师在平台系统发布的试题答案进行改正。 参照课本、推送的教学资源，理解简单题目。 将难度题进行标注，小组讨论，合作突破。

续表

课前学习 效果检测	利用平台系统中练习推送检测课前任务学习效果。
四、困惑与建议	
困惑	
建议	
五、课堂活动预告	
教师精讲	统计、讲解学生反馈的共同疑难问题，并将个别同学的疑难问题线上解决。通过平台系统检测、分析课前学习效果，有的放矢地进行针对性的夯实与提升。
课前学习任务 汇报与研讨	各小组就课前自主学习任务汇报交流，教师针对汇报进行点评。

2. 课前教师任务与学生任务说明

教师：在学习平台上发布自主学习任务单及学习资源，在学生完成自主学习任务之后，整理统计学生反馈的共同疑难问题，并将个别同学的疑难问题线上解决。

学生：仔细阅读自主学习任务单的学习指南部分，把握学习目标、重点，根据教学系统平台上提供的试题答案进行改正，依据学习方法的指导依次完成自主学习任务，结合教学资源初步掌握错误题目的纠正和所涉知识点的记忆。将疑难困惑向教师反馈。最后阅读课堂活动预告，为课中学习做好准备。

（三）课中阶段教与学活动的设计与组织

1. 课中教与学活动设计方案

（1）疑难突破

学生以平行小组的形式划分为 8 个学习小组展开交流讨论，小组合作答疑，参考老师平板推送的解析指导，完成选择题的疑难问题讲解。教师指导重点关注试题立意：①核心考点——必备知识；②关键能力——获取图文信息，调动、应用地理知识；③学科素养——区域认知、综合思维。

（2）展示交流

学生小组之间相互展示选择题讲解成果，交流解题思路，共同解决合作中的问题并进行有效的反馈，难度较大的题目由老师进行统一讲解。由各小组代表对各“核心考点”进行突破、展示交流，教师基于反馈进行完善总结。

（3）练习巩固

针对“核心考点”所涉知识点推送检测习题，学生在平板上作答并上传到平台，教师可以看到学生完成情况，通过数据分析得到学生掌握情况和学习实况，针对暴露的问题，有的放矢地进行针对性的夯实与提升，巩固所涉知识、深化认知，教师完成讲解。

（4）总结归纳

回顾本节课所讲解的试题，选出小组代表用平板屏幕共享的方式展示交流，总结本节课所学知识，反思讲解、学习过程中出现的问题，教师补充完善，对进一步的学习提出建议。针对试题“26（1）请简要分析我国疆域辽阔的优势”，综合深化本节课知识点。

2. 课中随堂巩固习题、答案及评分细则

学生在教师引导下完成各“核心考点”的知识梳理，并完成相应练习题。课中习题用于检测学生经过小组讨论和组间展示交流之后的学习成果，通过反馈获得学生掌握情况。在习题中，对重难点知识点进行进一步的考查，要求养成区域认知、综合思维的学科核心素养，对于习题精心挑选，适量选取。在做题过程中既让学生有成就感又要有压力。课中随堂练习的答题情况会上传至教师端平台，教师可以掌握学生的学习效果。（习题及答案略）

3. 课中教师任务与学生任务说明

（1）教师将试题根据所涉及的知识点，提炼出六大“核心考点”，把试题分割、细化，将知识点串联。引导学生突破“核心考点”，从而完成对试题的理解和知识的掌握。

（2）“小组讨论，合作学习”过程中，同学们以小组为单位，合作答疑，完成选择题的疑难问题讲解。教师指导重点关注试题立意：①核心考点——必备知识；②关键能力——获取图文信息，调动、应用地理知识；③学科素养——区域认知、综合思维。

（3）针对综合题部分，以“核心考点：省级行政区域单位的简称、位置、轮廓”为例，教师示范：如何以知识点为导向进行试题讲解，完成知识点的掌握。以后各部分由学生讲解，教师进行精讲和补充。

（4）试题呈现：“为加速西北地区的发展，从生态方面考虑，能否采取大规模移民措施？请说明原因。”教师通过讲解试题，指导学生进行“影响人口分布的因素”

的知识点梳理。

（5）教师展示各核心考点的知识点梳理，学生进行分析、评价，通过试题呈现，由学生完成讲解。

（6）完成教师推送的针对各“核心考点”检测习题，巩固所涉知识，深化认知，教师完成讲解。

（7）选出小组代表总结本节课所学知识，反思讲解、学习过程中出现的问题，教师补充完善，对进一步的学习提出建议。针对试题“26（1）请简要分析我国疆域辽阔的优势”，综合深化本节知识点。

（四）课后阶段教与学活动的设计与组织

1. 课后教与学活动设计方案

（1）各小组针对试卷中知识点的认知和掌握水平，并结合老师提出的意见对“26（1）请简要分析我国疆域辽阔的优势”进行讲解，进一步提升认知水平，提高总结归纳能力，强化对祖国的赞美与热爱之情。

（2）经过试题回顾，对八年级上册课本知识点梳理、归纳，通过题目加强对知识的迁移、应用水平，形成相对完善且有深度的知识框架。

（3）学生利用课余时间在平板学生端完成平台推送的试题变形练习题，完成后进行上传，由平台系统进行评分和相应解析，学生可进行查看学习，并在系统中生成错题记录。

（4）若有学生存在对本堂习题讲评课或试题变形练习题的疑难问题，可通过平台系统进行提问，教师线上解答或提供相应的辅助教育资源进行内容补充。

2. 课后阶段提升习题、答案及评分细则

针对试卷的高频考点和数据分析下的易错点形成课后的试题变形练习题，练习题分为两种版本：版本一侧重基础性知识，针对试卷得分较低、知识点掌握略有吃力的同学；版本二侧重综合性拔高题目，针对得分较高、掌握良好的同学。两种版本的练习题各有侧重，通过对学生的量化分析完成推送。

提升习题、答案及评分细则（略）。

（五）学生学习质量评价方案

本节课的过程性评价分为课前学习、课中学习和课后学习三个不同阶段，而且不同评价阶段评价主体存在差异。课前学习评价主要由教师完成，评价内容依据网络教学平台提供的学习数据，包括平台登录次数、在线时长、任务点完成情况、线上作业

完成情况等，此部分赋分占总评成绩的 40%。课中学习评价由教师和学生共同完成，课中学习评价占总评成绩的 40%。评价依据主要是学生和各学习小组在自主学习任务汇报及课堂主题讨论活动中的综合表现。此部分评价中教师评分的赋分比为总评成绩的 25%，学生组间评价的赋分占总评成绩的 15%。课后学习评价由教师和学生共同完成，占总评成绩的 20%。学生课后根据课堂教师答疑及组间交流的情况，将自主学习任务进一步完善整理后的发布于平台，利用平台的评价功能对各小组的学习任务完成情况进行评价。其中，教师评价和学生组间评价各占总评成绩的 10%。

第六章　高中智慧课堂学科教学案例

案例一　语文学科案例“劳动之歌——《芣苢》《插秧歌》”

一、教师基本情况介绍

姓　　名	王明慧	执教年级	高中一年级
教材情况	人民教育出版社《语文》必修上册		
职　　称	中学二级教师		
个人简介	2014 年毕业于山东师范大学文学院汉语言文学专业，获文学学士学位；2017 年毕业于山东师范大学文学院比较文学与世界文学专业，获文学硕士学位。语文学科专业素养过硬，并在智慧课堂教学方面有自己的专长。 自参加工作以来，一直从事高中语文教学工作，荣获历下区优秀教育工作者、党员先锋、语言文字工作先进个人等荣誉称号。积极参加教育教学信息化活动，2019 年 12 月荣获第十七届全国高中信息技术与教学融合创新优质课二等奖；2020 年 9 月在山东省教育技术论文评选活动中荣获一等奖。		
所在学校情况介绍	济南德润中学是按照省级规范化学校标准建设的一所高标准、高品质的示范性学校。学校以“进德及身，以学以行”为校训，以“崇德励学”为校风，突出以德为先、学行统一的育人思想，秉承“为每位学生的个性发展创造空间”的办学理念，发扬“团结、包容、多能、服务”的教风，倡导“博学、友爱、诚实、尽责”的学风，为学生的自主发展和健康成长提供强有力的支持，在科普教育、科技创新、艺体特长、文学素养等方面成果丰硕。 在区政府、区教育局的大力支持下，2016 年建校时就按照满足新高考选科走班、个性化学习应用场景的智慧校园标准对学校建设进行了统一规划。2019 年，顺利申报成为山东省首批新型数字化学校试点学校、山东省首批人工智能教育试点校。2020 年 4 月，成为山东省智慧教育研究院共建学校。目前已经完成硬件、软件整合建设，智慧校园在学校的教学、教育、管理等方面发挥了良好效果，有力地支撑和促进了学生和教师的个性化发展。		

二、案例基本情况介绍

案例题目	劳动之歌——《芣苢》《插秧歌》
课　　型	新授课☑　习题讲评课□　专题复习课□
案例涉及的教学内容介绍	1. 古诗的句式与韵律之美：《芣苢》句式上为四言，诵读节拍为“二二”节奏；《插秧歌》作为一首七言古诗，诵读节拍为“二二二一”或“二二一二”。 2.《诗经》以及诗人杨万里的相关文学文化常识：《诗经》是我国第一部诗歌总集，它汇集了从西周初年到春秋中期的诗歌 305 篇，又称“诗”“诗三百”，共分为风、雅、颂三部分。杨万里，字廷秀，号诚斋。南宋著名诗人，与陆游、尤袤、范成大并称为“中兴四大诗人”。 3. 诗句含义与诗中展现的劳动场景：《芣苢》是妇女采摘芣苢即兴演唱的诗歌，展现了欢快的劳动场景，表达了劳动满载而归的喜悦与欢乐之情；《插秧歌》描绘了农人一家四口趁着农时冒雨插秧劳作的紧张生活，表现了农家生活的辛苦繁忙以及家庭氛围的和谐快乐，富有生活情趣。 4. 诗歌中重点字词与诗句的鉴赏分析：《芣苢》中“采”“有”“掇”“捋”“袺”“襭”分别具体展现了采摘芣苢的动作以及满载而归的欢乐；《插秧歌》中的“笠是兜鍪蓑是甲”采用了比喻的修辞手法。 5. 诗歌采用的表现手法：《芣苢》采用了赋、重章叠唱的手法；杨万里的《插秧歌》则采用了白描、比喻以及人物对话的手法。
案例的自我评价	本堂课的课前、课中、课后阶段教与学活动的设计，依据大数据平台中学生存在的疑难问题及习题作答情况的反馈，明确学情并设计以学生为中心的教学活动，真正做到以教师为主导，以学生为主体，课堂授课内容的开展具有较强的针对性。 《芣苢》《插秧歌》两首古诗的比较鉴赏，较好地完成了本堂课的教学目标。课前和课中教学情境任务的设置具体生动，教学重难点贯穿其中，使学生能够真正参与课堂活动，激发了学生学习的积极性和主动性。通过录制诵读音频、描绘诗歌中的劳动场景，设计配图插画、语句鉴赏、撰写班级劳动宣言等具体活动，提升学生的诗词鉴赏能力，帮助他们品味古典诗词展现的劳动之美和劳作的艰辛，体会诗人对劳动和劳动者的赞美之情，形成正确的劳动观念，自觉继承和发扬中华民族尊重劳动、热爱劳动的美德。

三、案例正文

（一）案例背景介绍

王明慧老师是济南德润高级中学的语文教师，语文学科专业素养过硬，而且在智慧课堂教学方面有自己的心得，在学校的智慧教育研究工作中努力发挥自己的优势。

《芣苢》和《插秧歌》是人教版《语文》必修上册第 2 单元第 6 课的内容，歌颂了劳动的美好与欢乐。教育部《大中小学劳动教育指导纲要（试行）》指出，劳动教育是新时代党对教育的新要求，是中国特色社会主义教育制度的重要内容，是全面发展教育体系的重要组成部分，是大中小学必须开展的教育活动。要在学科专业中有机渗透劳动教育，语文学科要有重点地纳入马克思主义劳动观，纳入阐释勤劳、节俭、艰苦奋斗等中华民族优良传统的内容，加强对学生辛勤劳动、诚实劳动、合法劳动等方面的教育。本节课中将两首诗歌进行比较鉴赏并创设具体情境，要求学生能够描绘古人的日常生活与劳动场景，感受他们劳动时的欢乐与情趣，体会古诗超越时空的艺术魅力，深入体会“劳动最光荣、劳动最崇高、劳动最伟大、劳动最美丽”的思想，形成正确的劳动观念。

（二）课前阶段教与学活动的设计与组织

1. 自主学习任务单

一、基础信息	
课程名称	《芣苢》《插秧歌》
教材情况	人教版《语文》必修上册
授课对象	高一年级全体学生
开课学期	2020—2021 学年第一学期
课堂授课地点	高一各班级教室
网络课程平台	智学网
二、学习指南	
学习内容	第 2 单元第 6 课《芣苢》《插秧歌》
学习目标	1. 诵读诗歌，感受《芣苢》与七言古诗《插秧歌》的韵律之美。 2. 结合课下注释理解诗歌内容，用自己的语言描绘诗歌中的劳动场景，并设计两首诗歌的配图插画。 3. 斟酌词句，通过诗歌中的用词变化感受诗意的表现效果和诗歌情感的变化。 4. 品味古典诗词所展现的劳动之美和劳作的艰辛，体会诗人对劳动和劳动者的赞美之情，形成正确的劳动观念。

续表

学习重难点	1. 诗歌中劳动场景的具体描绘； 2. 诗歌所采用的表现手法及具体分析。
学习方法与建议	诵读法、自主学习法、小组合作法、情境任务法
三、课前任务	
课前自主学习任务	1. 根据本节课的学习重难点提示，自主学习教学微课和课件，录制配乐诵读音频，要求读准字音和节奏，感受诗歌的音韵之美。 2. 初步掌握本节课涉及的文学文化常识。 3. 情境任务：文学社要出版以劳动为主题的古代诗词作品集，作为美术编辑，请你描绘《芣苢》《插秧歌》两首诗展现的劳动场景，并配以插图。
课前学习效果监测	在智学网班级空间上的任务中完成自主学习效果检测习题。
四、困惑与建议	
课前学习后存在的疑难与困惑	
对教师课堂授课形式与授课内容的建议	
五、课堂活动预告	
课前学习任务展示	由学生代表对课前自主学习任务成果进行展示，教师和学习小组内成员即时评价。
教师精讲	根据学生代表的学习任务成果展示、学生课前学习的疑难与困惑以及学生自主学习效果检测的结果反馈，对学生存疑的重难点进行讲解。

2. 自主学习效果检测习题、答案及评分细则

（1）自主学习效果检测习题

自主学习效果检测题

一、请给下面加点的字注音。

芣苢（　　）（　　）　薄言（　　）　掇（　　）　捋（　　）

袺（　　）　襭（　　）　兜鍪（　　）（　　）　胛（　　）

唤渠（　　）　半霎（　　）　莳（　　）　未匝（　　）

二、解释下列句子中加点字、词的意义。

采采芣苢______　　薄言采之______

薄言有之______　　薄言掇之______

薄言捋之______　　薄言袺之______

薄言襭之______　　唤渠朝餐歇半霎______

秧根未牢莳未匝______；______

三、用“/”划分两首诗歌的诵读节奏。

芣苢

采采芣苢，薄言采之。采采芣苢，薄言有之。
采采芣苢，薄言掇之。采采芣苢，薄言捋之。
采采芣苢，薄言袺之。采采芣苢，薄言襭之。

插秧歌

田夫抛秧田妇接，小儿拔秧大儿插。
笠是兜鍪蓑是甲，雨从头上湿到胛。
唤渠朝餐歇半霎，低头折腰只不答。
秧根未牢莳未匝，照管鹅儿与雏鸭。

四、文学文化常识填空。

《诗经》是我国第一部诗歌总集，它汇集了从西周初年到春秋中期五百多年间的诗歌305篇，又称______、______，共分为______、______、______三部分。______即“十五国风”，包括15个地方的民歌；______是正统的宫廷乐歌；______是祭祀乐歌，用于宫廷宗庙祭祀祖先、祈祷和赞颂神明。《诗经》多用______、______、______手法。______就是平铺直叙，铺陈。______是类比、比喻。______是以其他事物为发端引出所要歌咏的内容。

杨万里，字廷秀，号诚斋。南宋著名诗人，与陆游、尤袤、范成大并称为__________。杨万里一生作诗两万多首，传世作品有四千二百首，他创造了语言浅近明白、清新自然，富有幽默情趣的__________。

（2）自主学习检测题答案及评分细则

一、请给下面加点的字注音。（14分，每空1分）

芣苢（fú）（yǐ）　　薄言（bó）　　掇（duō）　　捋（luō）

袺（jié）　　襭（xié）　　兜鍪（dōu）（móu）　　胛（jiǎ）

唤渠（qú）　　半霎（shà）　莳（shì）　　未匝（zā）

二、解释下列句子中加点字、词的意义。（20 分，每空 2 分）

采采芣苢　茂盛的样子　　薄言采之　助词，无实义

薄言有之　取得，获得　　薄言掇之　拾取，摘取

薄言捋之　从茎上成把地取下　　薄言袺之　提起衣襟兜东西

薄言襭之　把衣襟掖在腰带上兜东西　　唤渠朝餐歇半霎　极短的时间

秧根未牢莳未匝　移栽，种植；布满，遍及

三、用“/”划分两首诗歌的诵读节奏。（20 分，每首诗 10 分）

芣苢

采采 / 芣苢，薄言 / 采之。采采 / 芣苢，薄言 / 有之。
采采 / 芣苢，薄言 / 掇之。采采 / 芣苢，薄言 / 捋之。
采采 / 芣苢，薄言 / 袺之。采采 / 芣苢，薄言 / 襭之。

插秧歌

田夫 / 抛秧 / 田妇 / 接，小儿 / 拔秧 / 大儿 / 插。
笠是 / 兜鍪 / 蓑是 / 甲，雨从 / 头上 / 湿到 / 胛。
唤渠 / 朝餐 / 歇 / 半霎，低头 / 折腰 / 只 / 不答。
秧根 / 未牢 / 莳 / 未匝，照管 / 鹅儿 / 与 / 雏鸭。

四、文学文化常识填空。（16 分，每空 1 分）

《诗经》是我国第一部诗歌总集，它汇集了从西周初年到春秋中期五百多年间的诗歌 305 篇，又称“诗”、“诗三百”，共分为风、雅、颂三部分。风即“十五国风”，包括 15 个地方的民歌；雅是正统的宫廷乐歌；颂是祭祀乐歌，用于宫廷宗庙祭祀祖先、祈祷和赞颂神明。《诗经》多用赋、比、兴手法。赋就是平铺直叙，铺陈。比是类比、比喻。兴是以其他事物为发端引出所要歌咏的内容。

杨万里，字廷秀，号诚斋。南宋著名诗人，与陆游、尤袤、范成大并称为“中兴四大诗人”。杨万里一生作诗两万多首，传世作品有四千二百首，他创造了语言浅近明白、清新自然，富有幽默情趣的诚斋体。

（3）课前教师任务与学生任务说明

教师：在班级空间发布自主学习任务单、微课、课件等相关学习资源，学生自行完成学习任务单后提交，之后完成配套自主学习效果检测题。教师根据学生作答情况，

解决教学内容中有关诵读韵律、字词释义及文学文化常识等基本问题，并对学生反馈的疑难问题进行统计整理。

学生：根据班级空间发布的自主学习任务单，掌握本节课的学习目标及重难点，结合教师发布的微课及课件等相关教学资源，完成课前自主学习任务和配套自主学习效果检测题。及时反馈课前学习存在的疑难与困惑，了解课堂活动预告，为课堂学习打下基础。

【困惑与建议】

学生：《芣苢》和杨万里的《插秧歌》都是我国古代有关劳动的颂歌，二者有何区别？

教师：在对《芣苢》和《插秧歌》两首诗歌的比较鉴赏中，我们把重点放在诗歌所描绘的劳动场景、表达情感及所使用的表现手法上。

（三）课中阶段教与学活动的设计与组织

1. 课中教与学活动设计方案

以课前自主学习任务中的情境任务作为导入：文学社要出版以劳动为主题的古代诗词作品集，作为美术编辑，请你描绘《芣苢》和《插秧歌》两首诗展现的劳动场景并配以插图。教师展示学生课前通过班级空间提交的典型作业，之后再次为学生创设情境：作为文学社主编，你会选择哪则劳动场景的描述和哪幅插图？

（1）疑难突破

学生以学习小组的形式开展讨论交流，确定哪则描述和哪幅插画最符合古诗中的劳动场景。教师可予以帮助和提示，从诗歌使用的表现手法、具体词句、诗歌意境、诗人情感等方面入手。

（2）展示交流

每个学习小组由一名学生代表发言，挑选出本小组所认为的最能反映古诗意境的两则描述和两幅插图并说明原因。小组之间意见不一，可寻求教师帮助。教师解答同学讨论后存在的共性问题，如“诗歌配图用彩色还是水墨画更合适？”并以北宋王希孟的《千里江山图》、唐代张萱的《捣练图》和清代郑燮的《墨竹图》为例，展现色彩与水墨的区别。引导学生深入学习这两首诗歌，分析《芣苢》采用的手法为赋、重章叠唱，《插秧歌》采用的表现手法为白描和人物对话。赋和白描手法的使用，使配图更适合采用水墨画，即用墨色线条勾勒形象而不过分渲染、烘托。

另外，《芣苢》中关键词“采”“有”“掇”“捋”“袺”“襭”，具体展现了采摘芣苢的劳动以及妇女满载而归的欢乐；《插秧歌》中“笠是兜鍪蓑是甲”采用了比喻的修辞手法，具体动作“抛”“接”“拔”“插”则表现了一家四口插秧劳作、全神贯注的神态。两首诗歌共同反映了古代劳动人民劳作的欢欣与热情，除此之外《插秧歌》还刻画了劳动的紧张与辛苦。所描绘的劳动场景和插图中的人物表情应展现劳动的欢欣与愉悦，情绪高涨。

（3）练习巩固

针对学生课前自主学习任务及课上疑难突破的完成情况，教师通过平板推送课中随堂巩固练习题。学生在班级空间中完成习题并及时上传，教师根据学生课上作答情况再次对重难点和学生易错点进行精讲巩固。

（4）总结归纳

由学生总结本节课所学内容，教师进行补充。之后，回顾课本第二单元所学内容，教师总结劳动的必要性和重要性，引导学生体会劳动精神的传承与发展。通过平板同屏播放一天24小时中辛勤工作的劳动者视频，增强学生劳动最美、劳动最光荣的意识，使学生深刻认识到劳动无处不在，要让青春在劳动中绽放光彩。

2. 课中随堂巩固习题、答案及评分细则

表 6–1　课中随堂巩固习题

诗歌	劳动场景	表达情感	表现手法	手法分析
《芣苢》				
《插秧歌》				

表 6–2　参考答案及评分细则

诗歌	劳动场景	表达情感	表现手法	手法分析
《芣苢》	风和日丽的平原旷野上，田家妇女三五成群，欢乐地采摘芣苢。（2分）	劳作的欢乐，以及满载而归的喜悦之情。（2分）	赋 重章叠唱 （2分）	赋：铺陈，具体描绘了妇女采摘芣苢的全过程；（2分） 重章叠唱：全诗三章十二句，只有动词在不断变化，其余全是重叠。（2分）
《插秧歌》	农人一家四口插秧劳作的繁忙与辛苦，蕴含收获的欢欣与喜悦。（2分）	诗人对劳动与劳动者的赞美之情。（2分）	白描 比喻 对话 （3分）	白描：用朴素简练的文字展现插秧的劳动场景；（2分） 比喻：将蓑衣斗笠比喻为士兵的铠甲头盔，突出劳作的紧张与辛苦；（2分） 对话：“唤渠朝餐歇半霎，低头折腰只不答：秧根未牢莳未匝，照管鹅儿与雏鸭。”直接展现了田妇与田夫之间的对话。（2分）

3. 课中教师任务与学生任务说明

（1）通过情境任务——作为文学社主编，你会选择哪则描述和哪幅插图？导入新课，激发学生学习的积极性和主动性。

（2）学生以小组的形式开展讨论交流，之后由一名学生代表发言，挑选出本小组所认为的最能恰当反映古诗的两则描述和两幅插图并说明原因。小组间如有不同意见可再次进行思想碰撞，之后由教师进行补充和讲解，启发学生完成本节课中的重难点学习。

（3）学生在班级空间中完成教师推送的课中随堂巩固练习题，教师订正答案并对出错率较高的问题进行精讲巩固。

（4）学生总结本课所学，教师进行单元总结，并播放一天 24 小时中辛勤工作的劳动者视频，帮助学生形成正确的劳动观念，揭示单元主题：让青春在劳动中绽放光彩。

（四）课后阶段教与学活动的设计与组织

1. 课后教与学活动设计方案

（1）为帮助学生在日常生活中树立正确的劳动观念，积极自觉地参加各项劳动活动，布置以下作业：将自己在学校或家中参与的劳动活动拍照或拍摄视频并撰写班级劳动宣言。优秀作品通过学生平板在全年级展示。

（2）学生课下完成平板推送的课后进阶提升习题，完成后根据平台评分和推送的答案解析查漏补缺。若仍存在疑问，可通过学生平板连线教师，教师在线答疑。

2. 课后进阶提升习题、答案及评分细则

课后进阶提升习题

一、阅读下面的古诗，完成第 1—2 题。

诗经 · 桃夭

桃之夭夭，灼灼其华。之子于归[①]，宜其室家。
桃之夭夭，有蕡[②]其实。之子于归，宜其家室。
桃之夭夭，其叶蓁蓁[③]。之子于归，宜其家人。

［注］①归：出嫁。②蕡（fén）：草木果实繁盛硕大的样子。③蓁（zhēn）蓁：草木茂盛的样子。

1. 下列对本诗的理解和分析，不正确的一项是（　　）。（3 分）

A. 本诗第一章以鲜艳的桃花比喻新娘的年轻娇媚。诗中既写景又写人，情景交融，烘托了欢乐热烈的气氛。

B. 本诗第二章表达对婚后的祝愿。桃花开后，自然结果。诗人说它的果子结得又肥又大，此乃象征着新娘早生贵子。

C. 第三章以桃叶的茂盛祝愿新娘家庭兴旺发达。以桃树枝头的累累硕果和桃树枝叶的茂密成荫来象征新娘婚后生活的美满幸福，堪称最美的比喻、最好的颂辞。

D. 本诗语言极为优美，又极为精练。章法结构上采用反复手法，章与章句型重复，字面也大体相同，具有一咏三叹之妙。

2. 请从比兴手法运用的角度赏析全诗。（6 分）

二、（2017 年全国卷 I）阅读下面这首宋诗，完成第 3—4 题。

礼部贡院阅进士就试

欧阳修

紫案焚香暖吹轻，广庭清晓席群英。
无哗战士衔枚勇，下笔春蚕食叶声。
乡里献贤先德行，朝廷列爵待公卿。
自惭衰病心神耗，赖有群公鉴裁精。

3. 下列对这首诗的赏析，不恰当的两项是（　　）。（5 分）

A. 诗的第一句写出了考场肃穆而怡人的环境，衬托出作者的喜悦心情。

B. 第三句重点在表现考生奋勇争先、一往无前，所以把他们比作战士。

C. 参加礼部考试的考生都由各地选送而来，道德品行是选送的首要依据。

D. 朝廷对考生寄予了殷切期望，希望他们能够成长为国家的栋梁之材。

E. 作者承认自己体弱多病的事实，表示选才工作要依靠其他考官来完成。

4. 本诗的第四句“下笔春蚕食叶声”广受后世称道，请赏析这一句的精妙之处。（6 分）

参考答案及评分细则：

1. D（3 分）

［解析］章法结构上不是反复手法，而是重章叠句。

2. ①本诗以“桃之夭夭”起兴，通过铺垫和渲染，真挚地表达了对新娘的赞美和祝福。（3 分）②以桃设比，通过对桃花、桃实、桃叶的描写，在赞美新娘美丽贤淑的同时，从不同的角度祝福新娘婚后生活美满，家族兴旺。联想巧妙，形象鲜明，意趣盎然。（3 分）

［解析］本诗兴中有比，比兴兼用。全诗三章，每章都先以桃起兴，继以花、果、叶作比喻，极有层次。由花开到结果，再由果落到叶盛。所喻诗意也渐次变化，与桃花的生长相适应，浑然天成，融为一体。

3. BE（5 分，少选得 3 分，错选或多选均不得分）

［解析］B 项说法错误。衔枚：古代军旅、田役时，令口中横衔状如短筷的“枚”，以禁喧哗，所以在这里是指环境的庄严肃静。E 项全诗透露出一种惜才爱才的真挚感情，也表达了要为国选出真才的责任感和使命感。这是作者的谦辞。

4. ①用春蚕食叶描摹考场内考生落笔纸上的声响，生动贴切；（2 分）②动中见静，越发见出考场的庄严寂静；（2 分）③强化作者充满希望的喜悦之情。（2 分）

［解析］该题是鉴赏诗歌语言的炼句题，需要答出修辞手法，并结合诗句加以分析。该句运用了比喻的修辞手法，写出试题下发后考生奋笔疾书时的沙沙声，好似春蚕在吃桑叶。形象生动地写出了士子奋笔疾书的场景，表达了作者的惜才爱才之情。

3. 教师与学生创制生成的教学资源

优秀班级劳动宣言展示：

民生在勤，勤则不匮。夙兴夜寐，洒扫庭内。

勤以修身，劳可安邦。吾辈青春，宜当自强。

进德及身，以学以行。铭记校训，创造辉煌。

（五）学生学习质量评价方案

本节课中学生学习质量评价由课前、课中、课后三个部分组成，课前、课中、课后三部分赋分各占总成绩的 20%，40% 和 40%。

课前学习质量评价根据平板学生端登录次数、观看时长、自主学习效果检测习题完成情况予以赋分，由教师加以汇总统计。课中学习质量评价除了课中随堂巩固习题的完成情况之外，还包括教师和学习小组内成员的评价分数，以及智学网提供的学生回答问题次数。其中，组内成员评分和智学网数据各占课中学习质量评价分数的 20%，教师评分和课中随堂巩固习题的完成情况各占课中学习质量评价分数的 30%。课后学习质量评价主要由班级劳动宣言撰写和课后进阶提升习题两个部分组成，其中班级劳动宣言的评比依托智学网的投票系统完成，课后进阶提升习题则根据学生的完成情况和正确率加以赋分，两部分各占课后学习质量评价赋分的 50%。

案例二 语文学科案例“‘教育惩戒之我见’写作指导”

一、教师基本情况介绍

<table>
<tr><td>姓　　名</td><td>杜江飞</td><td>执教年级</td><td>高中二年级</td></tr>
<tr><td>教材情况</td><td colspan="3">高考语文模拟卷（一）</td></tr>
<tr><td>职　　称</td><td colspan="3">中学一级教师</td></tr>
<tr><td>个人简介</td><td colspan="3">2001年毕业于黑龙江省佳木斯大学汉语言文学教育专业。
从教以来，两次被评为济南市优秀班主任，在市教育局的第九届“走青春路，做育花人”的主题活动中获二等奖。被评为学校十佳教师、教育教学能手，所辅导的学生在全国作文大赛中取得了一等奖。
教学上有多篇论文获奖，论文《标点运用的“小处方”》在国家级刊物《语文天地》上发表，《鲜花装点四时香——四季花诗词赏析》获市二等奖，《生命自有美意》获市二等奖，《中学“立体作文”教学尝试》获市一等奖。
教学上思考独到，善于运用鲜活的案例，能熟练地运用现代教育手段，是学校智慧课堂教学的先行者。</td></tr>
<tr><td>所在学校情况介绍</td><td colspan="3">山东省济南第三中学历史悠久，始建于1948年。作为山东省首批重点中学，是济南市推动智慧课堂教育的先行学校，成功入选山东省智慧教育研究院示范校，为国家输送了包括3名中科院院士在内的数万名优秀毕业生，曾获国家级语言文字规范化示范学校、省级文明单位、省电化教育示范学校等荣誉称号。
学校发展高速有序，现为全国青少年人工智能创新人才培养基地、山东省级规范化学校、山东省电化教育示范学校、山东省首批教育信息化示范单位、山东省文明校园、济南市首批智慧校园示范校、济南市教育系统先进单位，连续多年在济南市事业单位绩效考核中荣获优秀单位、济南市家长满意学校的称号。</td></tr>
</table>

二、案例基本情况介绍

案例题目	“教育惩戒之我见”写作指导
课　　型	新授课□　习题讲评课☑　专题复习课□

续表

案例涉及的教学内容介绍	1. 材料作文的审题立意如何确定及呈现原则？ 开门见山提论点，即“教育惩戒是必要的，但注意惩戒的尺度要适当”。 2. 围绕论点如何布局谋篇？ 总分结构、并列结构、层递结构、类比结构。 3. 回顾作文题目的拟定原则：体现材料中的关键词(基本要求)+运用修辞(更高要求)。 4. 应用文体——发言稿的格式要求：开头称呼、问候语以及结尾的落款。
案例的自我评价	我所教授的两个教学班均为智慧课堂实验班，经过教学实践和效果反馈，现代智慧教学手段在课前、课中和课后三个环节中都发挥了强大作用。 （1）课前阶段：学生根据学习任务单，明确预习任务，通过查看推送的作文资料，提前筛选出自认为最优秀的 4 篇作文。这个预习环节针对性强，教师根据课前学生的反馈及时准确地了解学情，确定票数最高的 4 篇作文成为课堂的主讲内容。这充分发挥了学生的主体作用，让教学真正达到“按需供应”，使教学更加精准。 （2）上课过程中，通过抢答、随机答、全班作答等互动环节提高了学生的专注度，尤其是在投票环节和课堂讨论环节学生表现出极高的参与度。通过平台的数据，教师能更清楚地了解班级整体水平以及学生的个体差异，学生也能从他人的阐释理由中获得新的启发。 （3）课后的“作文二次易稿”生成环节，能帮助学生落实并运用课堂所学知识，也便于教师快速掌握总体学情，及时查漏补缺。 本节课例中，智慧课堂教学手段使学生主体地位发挥到了极致，学生从传统单纯的听讲、知识的被动接收，变成课堂的主人、知识的主动创造者，同时教师对整体的学情、个体的差异也有了精准的定位。

三、案例正文

（一）案例背景介绍

作为语文教学的重要阵地，作文讲评一直是提高学生写作能力的有效手段，但是讲评的方式比较传统单一，学生在理解时更多地局限于老师讲什么就听什么，没有自主选择的权利；课后作文的生成展示也比较慢，生成后教师的讲评也大多针对的是个人，有时常常拖慢了教学的有效时机，使写作成为不少学生的重灾区。而智慧课堂教学，课前可以推送大量的资料，便于学生课前的选择和学习；课前布置的预习任务的反馈，能精准地了解学情，确定教学内容和教学重点、难点。另外，授课中在平板上利用工具对重要的知识点现场标注、展示、说明，有助于帮助学生更好地理解要点，学以致用。同样，在课后通过回放和截图等方式，便于对知识的再理解和巩固。

（二）课前阶段教与学活动的设计与组织

1. 课前教与学活动设计方案

教师：（1）收集本次学生的作文，进行分类整合；（2）设计“作文讲评”自主学习任务单；（3）将以上资源发布到学习平台；（4）设置评论区供学生留言，收集学生自主选择该作文的原因、学习的问题与疑惑，以及时调整智慧课堂教学的策略，使课堂教学更有针对性。

学生：（1）认真阅读并完成平台上老师发布的作文投票任务；（2）根据学习任务单要求的学习目标与知识重点，完成课前自主学习任务；（3）将阅读他人作文中产生的疑问、困惑在评论区留言反馈给老师。

2. 自主学习任务单

一、基础信息	
课程名称	“教育惩戒之我见”写作指导
教材情况	高考语文模拟卷（一）
授课对象	高二学生
开课学期	2020—2021 学年第二学期
课堂授课地点	高二平板班教室
网络课程平台	科大讯飞智学网
二、学习指南	
学习内容	高考语文模拟卷（一）写作
课前学习 拟达成目标	阅读老师推送的作文资料，筛选 4 篇并在留言区浅谈理由。通过课前的初体验，让学生能够做出选择并表达想法且言之成理，这本身就是一种思考和收获。
本节知识重点	1. 材料作文审题立意如何确定及原则？ 2. 围绕论点如何谋篇布局？ 3. 回顾作文题目的拟定原则。
学习方法建议	自主学习、合作探究
三、课前任务	
课前自主学习任务	通过查看老师推送的作文资料，能够筛选 4 篇自认为优秀的作文。 针对自己所选的作文，谈谈自己的想法和理由。 将阅读他人作文中产生的困惑在评论区留言反馈给老师。

续表

课前学习效果检测	在规定时间内提交老师在平台发布的任务。
四、困惑与建议	
课前自主学习后存在的疑问与困惑	1. 某某的作文语言优美，字迹工整隽秀，但总感觉文章哪里不对头，又说不清楚到底问题出在哪里？ 2. 感觉某某的作文立意很全面，但我周围的同学并没有选择这篇，我不知道自己的认识和评价对不对？
对教师课堂授课内容与形式的建议	坚持以学生为主体的地位不动摇，在课堂实际生成过程中让智慧课堂的教学手段更灵活地辅助教学，而不是为了使用这一手段而设置课堂环节，避免形式大于内容。
五、课堂活动预告	
教师精讲	对大家集中选择的 4 篇作文重点讲评，其中存在的问题也同时消除了部分学生在预习中反馈的困惑。
课前学习任务汇报与研讨	汇总大家选择最多的 4 篇作文，交流所选作文的理由。

3. 自主学习效果检测习题、答案及评分细则

表 6−3　自主学习效果检测习题、答案及评分细则

阅读下面的材料，根据要求写作。（60 分）（山东卷） 2019 年 12 月 12 日《中国青年报》报道，中国青年报社社会调查中心对中小学是否需要引入教育惩戒制度进行了专项调查，结果显示，3.1% 的受访学生家长表示不支持教育惩戒。 面对教育惩戒，有人说，惩戒只是一种手段，学生教育应以赏识和鼓励为主；有人说，没有惩戒的教育，是不完整的教育，要把戒尺还给老师，让学生明对错、知敬畏；也有人说，教育者一定要明确教育惩戒与体罚的区别，适当的教育惩戒绝不等同于体罚；还有人说，社会要用制度为老师撑腰，但教育惩戒的限度和尺度还需合理把握。也有个别家长因孩子受到批评，不问是非曲直，到校无理取闹的现象…… 2019 年 11 月 22 日教育部发布《中小学教师实施教育惩戒规则（征求意见稿）》《征求意见稿》指出，教育惩戒是教师履行教育教学职责的必要手段和法定职权。对学生违反学生守则、校规校纪、社会公序良俗等行为，教师应当给予批评教育，并可以视情况予以适当惩戒。 读了以上材料，你作为受教育的主体，对“教育惩戒”的态度和看法如何。请写一篇发言稿，阐述你对这一问题的认识与思考，并提出希望与建议。 要求：自拟标题，自选角度；不要套作，不得抄袭；不得泄露个人信息；不少于 800 字。

续表

答案：教育惩戒是必要的，但注意惩戒的尺度要适当。
评分细则：参考高考作文评价标准

4. 课前教师任务与学生任务说明

作为语文教学的重要阵地——作文讲评一直是提高学生写作能力的有效手段，但是讲评的方式比较传统单一，学生被动接受，没有经过阅读自主选择、自己阐明理由的机会和权利；同时，课后作文的生成展示上也比较慢，生成后教师的讲评也大多针对的是个人，这常常贻误了教学的有效时机。

针对这种情况，教师充分利用智慧课堂教学手段，课前推送相关资料，便于学生自主地阅读和选择；布置一定的预习任务，通过平台反馈的数据，精准地了解学情，这样才能更好地确定教学内容、教学重点和难点，目的是做到真正以学生为主体，教学内容更贴近学生的水平和需求。

同样，通过课前任务的布置，学生要认真预习平台上教师发布的作文材料，根据学习任务单要求的学习目标与知识重点，完成课前自主学习任务。利用平板对重要的知识点做批注、标划、展示等，并在教师设置的留言区留言，和教师有更多方式的“面对面的交流”，这样有助于学生更好地理解要点，学以致用。

（三）课中阶段教与学活动的设计与组织

1. 课中教与学活动设计方案

表 6–4　课中教与学活动设计方案

教学过程	环　　节	学生活动	教师活动
问题导入	疑难突破 1	认真聆听老师预习反馈，针对其他同学的疑惑，自己试解答，小组探究试答疑。	平板同屏展示学生反馈较多的疑问与困惑，并解答集中且小组无法释疑的问题；展示课前预习任务单的大数据结果，以此作为本节课教学内容及学习重点。
	展示点评 1	利用工具，在有疑问的作文上直接进行标注解疑。	展示答疑环节所涉及的作文，并补充说明学生解疑过程中的漏洞和不足。

续表

“教育惩戒之我见”写作指导及点评	展示点评 2	展示大家投票最集中的4篇作文，再从中投最优的一篇。投票结果显示，有两篇作文不分伯仲，学生可任选一个感兴趣的进行点评，在平板上进行标注，将标注的结果截屏发送至讨论区。	平板平台发布课堂活动任务，发布投票任务，展示投票结果及投票的人员名单分布。大数据显示，大家的投票集中在两篇作文上，据此我开放讨论区，学生针对自己的选择畅所欲言，各抒己见，完成教学设计。
	疑难突破 2	以辩论赛的形式，分为正反方对不分伯仲的两篇作文进行评价并阐述理由，其他同学及时质疑补充。	引导学生关注材料作文中每段的关键词，并汇总关键词，连词成句，确定立意；引导学生结合谋篇布局、拟题等方面点评；引导学生关注作文要求和应用文文体特征。
作文生成：二次易稿总结归纳	展示点评 3	结合前面的讲授和互评后，限时8分钟，大框架完成二次易稿并拍照上传。	回顾讲授与互评的过程，限时8分钟将作文进行二次易稿，完成的拍照上传展示。
	疑难突破 3	梳理教师的讲授和互评的收获，结合二次易稿的切身体验，总结材料作文的主干知识链。	教师进行点评，提出完善建议，以思维导图展示并说明材料作文写作的知识体系。
课堂练习	练习巩固	一句话概括另一个相似材料的立意，根据提交后的系统反馈查找自己的薄弱知识环节。	推送课堂练习巩固（类似的热点事件）并发布任务：用一句话来概括本文的论点。及时查看学生提交情况，对再次集中出现的问题下节课予以重点讲解。

2. 课中随堂巩固练习、答案及评分细则

学生经过课堂学习，对作文的审题立意及围绕论点展开论述的谋篇布局有了更新的认识，并通过评析他人的作文检验自己的学习效果，力争达到不仅会写作文也会评作文的程度，使二者能够相得益彰。

表 6-5　课中随堂巩固练习、答案及评分细则

阅读下面的材料，根据要求写作。（60 分）（江苏卷） 材料一： 2019 年 7 月，中共中央、国务院印发了《关于深化教育教学改革全面提高义务教育质量的意见》，其中明确提出，将制定实施细则明确教师教育惩戒权。教育惩戒是指教师依据一定的规范，以不损害学生身心健康为前提，以制止和消除学生的不当行为，帮助学生改正错误为目的，以惩罚为特征的一种教育方式。其在培养规则意识、锻炼承担责任、承受挫折的心理品质方面具有其他教育方法难以替代的价值和功能。 材料二： 《从百草园到三味书屋》一文中鲁迅写启蒙老师寿镜吾老先生，“他有一条戒尺，但是不常用，也有罚跪的规则，但也不常用”。 材料三： “国将兴，必贵师而重傅；贵师重傅则法度存。国将衰，必贱师轻傅；贱师轻傅则人有快，人有快则法度坏。”——荀子《荀子·大略》 关于“教育惩戒”，你有怎样的看法和思考？请结合以上材料，联系当今生活和社会教育现状，谈谈你的认识。 要求：选好角度，确定立意，自拟标题，不得抄袭和套作，不得泄露个人信息。写一篇不少于 800 字的文章。
答案：教育需要合理适度的教育惩戒。（要求：一句话概括论点）
评分细则：参考高考作文评价细则

3. 课中教师任务与学生任务说明

（1）教师展示课前学生的疑问反馈及预习任务单的大数据结果，以此点明本节课教学内容及学习重点。通过展示，便于学生之间互相解答或者小组探究。

（2）教师布置新的课堂任务，要求学生投票、互评批注。旨在训练学生不仅要有自己的认识，还要能表述做出选择的原因，要有思考。

（3）学生要结合前面的讲授和互评，限时 8 分钟，大框架完成二次易稿并拍照上传。教师想让学生既要有理论又要懂实践，同时通过限时写作训练学生的专注力。

（4）学生自主梳理总结本节课主干知识链，教师进行点评，提出完善建议，并以思维导图的形式展示并说明材料作文写作的知识体系，使学生更深入、更全面地体悟知识。

（5）完成当堂练习巩固，学生可以根据提交后的系统反馈查找自己的薄弱知识环节。教师可以根据学生提交情况，对再次集中出现的问题予以重点讲解。

（四）课后阶段教与学活动的设计与组织

1. 课后教与学活动设计方案

（1）根据课堂所学的知识，要求学生对自己的作文进行全面细致的三次易稿，最终定稿成文上传。

（2）学生阅读教师推送的优秀例文，以拓宽提升自己的思想深度和知识广度。

（3）教师及时批阅学生上传的定稿，对分析偏差大的角度、对相对集中的错误可以录制微课进行发布。

2. 课后进阶提升习题、答案及评分细则

根据学生的课上学习情况，精准筛选课后练习题，分为两个梯度：课后的巩固练习和课后的提升练习。根据智学网平台上历次考试系统的数据分析，要求写作基础较弱的同学必做课后巩固练习，即作文提纲，包括用一句话概括论点、所选的论据以及拟题等；要求基础较好的同学需要完成课后提升练习，即 45 分钟的应试作文。

课后进阶提升习题——作文材料（2021.3 江苏模考试题）

交警大队民警在路口执勤时，发现一汽车驾驶人涉嫌酒驾，当民警进行酒精测试时，该驾驶人的母亲跪在道路中间为儿子求情，要求民警对其儿子免于处罚。当时正值下班高峰，路上来往车辆较多，车速较快，为保证该车驾驶人及其母亲的安全，尽量避免围观群众产生误解，民警也跪下来，向其母亲耐心解释酒驾行为的危害。

请根据你对材料的理解和感悟，自选一个角度，写一篇不少于 800 字的文章，标题自拟，不要套作，不得抄袭。

答案：（1）遵纪守法；珍爱生命；（2）拒绝溺爱；情与法的关系；（3）尊重他人；温情执法；智慧执法（最佳立意）

评分细则：参考高考作文评价细则

3. 教师与学生创制生成的教学资源

学生在课上初步完成作文指导，经过课上展示与教师点评，学生在课下继续进行完善，有了完整的知识建构，能够绘制作文基本能力的思维导图。

（五）学生学习质量评价方案

评价方案为过程性评价，满分 100 分。

本过程性评价包含课前、课中和课后三个阶段。课前赋分 20 分，由教师完成。教师根据平台数据中学生对课前资料的学习情况、自主学习任务单完成情况等进行赋分。

课中赋分 50 分，由教师和学生共同完成。教师赋分占 70%，主要包括课堂任务完成情况、展示交流环节的表现、课堂作业完成情况等。学生赋分占 30%，主要包括留言评论区的观点补充，对同学上传作文、互评作文的点赞留言等。

课后赋分 30 分，依据平台数据显示的课后二次定稿及在课后进阶提升中新生成的作文等情况，由教师赋分完成。

案例三　英语学科案例
“‘智’阅读‘慧’写作——新高考背景下的读后续写”

一、教师基本情况介绍

姓　　名	刘霞	执教年级	高中三年级
教材情况	人民教育出版社《英语》选择性必修		
职　　称	中学二级教师		
个人简介	2015 年毕业于中国石油大学（华东），英语口译专业，获硕士学位。 自参加工作以来，一直从事高中英语教学工作，并荣获以下荣誉：济南市青年教师教学竞赛二等奖；微课“九字口诀巧解定语从句”获济南市历下区信息化大赛一等奖；济南市市级优课；“新秀杯”教师大赛二等奖；校级“优秀班主任”等。 撰写的论文《读后续写教学设计——新高考背景下的德育融合案例分析》及《“立爱国之志，寻个人价值”主题班会案例》收录于著作《德·润　济南德润中学特色发展之路（下）》；2019 年参与课题“微课在英语语法教学中的应用和问题探究”，已顺利结题；2021 年参与课题“微课在英语写作教学中的实践探究”，现已立项。2020 年撰写的“依托智慧课堂，助力英语写作”获济南市中小学首批智慧教育应用典型案例；现正参与学校组织的省智慧教育研究项目申报工作。 我将始终以爱心和责任心践行教书育人使命，不断探索现代信息化技术在实践中的应用，创新教学模式，提高教学效率。		
所在学校情况介绍	同第六章 案例一		

二、案例基本情况介绍

案例题目	“智”阅读 “慧”写作——新高考背景下的读后续写
课　　型	新授课☑　习题讲评课□　专题复习课□
案例涉及的教学内容介绍	本节课是一堂读写课，是借助智慧课堂对新高考题型读后续写的一次尝试和探索。本语篇的主题语境是人与自我，贴近学生实际生活，学生可借由亚瑟反思自己的行为。该故事按照时间顺序，围绕小主人公亚瑟与妈妈一天的生活展开，亚瑟由最初的不爱打扫卫生到体会到脏乱的后果，最后通过给出的两段留有悬念的开头语，激发学生合理的想象力，将故事续写下去。 整堂课主要围绕“读、写、评”三大环节展开。在解读文本部分，设置了品读文本风格、分析人物特点、梳理故事的情节线和情感线等活动；在续写环节，通过 G-N Strategy（由已知信息推断出新信息的策略），经由问答法，老师先示范，而后学生模仿并生成续写框架，搭建起写作脚手架；在点评环节，师生共同总结评分标准——“3C（to be complete, correct and coherent）+ LP（to be logical and positive）”，对照标准，个人自评与小组互评相结合，进一步明确了今后写作的方向。 在新课标引领下，教学内容指向学科核心素养，以英语学习活动观为指导。在智慧课堂上，提取、梳理、归纳信息的过程，突出了语言能力的学科核心素养；小组合作、探究学习，知识技巧的迁移内化，体现了学习能力的学科核心素养；在读写活动中，对主题的剖析，学生由亚瑟联想到自己，反思自己的行为，体现了德育目标的渗透，学生学完本课后，随着亚瑟的改变，内心会有所触动，映射到现实生活中，提高自己的自理和独立能力，培养个人的责任和劳动意识，突出了文化意识的学科核心素养；学生在各项教与学活动的指导下，对比、分析、思考、内化、生成信息，彰显了思维品质的核心素养。学生在课堂上积极思考、自由讨论、大胆发言，增强了学生英语学习的自信心。
案例的自我评价	在智慧课堂助力下，本节课开启了全新的英语写作课模式，实现了人机交互、师生互动、生生互动，避免了评改滞后的弊端，提高了教学效率，增进了学生与老师、学生与学生之间的交流。 我认为，以下三点体现了现代信息技术在教学中的应用：①课前教师利用平板录制读后续写步骤、技巧及注意事项等内容的微课，供学生预习；②课中利用抢答、竞赛、讨论、点评、跟帖等互动功能，活跃学生思维；③课后利用作业平台和智学网阅卷系统，进行专项集中训练。 本节读写课，提高了学生的学习能力和语言能力，锻炼了学生提取、分析和整合信息的能力，引导学生养成独立、热爱劳动的习惯，培养了学生的责任感，突出了英语学科核心素养，将立德树人的根本任务渗透在各个环节。

三、案例正文

（一）案例背景介绍

传统的高中英语写作课往往按照“教师课上讲解 → 学生尝试写作 → 教师课下批阅 → 教师课上讲评 → 学生修改终稿”的模式进行，这一模式主要存在以下两个问题：第一，时间跨度大，效率低下。学生从最初接触写作主题到最终成稿，教师要进行“英语写作课”和“作文讲评课”两个课时的教授，再加上教师课下批阅作文的时间，完整地完成一篇习作大概需要两周左右，造成学生认知结构更新的滞后性，教学效果大打折扣。第二，评价反馈少，形式单一。教师一节课能完成的习作点评数量有限，并且无论是课下老师的批阅还是课上讲评，基本上都是教师向学生的单向输送，缺乏师生和生生之间的互动。

读后续写作为高考新题型，不同于传统的应用文写作，是一种将阅读与写作紧密结合的考查形式，对学生来说不仅新颖，而且具有一定的难度。高中英语高考《考试说明》对读后续写的介绍如下：提供一段 350 词以内的语言材料，要求考生依据该材料内容、所给段落开头语进行续写（150 词左右），将其发展成一篇与给定材料有逻辑衔接、情节和结构完整的短文。该题型不仅考查学生的英语语言运用能力，还要求学生展开合理地想象，具备发散思维和创新思维，突出了英语学科核心素养。

那么，如何克服传统英语写作课教授模式的弊端，在较短的时间内对高考新题型——读后续写进行集中高效的训练呢？学校自建校以来引入的科大讯飞畅言智慧课堂、智学网终端等给出了答案。首先，课前教师利用智慧课堂配套的平板录制与读后续写主题相关的资料，把微课或词汇等推送给学生，供学生课前预习，激活学生的“最近发展区”。其次，利用屏幕广播功能开展提问、抢答、讨论、作文点评等活动，“读、写、评”三位一体，层层递进。学生在讨论和点评环节可以发表自己的观点、点赞、跟帖，避免了评改滞后的弊端。最后，课下进行知识的延伸和专项习作的集中操练，利用平板的作业平台发布题目，扫描答题卡，借助智学网终端，本组教师仿照高考阅卷模式和评分标准进行盲批、二评和三评，提高了习作练习的实效性。

总之， 这种人机交互、师生互动、生生互动的全新英语写作课模式，破解了实践中的教育难题，提高了教学效率，增进了学生与老师、学生与学生之间的交流，使每个学生都有被关注的机会，将“因材施教，以学定教”的目标落到了实处，促进教育公平。在每次主题写作中，渗透德育教育，将立德树人的根本任务贯穿在 45 分钟的课堂中，引导学生树立正确的价值观，促进了学生的全面发展。智慧课堂助力下的英语写作教学，打破了时空界限，使传统教学模式向信息化、个性化方向迈进。

（二）课前阶段教与学活动的设计与组织

1. 课前教与学活动设计方案

（1）教师：利用平板录制与读后续写相关的微课，将微课等云资源，通过学生人手一部的平板推送给学生。

学生：观看微课并做笔记，充分了解读后续写这一新题型，明确读后续写的具体写作步骤及技巧。

（2）教师：将读后续写中经常出现的情感描写等细节描写，以英译汉、汉译英、美句赏析、“慧眼识珠”等丰富多彩的测试和游戏活动形式，在畅言作业平台发布自主学习任务，整理并统计学生反馈的共同疑难问题，并将个别同学的疑难问题线上解决。

学生：仔细阅读自主学习任务单的学习指南部分，把握学习目标、重点，完成导学案，丰富读后续写知识储备，同时为后续写作做词汇和句子上的铺垫。

【困惑与建议】

（1）学生：读后续写是不是可以自由发挥？

教师：不是的。虽然读后续写需要同学们发挥想象力，但是续写的内容必须基于原文情节和语言特点，尤其是根据已给出续写段落的段首句框定续写内容，注重续写的衔接性。

（2）学生：如何使续写的内容与原文看起来是一个整体呢？

教师：这个问题问得很好，直击读后续写这一题型的核心。这不仅需要续写的内容与原文有逻辑上的衔接，还要求在读这一环节仔细分析原文的语言特点或典型句式等，突出细节描写，必要的话还要回扣原文的物件等要素，做到与原文呼应。

2. 自主学习任务单

一、基础信息	
课程名称	“智”阅读“慧”写作——新高考背景下的读后续写
教材情况	人教版《英语》选择性必修
授课对象	高三全体学生
开课学期	2020—2021 学年第一学期
课堂授课地点	高三各班教室

续表

<table>
<tr><td>智慧支持平台</td><td>科大讯飞畅言作业平台、希沃白板 5、智慧课堂、智学网终端等</td></tr>
<tr><td colspan="2">二、学习指南</td></tr>
<tr><td>学习内容</td><td>1. 学习教师自录微课——系统化认识新高考中的读后续写。
2. 读后续写之细节描写练习。</td></tr>
<tr><td>课前学习
拟达成目标</td><td>1. 通过微课学习，获取并内化读后续写的写作步骤及技巧。
2. 通过读后续写的句子练习和游戏，注意写作中细节描写的方法，为课上写作做准备。
3. 阅读案例原文，分析人物特点，梳理故事内容，推理并预测情节发展。
4. 培养自主学习意识，辩证评价主人公，学习主人公克服困难的勇气。</td></tr>
<tr><td>本节知识重点</td><td>获取并内化读后续写写作步骤及技巧。
积累读后续写中的细节描写。</td></tr>
<tr><td>学习方法建议</td><td>自主学习、小组合作学习</td></tr>
<tr><td colspan="2">三、课前任务</td></tr>
<tr><td>课前自主学习任务</td><td>学习教师自录微课——系统化认识新高考中的读后续写，了解读后续写的写作步骤，注意把握并分析文本的时间线和情感线，记录续写前的注意事项，初步探索“问答法”和“四定法”的指导方法。
参与平台“慧眼识珠”的游戏活动，选出相对出彩的句子，初步感知读后续写的文体特点和语言特征。
完成自主学习任务单上关于读后续写细节描写的句子练习（节选）。
（1）当知道考试结果时，她兴奋极了。
When she knew the result of the test, she felt extremely ________________.
When she knew the result of the test, her eyes twinkled with ________________.
描述内心“兴奋”的常用词有________________。
（2）听到这个消息，他非常生气。
Hearing the news, he got very ________________.
Hearing the news, he was filled with ________________.
描述内心“生气”的常用词有________________。
（3）分手了，她伤心不已。
She broke up with her husband, and she felt extremely ________________.
She broke up with her husband, and she was overcome with ________________.
描述内心“悲伤”的常用词有________________。
（4）当男孩看到蛇时，他感到非常害怕。
Seeing the snake, the boy felt very ________________.
Seeing the snake, the boy was full of ________________.
描述内心“害怕，恐惧”的常用词有________________。
（5）她感到非常羞愧。
She felt ________________.
She felt so ashamed that she could feel her face ________________.（脸上滚烫）
描述内心“羞愧”的常用词有________________。</td></tr>
</table>

续表

课前学习效果检测	利用学习平台考试模块完成对本节知识内容的学习效果检测。
四、困惑与建议	
课前学习后存在的疑难与困惑	
对教师课堂授课内容与形式的建议	
五、课堂活动预告	
教师辅助	基于对课前微课的学习，借助智慧课堂，鼓励学生自主阅读 Arthur's story，分析文本内容和语言，把握记叙文中人物特点，引导学生按照时间线和情感线梳理故事情节。在上课过程中，共同探讨和解决学生的课前疑惑，启发学生根据续写段落中已给出的两段段首句，提出问题，生成续写要点，帮助学生搭建写作的脚手架，理解如何达到续写内容与原文的衔接性。
学生主导	分析人物特点，为续写埋下伏笔；绘制思维导图，梳理故事情节；小组交流碰撞，问题生成写作要点；借助智慧课堂的互动（抢答、PK 板、讨论）功能，畅所欲言，实时互评。

3. 自主学习效果检测习题、答案及评分细则

略。

4. 课前教师任务与学生任务说明

课前阶段教师的主要任务是依据学情，准备与本课主题相符且适合学生认知水平的课前自主学习资源。针对写作中出现的句子或词汇难点，提前设计一些游戏或练习等，进行写作中细节描写的预热。教师完成自主学习任务单的设计与开发，并将自主学习任务单与教学资源上传到学习平台。分析后台数据，进一步把握课堂教学的重点。

学生根据自主学习任务单的指导和教师设定的学习任务，通过观看微课获取读后续写的步骤、技巧和注意事项，并完成读后续写之情感和心理活动的细节描写练习。将自主学习过程中遇到的问题与疑惑以在线留言或面对面形式反馈给教师，教师据此并结合课前练习的情况对学生的问题进行精准分析，利用网络或课堂教学给予有针对性的问题解答和学习指导。教师根据课前教与学的活动、后台数据和学生疑惑的反馈设计智慧课堂教学活动，突出读后续写教学重点，突破学生面临的难点。

（三）课中阶段教与学活动的设计与组织

1. 课中教与学活动设计方案

教师选取与主题相关且贴近学生实际生活的图片，创设情境，引出主题。基于图片内容提出问题“What's the mother doing？ How about the boy？”，引发学生思考。因为该问题比较简单，利用智慧课堂的“互动—抢答”功能，在争分夺秒中使学生快速进入上课状态，刺激学生的大脑皮层，踊跃参与。其次，学生总览文章确定文本的体裁。教师设置了选择题“What's the writing style of the passage？ A. Narration; B. Argumentation; C. Exposition.”，学生独立完成，当堂提交答案，教师根据正答率判断学生对读后续写文本的理解。再次，教师引导学生按照时间顺序绘制思维导图，借助智慧课堂的“互动—PK 板”功能，梳理文本的情节线和情感线，还邀请学生上台，将文本故事表演出来，使学生在课堂上真正动起来，手脑结合，加深了对故事的理解和感悟，为下一步续写做好铺垫。最后，为了避免天马行空、毫无章法地续写，该题型给出了需要续写两段的段首句，框定了情节发展趋势。根据给出的两段段首句，学生以提问题的形式预测续写内容，问题的答案基本可以框定为后续写作的要点。此活动的亮点在于教师先示范，然后学生以小组讨论形式模仿并生成，注重知识和技巧的迁移与内化。在小组讨论环节，借助智慧课堂“互动—讨论”功能，学生畅所欲言，实时显示，组内和组间成员可以相互点赞、点评，针对问题给出自己的答案，各抒己见，在学生热火朝天的讨论中，需要续写的要点基本生成（教师可适当板书要点），亦将整堂课推向了高潮。

经过以上文本的解读和预测，学生写作内容的输出便水到渠成。教师留给学生 15 分钟左右的时间，让学生静下心来当堂写作。学生当场写，写完后利用智慧课堂的“拍照上传”功能，教师展示评分标准，同学之间互相点评，教师也可参与其中，与学生一起对他们的作品进行评价，并注意哪些是学生共性的问题。对于共性问题突出或者优秀的作品，可以启用希沃（SeeWo）白板视频展台功能，当场投屏展示，老师与学生共同点评。最后，利用屏幕广播功能，教师将作文范文推送给学生，共同赏析，领略英语这门语言的魅力，体会读后续写的要求和标准。

（1）疑难突破

根据课前学习内容和练习的反馈，学生本堂课主要存在两大难点。一是对续写要点如何做到与原文有效衔接存在疑问。二是对于续写内容如何与原文风格保持一致存在困难，尤其是对于使续写内容丰富和生动的细节描写句子不够敏感。因此，教师使用智慧课堂一键同屏功能，向学生展示 G—N Strategy，即由已知内容（given information）推断新内容（new information）。根据已给出的续写第一段的首句“However, Mom was still reading and said nothing.”，教师先向学生示范提出问题“What would Arthur react to Mom’s silence？”学生展开小组讨论，模仿老师根据段首句提问题的方式，组内氛围活跃，有问有答，生成续写内容要点。针对第二个难点，主要采取个人学习和小组合作相结合的方式。老师利用平板推送细节描写的好句子，学生自己赏析，找出这些句子的亮点在哪里，如“She heard the result of the test, her eyes twinkling with excitement.”在本句关于人物心情的细节描写使用了“独立主格”结构，使句子既高级又形象。同时，回到原文思考原文的语言特点。在自主思考的基础上，组员间相互交流，分享自己认为的亮点。

（2）展示交流

在突破了本节课的两大难点之后，学生在 15 分钟内当堂输出写作内容。写完后利用智慧课堂的“拍照上传”功能，教师展示评分标准“3C+LP”（The composition should be complete, coherent, correct, logical and positive）。学生与学生之间、教师与学生之间对上传的作文进行点评，取长补短。对于共性问题或者优秀的作品，可以启用希沃白板视频展台功能，当场投屏展示，老师与全班学生共同赏析。最后，利用屏幕广播功能，教师将作文范文推送给学生，共同学习。

（3）练习巩固

针对学生课上的表现和掌握情况，老师推送到平板上一篇新的读后续写文章，受制于有限的课堂时间，学生无须写作，只需应用课上习得的 G—N Strategy，根据给出的需要续写的两段文字的段首句，以提问题的形式预测续写内容，问题的答案基本可以框定为后续写作的要点。

（4）总结归纳

小组用平板屏幕共享的方式展示交流，教师总结发言。小组选出代表总结本节课所学知识，反思学习过程中出现的问题，教师补充完善，对进一步的学习提出建议。

2. 课中随堂巩固习题、答案及评分细则

略。

3. 课中教师任务与学生任务说明

（1）教师：选取与主题相关且贴近学生实际生活的图片，创设情境，引出主题。

学生：通过平板的“互动—抢答”功能，回答“What’s the mother doing？ How about the boy？”

（2）教师：设置选择题“What’s the writing style of the passage？ A. Narration; B. Argumentation; C. Exposition.”，根据正答率，教师判断学生对读后续写文本的理解。

学生：独立完成，当堂提交答案。

（3）教师：引导学生按照时间顺序，借助智慧课堂的“互动—PK 板”功能，梳理文本的情节线和情感线，邀请学生上台，将文本故事表演出来。

学生：梳理故事情节，绘制思维导图。小组合作，上台表演。

（4）教师：平板呈现 G—N Strategy，示范如何通过提问题的方式预测续写要点。

学生：借助智慧课堂“互动—讨论”功能，展开小组讨论，模仿老师的方法，展开问答，生成续写要点。

（5）教师：留给学生大约 15 分钟的写作时间，然后展现评分标准，参与学生的习作点评。

学生：当场写作，写完后利用智慧课堂的“拍照上传”功能共享自己的作品，并进行自评和互评。

（四）课后阶段教与学活动的设计与组织

1. 课后教与学活动设计方案

请同学们对照课上的点评，进行修改和优化，完成后上传畅言作业平台，弥补课堂时间的有限性。此外，教师可开展组内教研，匹配当前课堂读后续写练习的难度，再进行两到三篇的专项训练。首先利用平板的畅言作业平台发布题目，让学生限时完成，反复强化课上所学，然后扫描答题卡，借助智学网终端，本组老师提前商议好评分标准和采分点，对全年级的习作进行盲批、二评和三评，在批阅过程中及时记录共性问题，适时截图保存优秀作品，供全年级展示和表扬。

课后作业是对课上知识的补充和延伸。此外，借助智学网阅卷系统，上升到高考的标准对学生专项训练的作品进行批阅，拓展了学生的学习天地。在筛选作文题目和全年级统一批阅的过程中，加强了组内老师的沟通和交流，提高了集体备课的效果。

2. 课后进阶提升习题、答案及评分细则

略。

3. 教师与学生创制生成的教学资源

基于课前任务和课上学习，小组合作，生成思维导图。经过进一步润色和交流学习，输出自己和老师较为满意的作文习作。

（五）学生学习质量评价方案

课前评价（30%）：根据畅言作业平台提供的自动批阅功能，对学生的课前学习任务完成情况收集和分析后台数据，做出评价。评价内容依据网络教学平台提供的后台数据，包括平台登录次数、在线时长、任务完成情况、线上作业完成情况等。课中评价（50%）：依据学生在互动（抢答、PK、在线讨论、表演等）环节的综合表现。此部分评价中教师评分赋分占总评成绩的35%，学生组间评价赋分占总评成绩的15%。课后评价（20%）：学生课后根据课堂教师答疑及组间交流的情况重新修正自己的作品，上传至作业平台，老师和各小组对此进行评价，占15%。对于课下参与提升练习的情况，教师给予评价，占5%。

案例四　物理学科案例“圆周运动中的临界问题”

一、教师基本情况介绍

姓　　名	孟萌	执教年级	高中一年级
教材情况	人民教育出版社《物理》必修第二册		
职　　称	无		

续表

个人简介	2020年毕业于陕西师范大学(教学物理专业),获教育硕士学位。硕士在读实习期间曾多次参与广东省深圳市教育教学信息研讨会,同时参与完成了深圳市信息化教学活动中微课程的设计与录制工作。 自参加工作以来,一直从事高中物理教学工作,荣获教学成绩奖、优秀教师、优秀班主任等荣誉称号。2020年至今一直任教"智慧课堂"平板教学班,一直致力于灵活地将教育技术与物理教学进行课堂融合,目标是将物理课变得更加立体、丰富,探索高中物理学科智慧课堂优秀教学案例,并应用到实际教学中去,提高课堂效率。2020年硕士论文《基于生活情境的初中物理习题微课教学研究》现已成功发表。 我始终以灵活利用现有技术支持,努力为学生创造有趣高效的新课堂教学模式为目标,钻研探索,开辟求新。
所在学校情况介绍	山东省淄博第六中学始建于1897年,其前身是英国传教士兴建的教会学校,原名"光被学堂"。学校历经多次并校、改名,于解放初收归国有,1955年被山东省教育厅命名为"山东省淄博第六中学",是淄博市(鲁中地区)唯一一所百年中学,也是山东省首批办好的重点中学、山东省首批"高中教学示范学校"、山东省文明单位、首批山东省文明校园、首批创建全国文明校园先进学校。 学校秉持"人人有才,因势育才,一个学生,一面旗帜"的育人理念,主张每个学生都是有尊严的个体,每个学生都有自己的发展优势,每个学生都能成为社会的有用之才;全校师生说好每一句话,做好每一件事,对待好每个人;培养素质全面,特长鲜明,有责任、会担当、能自律的优秀人才。 在传承中创新,在创新中发展。学校将紧跟时代步伐,立足工作实际,凝聚发展共识,创新管理模式,提升服务效能,再出发,再辉煌!全校教职工讲学习,比进步;讲团结,顾大局;讲奉献,能担当;讲传承,保稳定;讲创新,出亮点;讲廉洁,守纪律;讲合力,共发展;讲质量、求突破;讲文明,树新风。力争把学校办成"政府放心、人民满意、社会尊重、教师幸福、学生向往"的现代名校!

二、案例基本情况介绍

案例题目	圆周运动中的临界问题
课　　型	新授课□　习题讲评课☑　专题复习课□

续表

案例涉及的教学内容介绍	一、圆周运动问题的解题步骤 确定研究对象；画出运动轨迹、找出圆心、求半径；分析研究对象的受力情况，画受力图；确定向心力的来源；由牛顿第二定律$F_n=ma_n=m\frac{v^2}{r}=m\omega^2r=m(\frac{2\pi}{T})^2r$ ……列方程求解。 二、临界问题常见类型 1. 按力的种类分类 （1）与弹力有关的临界问题：接触面间的弹力：从有到无或从无到有绳子的拉力：从无到有，从有到最大，或从有到无。 （2）与摩擦力有关的弹力问题：从静到动，从动到静，临界状态下静摩擦力达到最大静摩擦。 2. 按轨道所在平面分类 （1）竖直面内的圆周运动；（2）水平面内的圆周运动。 三、竖直面内的圆周运动的临界问题（本课时） 1. 单向约束之绳、外轨道约束下的竖直面内圆周运动临界问题； 2. 单向约束之内轨道约束下（拱桥模型）的竖直面内圆周运动的临界问题； 3. 双向约束之轻杆、管道约束下的竖直面内圆周运动的临界问题。 四、水平面内圆周运动中的临界问题（第 2 课时） 1. 对物体进行受力分析； 2. 找到其中可以变化的力以及它的临界值； 3. 求出向心力（合力或沿半径方向的合力）的临界值； 4. 用向心力公式求出运动学量（线速度、角速度、周期、半径等）的临界值。
案例的自我评价	智慧课堂教学实施之后，我依据学习平台对整个学习过程的课堂实录，结合分析课前任务单的诊断性评价以及课堂过程中基于学习平台的精准及时的问题生成及实时学生数据反馈的形成性评价与课后的总结性评价检验结果对比，认为本节课对于提升学生的空间模型构建能力和知识运用都具有实质性的作用，课后学生都能将生活中与圆周运动有关的常见现象和问题与所学知识联系起来，切实做到将知识应用于实践。 依托信息化平台和移动终端的智慧课堂教学在教学过程中充分利用科技发挥了其反馈及时、高效、精准的特点，利用课后学习平台一对一的答疑和个性化学习以及丰富的第三方资源充分拓展外延知识，让学生将知识与生活、现代科技接轨。通过对圆周运动中临界情况的学习，学生认识到运用物理知识解决日常生活中实际问题的重要意义；深刻体会到从物理走向生活，从生活走向社会的理念。 智慧课堂教学实现了教育信息化理念对课堂教学的渗透，基于“圆周运动中的临界问题”一节的课程内容，对提高学生物理观念和社会责任感、培养学生的物理学学科核心素养有切实意义。

三、案例正文

（一）案例背景介绍

“圆周运动的两种临界情况”一节是人教版《物理》必修二的第六章圆周运动学完后的一节习题课内容，这部分内容的学习能帮助学生更全面深入地认识圆周运动的特殊情况及其临界条件，此外这节课还要求学生对于生活中圆周运动临界情况的分析、掌握和解决。因此，通过这节课的学习，学生除了要掌握圆周运动的几种临界情况外还要灵活对接知识与生活，解决生活中汽车过桥、转弯等情况的速度问题。以下为孟萌老师依托于信息化平台和移动终端开展的智慧课堂教学的案例体现。

（二）课前阶段教与学活动的设计与组织

1. 课前教与学活动设计方案

教师：在学习平台上提前半天发布自主学习任务单（与生活情境密切相关的非计算性质的、引人入胜的小故事性质的物理问题）以吸引学生思考，以及预习和学习资源供学生自主学习使用，在学生完成自主学习任务之后，整理统计回答，并将个别学生的其他疑难问题线上解决。

学生：思考自主学习任务单中的生活问题，然后根据教学系统平台提供的本节重难点知识的提示，依据学习方法的指导依次完成自主学习任务，结合观看教学微视频、教材学习、教学课件学习，初步掌握本节课的主要内容，完成预习任务。将遇到的疑难问题于自主学习任务单中“困惑与建议”部分线上向教师反馈。

2. 自主学习任务单

一、学习指导
1. 课题名称：圆周运动中的临界问题
2. 学习目标 （1）将实际情境问题与物理理论知识相结合，学会将所学的概念和规律应用于实践，解决更多的实际问题，回归生活，让物理知识更好地服务生活。 （2）学会简化实际问题，建构物理模型。 （3）会运用圆周运动的知识解决水平转盘上运动物体的临界问题。 （4）掌握竖直平面内的圆周运动的解决方法并学会运用。 （5）完成“自主学习任务清单”中的相关任务及跟踪训练。
3. 学习建议 预习过程做好梳理，对疑惑节点反复观看并做好记录，及时完成课后拓展训练。
4. 教学基本环节预览 课前思考：过山车你最害怕的时刻与你实际最应该害怕的时刻 → 典例讲解 → 思路总结 → 拓展训练
二、学习任务

续表

通过预习，你学会了吗？

自制“水流星”，观察“水流星”表演时学生什么时候最害怕？学生最担心的问题是什么？

过山车你最害怕的时刻？为何害怕？

我们在进行实际问题简化（过山车），你需要进行哪些抽象化处理和模型建构？

预习任务

（一）临界问题常见类型：

按轨道所在平面分类：

1. 竖直面内的圆周运动（本节课）；2. 水平面内的圆周运动。

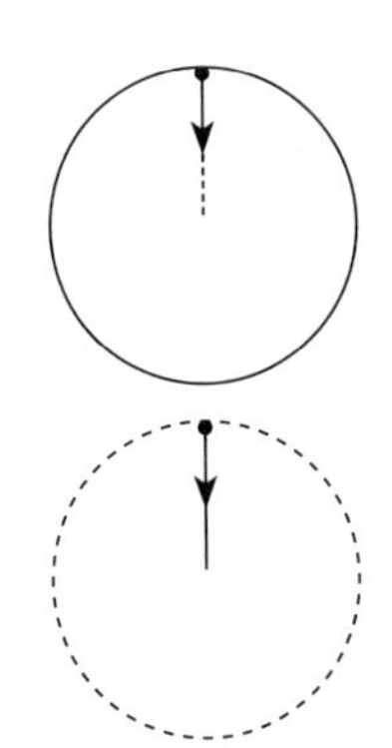

（二）竖直面内的圆周运动的临界问题

1. 单向约束之绳、外轨道约束下的竖直面内圆周运动临界问题

特点：绳对小球，轨道对小球只能产生指向圆心的弹力

临界条件：绳子或轨道对小球没有力的作用：

$mg = mv^2/R \rightarrow v_{临界} =$________（可理解为恰好转过或恰好转不过的速度）

即此时小球所受重力全部提供向心力

①能过最高点的条件：$v \geqslant$________，当 $v >$________时，绳对球产生拉力，轨道对球产生压力。

②不能过最高点的条件：$v <$________（实际上球还没到最高点时就脱离了轨道做斜抛运动）。

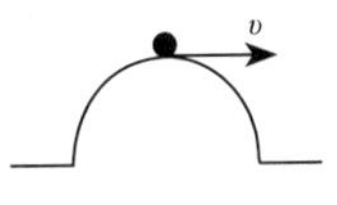

2. 单向约束之内轨道约束下（拱桥模型）的竖直面内圆周运动的临界问题：

汽车过拱形桥时会有限速，是因为当汽车通过半圆弧顶部时，汽车对弧顶的压力 $F_N = 0$，此时汽车将脱离桥面做平抛运动，因为桥面不能对汽车产生拉力。

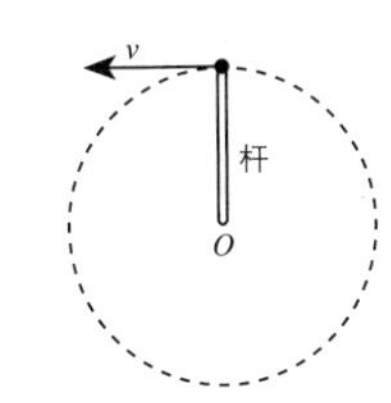

3. 双向约束之轻杆、管道约束下的竖直面内圆周运动的临界问题

（1）轻杆模型如图所示，轻杆一端连一小球，在竖直面内做圆周运动。

①能过最高点的临界条件是：$v_{临界} =$________。这可理解为恰好转过或恰好不能转过最高点的临界条件，________。

②当________$< v <$________时，________$< N <$________，N 仍为支持力，且 N 随 v 的增大而减小。

③当 $v =$________时，$N = 0$，此为轻杆不受弹力的临界条件。

④当 $v >$________时，N 随 v 的增大而增大，而且 N 为拉力指向圆心。

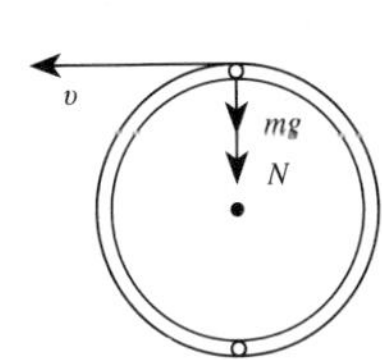

（2）管道模型

质点（小球）在光滑、竖直面内的圆管中做圆周运动（圆管截面半径 r 远小于球的圆周运动的半径 R），如图所示，小球达到最高点时对管壁的压力有三种情况：

①刚好对管壁无压力，此时重力为向心力，临界速度为________。

②当 $v <$________时，对下管壁有压力，此时 $N =$________，故 $0 < N < mg$。

③当 $v >$________时，对上管壁有压力，此时 $N =$________。

4. 典例思考

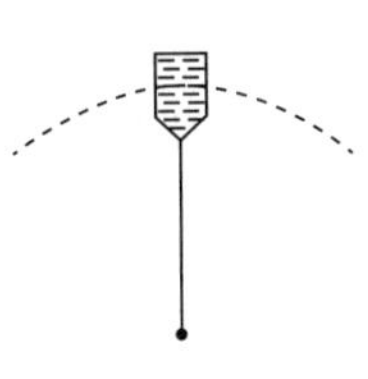

一细绳与水桶相连，水桶中装有水，水桶与细绳一起在竖直平面内做圆周运动，如图所示，水的质量 $m = 0.5$ kg，水的重心到转轴的距离 $l = 50$ cm。（g 取 10 m/s²）

（1）若在最高点水不流出来，求桶的最小速率；（结果保留三位有效数字）

（2）若在最高点水桶的速率 $v = 3$ m/s，求水对桶底的压力。

续表

三、疑惑和建议
学习过程中还存在哪些困惑？ 对于微课视频中和任务清单中的所有题目的掌握情况： □很好，基本都会了 □一般，个别题不会　（□典型例题第____题　□拓展训练第____题） 您对本节课或者习题微课教学有什么更好的建议吗？

【困惑与建议】

学生：老师，坐过山车时如果没有安全带人们会不会在最高点掉下来？安全速度是多少呢？又需要满足什么条件呢？

教师：不会，简单来说，在最高点物体由于受到重力会很容易落下来，但如果物体运动速度太快，其重力提供向心力，可以供其做圆周运动，物体就不会掉落，至于需要满足什么条件，那就让我们在这节课一探究竟吧！

3. 自主学习效果检测习题、答案及评分细则

略。

4. 课前教师任务与学生任务说明

课前阶段教师的主要任务是完成自主学习任务单的设计与开发，依据自主学习任务进行教学资源的收集、设计、开发与整合，并将自主学习任务单与教学资源上传到学习平台。学生根据自主学习任务单的指导和教师设定的学习任务，通过观看微课获取知识基础，将生活中本以为很简单的过山车问题更加透彻地思考清楚，并在教师提供的其他辅助学习资源支持下完成学习任务和习题检测。而后学生将自主学习过程中遇到的问题与疑惑反馈给教师，教师据此并结合课前习题检测了解学生课前学习状况，对学习者的问题进行精准分析，利用网络或在课堂教学过程中给予有针对性的问题解答、数据及时反馈和对应的学习指导。教师可据此开展智慧课堂教学活动的设计与组织，有针对性地给予学习者学习方法指导和适当的决策支持服务。

（三）课中阶段教与学活动的设计与组织

1. 课中教与学活动设计方案

通过创设过山车、“水流星”的场景，学生回想坐山车的感受，由模型模拟过山车过程，以及学生实地操作“水流星”实验，情境导入课堂，借助抽象化模型演示实验总结出竖直平面内的圆周运动的条件。

（1）疑难突破

学生以异质小组的形式划分为6个学习小组展开交流讨论，小组合作对课前自学的“自主学习”“合作交流”“训练巩固”部分内容进行交流解决同伴间的疑难问题。参考老师平板推送的解析指导，自主核对自主学习导学案，组内成员互相展示自主学习导学案，相互讨论各自掌握了哪些知识，对哪些知识还有疑惑，共同解决课前自主学习中的疑难困惑并进行反馈。

（2）展示交流

学生小组之间相互展示自主学习任务单的完成结果，并对任务单当中“过山车”的安全速度相互交流解决方案，共同解决课前自主学习中的疑难困惑并进行反馈，实在无法解决的可以寻求老师帮助，老师解答大家的共性问题。由三个小组分别选出一名代表对“过山车”问题进行展示交流，教师完善、总结学生的展示情况。

（3）练习巩固

针对学生对在自主任务单的学习和课上学习情况推送课上练习，学生在平板上作答并上传到平台，教师可以看到学生完成情况。针对学生易错知识点“圆周运动中的临界问题”进行习题操练与教师针对性精讲，巩固疑难知识点。

（4）总结归纳

回顾本节所学关于圆周运动中的临界问题内容，小组合作完成本节课思维导图绘制，小组用平板屏幕共享的方式展示交流，教师总结发言。小组选出代表总结本节课所学知识，反思学习过程中出现的问题，教师补充完善，对进一步的学习提出建议。

2. 课中随堂巩固习题、答案及评分细则

学生在教师引导下完成学习任务清单，并完成随堂练习题。课中习题用于检测学生经过小组讨论和组间展示交流之后的学习成果，看学生的知识掌握是否相较于课前学习有一定的提高。在习题中，对重难点知识点进行进一步的考查，要求学生学会依据圆周运动的临界条件判断物体的安全速度。课中随堂练习的答题情况会上传至教师端平台，教师可以掌握学生的学习效果。（习题及答案略）

3. 课中教师任务与学生任务说明

（1）通过学生模拟活动“过山车”这一情景导入本节课的主题——圆周运动中的临界问题，视频详细近距离展示过山车的全部过程，激发学生对圆周运动中的临界条件一节的学习兴趣。

（2）小组合作对课前自学的“自主学习”“合作交流”“训练巩固”部分内容进行交流解决同伴间的疑难问题，仍解决不了的问题，由小组代表进行展示，由解决了该问题的其他小组讲解，教师负责补充及精讲。

（3）教师根据自身的教学经验，确定掌握竖直平面内的圆周运动的解决方法并学会运用；观看“水流星”视频，以小组总结并展示，完成对“水流星”的演示，交流探讨与绳球模型的临界条件判断。由三个小组分别选出一名代表对自主学习任务单“竖直面上圆周运动的临界条件”问题进行展示交流，得出结论，填写导学案，教师完善、总结学生的展示情况。

（4）完成教师推送的当堂检测习题，巩固课堂教学所学知识，教师完成讲解。

（5）小组合作制作“圆周运动中的临界问题”的思维导图，选出代表总结本节课所学知识，反思学习过程中出现的问题，教师补充完善，对进一步的学习提出建议。

（四）课后阶段教与学活动的设计与组织

1. 课后教与学活动设计方案

（1）小组针对在课堂初步完成的“圆周运动中的临界问题”本节课思维导图以及教师点评和提出的改进意见，进一步完善思维导图，形成本节课知识点完整的逻辑框架。

（2）学生课下在平板学生端完成由教学平台推送的“巩固训练”，完成后提交由平台评分并推送答案及其解析，学生查看得分以及答案解析记录学习心得或形成错题档案。

（3）学生对本节课学习之后仍然存在的疑惑或同步测试卷中存在的疑难问题在平台讨论区和教师或者其他学生进行互动提问，教师随时登录平台解答疑惑。

2. 课后进阶提升习题、答案及评分细则

针对课上学习情况和本节课知识学习的重难点形成课后习题。课后习题依据题目难度水平分为基础题和拔高题，根据学生平板端显示的学生课前以及课上学习成果，个性化、针对性地向学生推送不同难度的习题作为监测学生学习效果的依据。基础较差的学生，可以选择性地做基础题，完成之后若检测结果较好，可以继续答题完成提高题，也可以观看相应的习题讲解视频。

3. 教师与学生创制生成的教学资源

某位同学绘制的圆周运动临界问题表格，如表 6–6 所示。

表 6-6　学生绘制的圆周运动临界问题表格

	绳模型	杆模型
常见类型	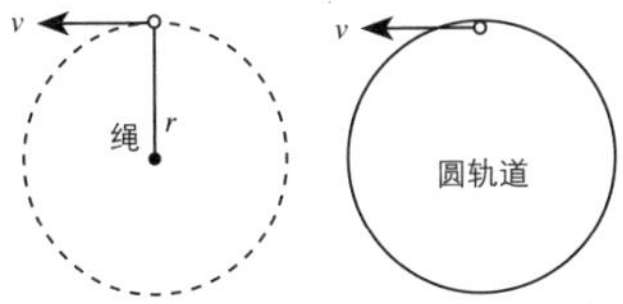 v　绳　r　v　圆轨道 均是没有支撑的小球	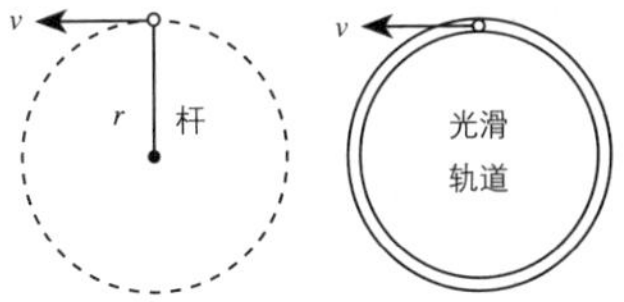 v　r　杆　v　光滑轨道 均是有支撑的小球
受力特征	除重力外，物体受到的弹力方向：向下或等于零。	除重力外，物体受到的弹力方向：向下、等于零或向上。
受力示意图	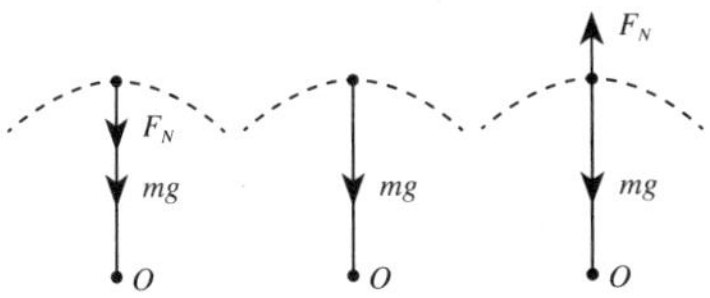 F_N　mg　O　mg　O　F_N　mg　O	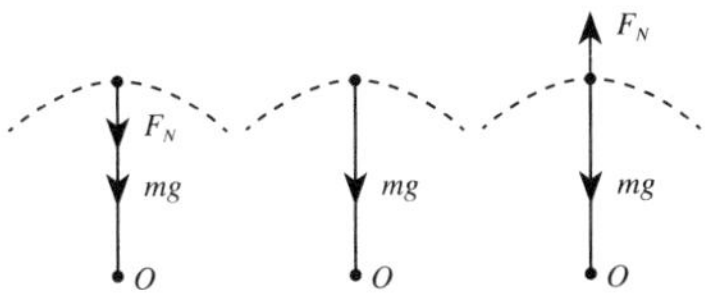 F_N　mg　O　mg　O　F_N　mg　O
过最高点的临界条件	由 $mg=m\frac{v^2}{r}$ 得 $v_{临}=\sqrt{gr}$	由小球恰能做圆周运动得 $v_{临}=0$
讨论分析	(1)过最高点时，$v\geq\sqrt{gr}$，$F_N+mg=m\frac{v^2}{r}$，绳、圆轨道对球产生弹力 F_N。 (2) 不能过最高点时，$v<\sqrt{gr}$，在到达最高点前小球已经脱离了圆轨道。	(1) 当 $v=0$ 时，$F_N=mg$，F_N 为支持力，沿半径背离圆心。 (2) 当 $0<v<\sqrt{gr}$ 时，$mg-F_N=m\frac{v^2}{r}$，F_N 背离圆心，随 v 的增大而减小。 (3) 当 $v=\sqrt{gr}$ 时，$F_N=0$。 (4) 当 $v>\sqrt{gr}$ 时，$F_N+mg=m\frac{v^2}{r}$，F_N 指向圆心并随 v 的增大而增大。

4. 学生学习质量评价方案

本节课的过程性评价分为课前学习、课中学习和课后学习三个不同阶段，且不同评价阶段评价主体存在差异。课前学习评价主要由教师完成，评价内容依据网络教学平台提供的学习数据，包括答疑次数、在线时长、课堂实录观看情况、线上作业完成情况等，此部分赋分占总评成绩的 30%。课中学习评价由教师和学生共同完成，课中学习评价占总评成绩的 40%。评价依据主要是学生和各学习小组在自主学习任务汇报及课堂主题讨论活动中的综合表现。此部分评价中教师评价的赋分占总评成绩的10%，学生组间评价的赋分占总评成绩的10%。课后学习评价由教师和学生共同完成，占总评成绩的10%。学生课后根据课堂教师答疑及组间交流的情况，将自主学习任务进一步完善整理后发布于平台，利用平台的评价功能对各小组的学习任务完成情况进行评价。

案例五　思想政治学科案例“伟大的改革开放”

一、教师基本情况介绍

姓　　名	刘琮	执教年级	高中一年级
教材情况	人民教育出版社《思想政治》必修一		
职　　称	中学一级教师		
个人简介	山东师范大学完成国际关系专业学习并获得硕士学位。 2019年获得周村区教育教学先进个人，多次获得校级教学一等奖，优秀班主任、四德优秀代表等称号。 在校担任班主任期间热爱学生，热爱教育，所带班级班风纯正、学风优良，在各项活动中表现突出，受到学校和家长的好评。在平时工作中，以爱心感染学生，以真诚感动家长。在工作中注重对教学方法的探索，对教育方式的研究。喜欢教书，潜心研究，寓教于乐，尊重、信任学生，充分发挥学生的主体作用，让学生做课堂的主人，营造轻松活泼的气氛，展现课堂的无穷魅力，深受学生的喜爱。		
所在学校情况介绍	同第六章 案例四		

二、案例基本情况介绍

案例题目	伟大的改革开放
课　　型	新授课☑　习题讲评课□　专题复习课□

续表

案例涉及的教学内容介绍	一、改革开放的进程 1. 改革开放的开端：党的十一届三中全会 2. 对内改革的进程 3. 对外开放的进程 二、改革开放的意义 1. 改革开放极大地改变了中国的面貌、中华民族的面貌、中国人民的面貌、中国共产党的面貌，中华民族迎来了从站起来、富起来到强起来的伟大飞跃，中国人民迎来了从温饱不足到小康富裕的伟大飞跃，中华民族正以崭新的姿态屹立于世界东方。 2. 实践证明，改革开放是党和人民大踏步赶上时代的重要法宝，是坚持和发展中国特色社会主义的必由之路，是决定当代中国命运的关键一招，是决定实现“两个一百年”奋斗目标、实现中华民族伟大复兴的关键一招。 3. 实践发展永无止境，改革开放永无止境，对外开放是中国的基本国策，当今世界是开放的世界，改革开放只有进行时，没有完成时。
案例的自我评价	作为一名一线教师，在高中政治的教学实践中深切体会到了“智慧课堂”教学模式的魅力。“智慧课堂”教学模式是具有“启智”“科学”“人文”等特点的新型课堂，是契合新课改对高中政治核心素养的教学模式。 第一，开展任务引导型教学，赋予课堂新活力。与其他学科不同，高中思想政治包含了很多理论性知识。在传统的高中思想政治教学中，教师往往采用的是枯燥单一的教学方式，学生相应地就会采取死记硬背的学习方式。这种方式虽然能让学生在短时间内背过很多知识点，但是学生对知识点的理解不够深刻，难以做到真正的掌握和运用。而通过智慧课堂，教师可以在课前给学生制定明确的学习任务清单，给学生提供高质量的教学资源，培养学生自主学习、完成任务的能力。比如在本节课前，针对本节课的重难点，给学生设置了三个课前任务，即布置改革开放专题展览馆、讲述改革开放自己家庭生活的变迁、在新闻发布会上回复外媒观点的任务。学生通过完成这三项任务，可以概括改革开放的历程，总结改革开放的意义，并且坚定了走中国特色社会主义的道路自信。 第二，提供更加丰富、生动的教学资源，主要包括时政材料和对核心概念理解的材料。首先，利用智慧课堂，可以更加方便地在政治学习中引入时政要闻。教师在课前搜集具有较强吸引力的时政要闻，与学生的兴趣点相结合，引起学生的共鸣。通过引导学生学习时政要闻，激发学生思考，进而回归教材、研究教材，把知识点融入时政学习中，生成智慧。在本次案例中，课前引入了深圳特区成立40周年的相关时政材料，激发学生思考。另外，通过智慧课堂，教师还可以在课前分享给学生每节课核心概念的优质资源，帮助学生对核心概念的真正理解和运用。比如在本节课前，提供给学生两个关于核心概念（社会主义市场经济体制和家庭联产承包责任制）的视频资料，帮助学生进一步理解。 第三，更科学了解学情，更精准讲解习题。使用智慧课堂的数据分析，教师的习题讲解环节会更省力、高效。尤其是课堂练习，学生提交答案后，系统会快速做出数据分析，教师只需重点讲解错误率高的习题和错误率高的选项，高效而便捷。此外，在课后练习环节，实现个性化教学。对于成绩较好的学生，多推送给他们一些教学资源，拓展知识深度、难度和广度；而对于基础较差的后进生，多推送给他们基础性的知识补充和变式指导，并且建议他们多看课堂实录来加深理解。 由于个人的知识水平和实践经验不足，本次教学案例尚有改进之处。期待在今后的理论学习和实践探索中能够勤于思考、认真总结，力求在智慧课堂模式下的高中政治教学实践中取得更多大突破。

三、案例正文

（一）案例背景介绍

“伟大的改革开放”是人教版《思想政治》必修一第三课第一框的内容，包括两部分：改革开放的进程和改革开放的意义。学生通过本节课的学习，能够了解改革开放的历程和取得的巨大成就，感受改革开放给中国带来的巨大变革，理解坚持和发展中国特色社会主义是实现中华民族伟大复兴中国梦的必由之路，增强对中国特色社会主义的政治认同。以下为刘琼老师依托信息化平台和移动终端开展的智慧课堂案例。

（二）课前阶段教与学活动的设计与组织

1. 自主学习任务单

一、本节知识重难点
1. 改革开放的进程 2. 改革开放的意义
二、课前学习任务
1. 绘制改革开放专题展览馆设计图，使用平板提交。假如让你负责布置改革开放专题展览馆，你会设置哪几个主题分会馆？分别需要陈列哪些重要事件的照片或者实物？如何讲解这些照片或者实物呢？ 2. 翻看家庭相册老照片，感悟改革开放以来自己家庭生活的变迁。观看《习近平出席深圳经济特区建立 40 周年庆祝大会并发表重要讲话》，了解深圳特区 40 年来取得的成就。观看《1978—2017 年世界 GDP 动态排名》，总结改革开放以来我国综合国力在世界上的排名变化。通过以上活动，从不同角度总结概括改革开放的意义。 3. 在一次新闻发布会上，有外媒指出，“中国的改革开放说到底，就是向西方国家学习的过程”。请回复该观点，形成发言稿。 4. 观看短视频，加深理解家庭联产承包责任制和社会主义市场经济体制这两个核心概念。自主完成学习效果检测习题，根据参考答案自主探究修订。
三、困惑和建议
1. 学习过程中还存在哪些困惑？ 2. 您对本节课学习有什么更好的宝贵建议吗？

2. 自主训练学习效果检测习题、答案及评分细则

略。

3. 课前教师任务与学生任务说明

课前 教师任务	1. 设计课前自主学习任务单。此环节的重点是教师需要针对本节课重难点，运用教学智慧，设计与生活情境密切相关的政治问题，以吸引学生思考，提高学生应用所学知识解决现实生活问题的能力。本节课设计了两个课前任务：（1）学生通过设计改革开放专题展览馆游览图，理顺改革开放的进程；（2）学生通过写发言稿的形式回复外媒观点，明确我国改革开放的方向问题，进而增强学生对中国特色社会主义的政治认同，培养学生的学科核心素养。 2. 根据本节课知识点，收集、设计、开发和整合学习资源，主要包括相关时政材料和对核心概念解说的微视频。本节课搜集到的相关时政资源有《习近平出席深圳经济特区建立40周年庆祝大会并发表重要讲话》《改革开放只有进行时，没有完成时》《1978—2017年世界GDP动态排名》，有关核心概念解说的视频有《家庭联产承包责任制》和《社会主义市场经济体制》。 3. 设计课前习题，试题难易程度不宜太难。课前查看平台对习题检测结果的数据分析，精准了解学情。对错误比较集中的习题，做好课上精讲的准备。 4. 关注平台上“在线答疑”界面，随时回答学生提出的问题，并且把比较集中出现的问题记录好，做好课上精讲的准备。
课前 学生任务	1. 结合教材和教师发布的学习资源，认真完成课前学习任务清单。 ①设计改革开放专题展览馆游览图，理顺改革开放的进程。 ②观看时政材料，总结改革开放的意义。 ③通过写发言稿的形式回复外媒观点，明确改革开放的方向问题。 ④观看核心概念的视频讲解，加深对知识点的理解。 2. 认真完成老师布置的自主学习效果检测习题，对于不确定或者不会的题重点思考，并且与同学进行课前探讨，或者通过“在线答疑”请教老师。将学习中遇到的其他困难反馈给老师。

（三）课中阶段教与学活动的设计与组织

1. 课中教与学活动设计方案

（1）疑难突破

以异质小组的形式将学生划分为6个小组展开交流讨论，对课前学习任务清单的内容进行交流，解决同伴间的疑难问题并进行反馈。在小组合作探究之前，教师针对四个课前学习任务，分别设置四个问题导向，屏幕展示。

课前任务 1	你绘制的改革开放专题展览馆设计图是否科学合理，有没有落下某个重要事件？小组之间相互讨论和补充。
课前任务 2	你对改革开放意义的总结是否全面，用词是否恰当？
课前任务 3	回复外媒观点的发言稿，你们小组谁写得最好？为什么？
课前任务 4	参考教师平板推送的解析指导，小组讨论课前习题的困惑点，共同解决课前自主学习中的疑难困惑并进行反馈。

小组讨论结束后，反馈疑难突破结果。对于组内解决不了的问题，组间协作。实在无法解决的可以寻求教师的帮助，由教师解答大家的共性问题。

（2）展示交流

课前任务 1	1 组和 2 组分别选出一名代表，角色扮演导游，讲解自己小组讨论制作的改革开放专题展览馆设计图。其他小组提问和质疑，组间讨论，理顺改革开放的进程，最后教师点评。
课前任务 2	3 组和 4 组分别选出一名代表，总结改革开放的意义。其他小组提问和质疑，组间讨论，最后教师点评。
课前任务 3	5 组选出一名代表，演讲回复外媒观点的发言稿。其他小组提问和质疑，组间讨论，最后教师点评。
课前任务 4	6 组选出一名代表，总结课前习题考查的知识点。其他小组提问和质疑，组间讨论，最后教师点评。

（3）练习巩固

针对学生课前学习情况和课上交流情况，教师推送随堂练习题。由于课上时间有限，该习题题量要小，并且需要有一定难度。学生在规定时间内作答并上传到平台。教师查看学生的完成情况，重点关注平台上对学生作答结果的数据分析。针对学生的易错知识点进行针对性精讲，巩固疑难知识点。

（4）总结归纳

回顾本节课的知识点，小组合作绘制思维导图，形成本节课知识点完整的逻辑框架，并通过平板屏幕共享的方式展示，组间交流，然后教师总结发言。最后请小组代表对自己学习过程中出现的问题进行反思，教师对进一步的学习提出建议。

2. 课中随堂巩固练习、答案及评分细则

略。

三、案例正文

（一）案例背景介绍

辛亥革命是中国近代史上具有划时代意义的事件，上承农民阶级领导的太平天国运动，下启无产阶级领导的新民主主义革命，起着承上启下作用。依据高考评价体系“一核四层四翼”的评价要求，我将本课的教学目标确定为：①运用唯物史观认识辛亥革命发生的必然性和偶然性，了解革命烈士的英雄事迹；②立足时空观念，梳理武昌起义的过程，结合《中华民国临时约法》的内容，对《中华民国临时约法》的性质做出合理的历史解释；③从家国情怀的角度理解辛亥革命对中国结束帝制、走向民主共和的意义，认识中国近代化进程的艰难曲折。

（二）课前阶段教与学活动的设计与组织

1. 自主学习任务单

课　　题	辛亥革命
教材情况	人民教育出版社《历史》必修一
教学对象	高一学生
网络课程平台	睿易通
课前学习拟达成目标	1. 通过了解辛亥革命发生的历史背景，感受当时中国面临的社会问题。 2. 运用唯物史观认识辛亥革命发生的必然性和偶然性。 3. 综合利用文献、地图、实物遗存等历史资料，了解辛亥革命的过程。能够按照时间顺序和空间要素建构辛亥革命过程中重大历史事件之间的相互关联，并对此做出解释。 4. 理解辛亥革命对中国结束帝制、走向民主共和的意义，认识中国近代化进程的艰难曲折。 5. 从家国情怀的角度了解革命烈士的英雄事迹，感悟辛亥精神。
重难点	重点：孙中山的三民主义、辛亥革命、中华民国临时政府的成立。 难点：《中华民国临时约法》的性质；辛亥革命的历史意义和教训。
学习方法	自主学习
课前学习任务	1. 结合平台提供的资料、课件等完成预习导学案等课前预习任务。 2. 建立时空坐标轴，梳理辛亥革命大事。 3. 以小组为单位利用图书、网络及现场采访等方式，了解山东省淄博市周村区1904年开埠前后至20世纪20年代的史实，调查说明周村古商城开埠背景原因、发展状况。从周村的发展感受辛亥革命前后中国社会的发展变化。（要求：史论结合，逻辑清晰，形成一份调查报告，也可以结合瑞福祥、大染坊等企业的创立发展来说明。）

续表

课前学习效果检测	完成平台上提供的预习学案，检测知识掌握程度。总结自己的问题，标出疑难，通过课堂交流或者与老师交流突破难点。
课前学习疑难	
对教师授课形式与内容的建议	
课堂活动预报	针对学生课前预习出现的错误、存在的疑惑进行重点解析；各小组对课前学习任务汇报交流，教师点评。

2. 自主学习导学案学习效果检测习题、答案及评分细则

略。

3. 学习效果检测习题、答案及评分细则

略。

4. 课前教师任务与学生任务说明

课前阶段教师的主要任务是完成自主学习任务单的设计与开发，并依据自主学习任务进行教学资源的收集、设计、开发与整合，并将自主学习任务单与教学资源上传到学习平台。学生根据自主学习任务单的指导和教师设定的学习任务，通过观看课件、资料等获取基础知识，并在教师提供的其他辅助学习资源支持下完成学习任务和习题检测。而后学生将自主学习过程中遇到的问题与疑惑反馈给教师，教师据此以及课前习题检测情况了解学生课前学习状况，对学习者的问题进行精准分析，利用网络或在课堂教学过程中给予有针对性的问题解答和学习指导。教师可据此开展智慧课堂教学活动的设计与组织，有针对性地给予学习者学习方法指导和适当的决策支持服务。

（三）课中阶段教与学活动的设计与组织

1. 课中教与学活动设计方案

（1）疑难突破

将学生划分为6个学习小组展开交流讨论，参考老师平板推送的解析指导，自主核对自主学习导学案，组内成员互相展示自主学习导学案，相互讨论掌握了哪些知识，对哪些知识还有疑惑，共同解决课前自主学习中的疑难困惑并进行反馈。实在无法解决的可以寻求老师帮助，由老师解答大家的共性问题。

具体到本节课：老师结合同学们的疑惑播放视频（《辛亥革命》武昌起义片段），引导学生注意观看其中的关键环节和节点。

在学生交流和展示视频后，教师再有针对性地讲解学生存在的问题，可以借鉴影视资料直观地讲解抽象的问题。

例 1

学生：关于唯物主义，觉得抽象不好理解，能否具体一些。

教师点拨：

唯物史观的基本原则：（1）物质生活的生产方式决定社会生活、政治生活和精神生活的一般过程；（2）社会存在决定社会意识，社会意识又反作用于社会存在；（3）生产力和生产关系之间的矛盾、经济基础与上层建筑之间的矛盾，是推动一切社会发展的基本矛盾；（4）在阶级社会中，社会基本矛盾表现为阶级斗争，阶级斗争是阶级社会发展的直接动力；（5）阶级斗争的最高形式是进行社会革命，夺取国家政权；（6）社会发展的历史是人民群众的实践活动的历史，人民群众是历史的创造者，但人民群众创造历史的活动和作用总是受到一定历史阶段的经济、政治和思想文化条件的制约。

再结合《辛亥革命》这一课的背景和影视资料内容分析，学生就能够比较清晰的明白什么是“运用唯物史观认识辛亥革命发生的必然性和偶然性”。

例 2

学生：辛亥革命促进了中国近代化的具体表现。

教师点拨：辛亥革命促进中国政治走向民主化、法制化；促使中国经济走向工业化；促使思想走向理性化；促使社会生活走向文明化。

（2）展示交流

完成疑难突破环节后，学生们再次整理总结自主学习任务，小组之间相互展示完成结果，具体到本节课是由小组分别选出一名代表对“①运用唯物史观认识辛亥革命发生的必然性和偶然性；②了解革命烈士的英雄事迹；③立足时空观念，梳理武昌起义的过程；④结合《中华民国临时约法》的内容，对《中华民国临时约法》的性质做出合理的历史解释；⑤从家国情怀的角度理解辛亥革命对中国结束帝制、走向民主共和的意义，认识中国近代化进程的艰难曲折；⑥辛亥革命的成与败”等重点问题进行展示交流。

教师再次播放视频《辛亥革命》中的相关部分节点，两者相互结合，加深学生的感悟理解。

（3）练习巩固

针对学生自主任务单和课上的学习情况推送课上练习，学生在平板上作答并上传到平台，教师可以看到学生的完成情况。针对学生易错知识点进行习题操练与教师针对性精讲，巩固疑难知识点。

（4）总结归纳

回顾本节所学关于辛亥革命的主要内容，小组合作完成本节课思维导图绘制，小组用平板屏幕共享的方式展示交流，教师总结发言。小组选出代表总结本节课所学知识，反思学习过程中出现的问题，教师补充完善，对进一步的学习提出建议。

（5）课中随堂巩固习题、答案及评分细则

学生在教师引导下完成随堂练习题。课中习题用于检测学生经过小组讨论和组间展示交流之后的学习成果，看学生的知识掌握是否相较于课前学习有一定的提高。在习题中，对重难点知识点进行进一步的考查。课中随堂练习的答题情况会上传至教师端平台，据此教师可以掌握学生的学习效果。

2. 课中教师任务与学生任务说明

（1）小组合作对课前自学的“自主学习”“合作交流”“训练巩固”部分内容进行交流解决同伴间的疑难问题，仍解决不了的问题，由小组代表进行展示，由解决了该问题的其他小组或者同学讲解，教师负责补充及精讲。体现了以学生为学习主体，把课堂变成学生交流学习的阵地。

（2）教师根据课程标准和自身的教学经验，确定本节课重点的疑难问题，由学习小组分别选出一名代表对自主学习任务单的重难点问题进行展示交流，教师完善、总结学生的展示情况。体现教师的引导和答疑解惑的作用，实现教学相长。

（3）通过电影《辛亥革命》部分视频资料的播放，使辛亥革命这一历史事件“再现”，使教师的讲解和学生的学习都更直观。最后观看电影《辛亥革命》的重点环节，引导学生真正理解辛亥革命发生的必然性和偶然性；感受革命烈士的英雄事迹，从家国情怀的角度理解辛亥革命对中国结束帝制、走向民主共和的意义，认识中国近代化进程的艰难曲折，从而完整地理解辛亥革命的历史意义和地位。

（4）完成教师推送的当堂检测习题，巩固课堂教学所学知识，教师完成讲解。

（5）小组合作制作《辛亥革命》的思维导图，选出代表总结本节课所学知识，反思学习过程中出现的问题，教师补充完善，对进一步的学习提出建议。

（四）课后阶段教与学活动的设计与组织

1. 课后教与学活动设计方案

（1）小组针对在课堂初步完成的本节课思维导图，结合教师点评和提出的改进意见，进一步完善思维导图，形成本节课知识点完整的逻辑框架。

（2）学生课下在平板学生端完成由教学平台推送的“课后同步测试A卷”（基础题）或“课后同步测试 B 卷”（提升题），完成后提交由平台评分并推送答案及其解析，学生查看得分以及答案解析记录学习心得或形成错题档案。

（3）以小组为单位完成课后活动，可任选其一完成：《辛亥革命在山东》口述历史故事、《辛亥革命》历史情景剧。

（4）学生对于本节课学习之后仍然存在的疑惑或同步测试卷中存在的疑难问题在平台讨论区和教师或者学生进行互动提问，教师随时登录平台解答疑惑，还可以在互动讨论区与学生讨论交流。

2. 课后进阶提升习题、答案及评分细则

针对课上学习情况和本节课知识学习的重难点形成课后习题。课后习题依据题目难度水平分为基础题和拔高题，根据学生平板端显示的学生课前以及课上学习成果，个性化、针对性地向学生推送不同难度的习题作为监测学生学习效果的依据。对于基础较差的学生，平台可以只向他们推送基础题，即“课后同步测试 A 卷”，当完成之后若检测结果较好，可以继续答题完成拔高题，即“课后同步测试 B 卷”；对于课上学习成果较好的同学，可以直接向他们推送拔高题，即“课后同步测试 B 卷”，完成之后他们可以自由决定是否做“课后同步测试 A 卷”，不做强制性要求。

提升习题、答案及评分细则（略）。

3. 教师与学生创制生成的教学资源

师生合作完善时间轴如图 6-2 和图 6-3 所示。

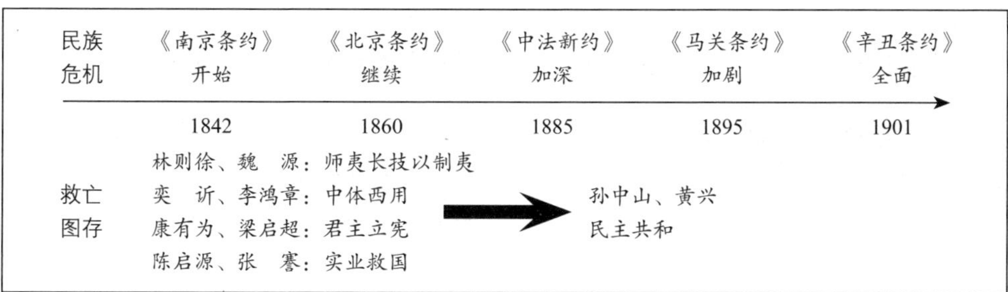

图 6-2　师生合作完善的时间轴 1

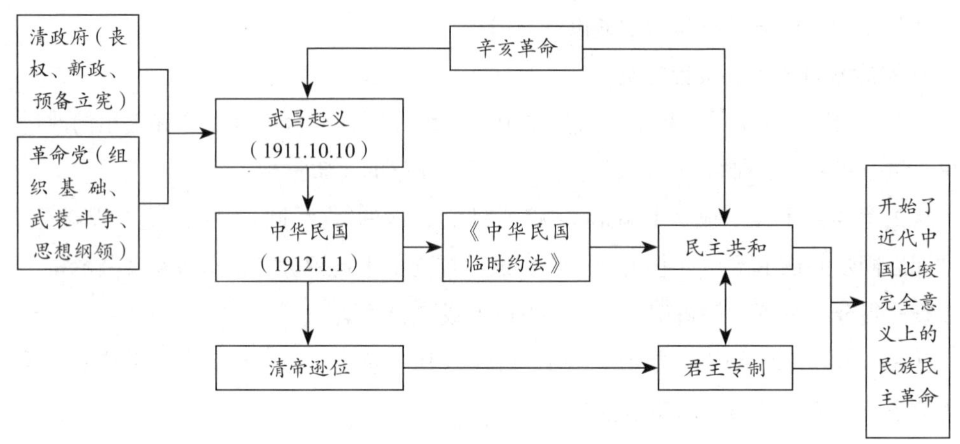

图 6–3　师生合作完善的时间轴 2

（五）学生学习质量评价方案

本节课的过程性评价分为课前学习、课中学习和课后学习三个不同阶段。课前学习评价主要由教师完成，评价内容依据网络教学平台提供的学习数据，包括平台登录次数、在线时长、任务点完成情况、线上作业完成情况等，此部分赋分占总评成绩的 30%。课中学习评价由教师和学生共同完成，课中学习评价占总评成绩的 40%。评价依据主要是学生和各学习小组在自主学习任务汇报及课堂主题讨论活动中的综合表现。此部分评价中教师评分的赋分占总评成绩的 35%，学生组间评价的赋分占总评成绩的 5%。课后学习评价由教师和学生共同完成，占总评成绩的 30%。学生课后根据课堂教师答疑及组间交流的情况，将自主学习任务进一步完善整理后发布于平台，利用平台的评价功能对各小组的学习任务完成情况进行评价。其中，教师评价占总评成绩的 15%，学生组间评价占总评成绩的 5%。

案例七　历史学科案例“充满魅力的书画和戏曲艺术”

一、教师基本情况介绍

姓　　名	张贤蓉	执教年级	高中二年级
教材情况	人民教育出版社《历史》必修三		

续表

职　　称	中学二级教师
个人简介	毕业于曲阜师范大学，从教20年，曾获“县优秀教师”“县教学成绩先进个人”等称号。在教学中，重视调动学生学习的积极性，培养学生解读材料的能力，始终以“爱是教育的灵魂”为座右铭指导教学工作。
所在学校情况介绍	莘县第二中学始建于1951年，自2013年开始进行网络学习空间的实践与探索。学校加强空间软硬件建设，师生全部开通学习空间，创建互动式课堂教学模式，为学校常态化网络教学提供了支撑。2017年，学校网络学习空间教学实践被评为教育部“基础教育信息化应用典型示范案例”。2018年，学校被评为教育部“网络学习空间应用优秀学校”，中央电视台、中国教育电视台、《中国教育报》等国家级主流媒体多次报道，承办过两次全国性学术会议。2021年，被授予“山东省智慧教育示范学校”“山东省智慧课堂教学实践共同体优秀成员学校”荣誉称号。

二、案例基本情况介绍

案例题目	充满魅力的书画和戏曲艺术
课　　型	新授课☑　习题讲评课□　专题复习课□
案例涉及的教学内容介绍	中国文化博大精深，源远流长。艺术美的背后渗透着人文价值美，聚焦中华民族的文化发展，贯穿于艺术美中的人文精神、价值理念和家国情怀是中国艺术的永恒魅力所在。 1. 汉字作为中国文化的载体对中华文化有着非常重要的意义。随着汉字的发展，汉字的书写艺术彰显。 2. 中国画——与汉字同源的绘画艺术也获得了发展。 3. “国粹”——京剧作为中国戏剧的代表，在中国文化中具有重要地位。
案例的自我评价	为了提高学生自学质量、实现个性化学习，智慧课堂利用教学平台发送给学生微视频、电子教材，帮助学生自主学习。在遇到疑难问题时学生可以通过平台或者课代表反馈给老师。老师可以通过平台反馈深度了解学生，也可以让不同程度的学生根据自身的需要选择学习的难度。在合作探究课中，充分利用教与学平台，查看学生的预习情况、预习反馈和个性化学习的成果。 智慧课堂教学实施之后，我依据学习平台对整个学习过程的记录，仔细分析对比了学生课前试卷的完成情况和课后小组最终提交的任务完成情况，认为学生在最后提交的答案卷都体现了学生对本课历史知识的深入理解。 本节课的学习中，文字演变的脉络、书法艺术的发展演变、中国画的发展历程、京剧为代表的戏曲发展历程，帮助学生在自主、合作学习中体会时空观念；大量图片史料的运用和解读既是史料实证也是历史解释的过程，突出材料解读对戏曲的历史传承、教育教化作用的理解，在冲突情境中以书法绘画的艺术风格变化、情感变化、时代背景为依托，凸显书法家和画家的家国情怀，彰显艺术美背后的人文价值美。

三、案例正文

（一）案例背景介绍

历史学科探索“二阶五步式”学习。“二阶”指的是把整个的学习过程分为两个阶段（学习的层级，由浅入深）。第一阶段是课程学习前置阶段，学生在课前结合学习任务单完成自学（20 分钟）；第二阶段是课上的交流和检测阶段，教师组织学生开展合作探究学习（40 分钟），完成全部学习任务。

（二）课前阶段教与学活动的设计与组织

1. 课前教与学活动设计方案

采用问题导学，个体自学的形式，借助自主学习任务单进行学习。自主学习任务单的目的是节省时间，培养学生的思维方式，促进学生目的性学习和个性化学习。

教师任务：在教与学平台上发布自主学习中所用的自主学习任务单及学习资源，在学生完成自主学习任务之后，查看后台统计情况或者由课代表整理统计学生反馈的共同疑难问题、典型问题，课上合作探究，对个别学生的疑难问题直接解答或者线上解决。

学生任务：自主学习课中仔细阅读自主学习任务单的学习目标部分，把握学习目标、重难点，根据教学系统平台上提供的本节重难点知识的提示，依据老师提供的学习方法指导进行自主学习，根据自身情况依次完成自主学习任务。学习过程中借助微课、电子教材，或者其他教学资源学习，初步掌握本节课的主要内容，完成自主学习任务单中的自主学习案。自主学习中遇到的疑难问题于自主学习任务单中“困惑与建议”部分向教师反馈。

2. 自主学习任务单

一、基础信息

课程名称：第 10 课“充满魅力的书画和戏曲艺术”

教材及版本：人民教育出版社《历史》必修三

授课对象：高二年级全体学生

开课学期：2019—2020 学年第一学期

课堂授课时间地点：高二年级各班

网络课程平台：中迪智学教与学平台

二、学习指南

学习内容：充满魅力的书画和戏曲艺术

课前学习拟达成目标：完成内容的预习

（一）【课程标准与考试要求】

1. 概述汉字、绘画起源、演变的过程，了解中国书画的基本特征和发展脉络。

2. 了解京剧等剧种产生和发展的历程，说明其艺术成就。

（二）【学习目标】

1. 史料实证、历史解释：概述汉字、绘画起源演变的过程，了解中国书画的基本特征和发展脉络。

2. 时空观念：了解戏曲的演变，掌握京剧产生和发展的历程，说明其艺术成就。

3. 唯物史观：结合时代背景，分析不同时期的艺术特色和时代特征的关系。

4. 家国情怀：感受中国古代文化的艺术魅力，珍惜和弘扬古代优秀文化。

（三）【重点、难点】

重点：汉字的起源和演变过程；中国书画的基本特征和发展脉络。

难点：理解中国书画和戏曲艺术追求意境之美和传神之效的独特魅力。

学习方法建议：自主学习、小组合作学习。

三、课前任务

根据教与学平台提供的微课、电子教材和自主学习任务单的提示，初步掌握本节的基础知识，完成自主学习任务单中的自主学习案，学有余力的学生可以自己尝试解答探究自主学习案中的问题。

四、自主学习单

【教材自学】

（一）汉字与书法艺术

1. 汉字

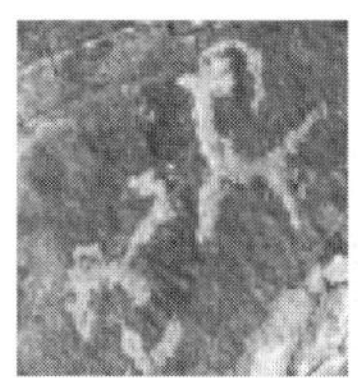

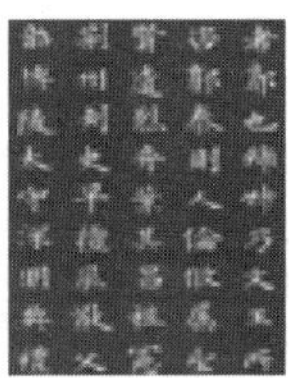
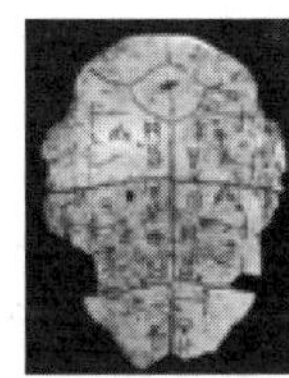

阅读课本第一目第一段，结合以上图片简要归纳汉字的起源及演变过程，并概括汉字发展趋势。

2. 书法

阅读课本第一目第二、三、四、五段，归纳填写下列表格：

类型	楷书	行书	草书
特征			
代表			

（二）笔墨丹青中国画

根据教材相关内容归纳中国古代绘画的脉络，概括中国画的主要特征。

脉络		代表人物及作品	特征
原始社会			
战国时期			
秦汉时期			
魏晋南北朝时期			
隋唐时期			
两宋			
元明清			

（三）京剧的出现

1. 阅读课本第三目，概括：（1）戏曲的发展历程；（2）京剧的形成、发展和特点。

【微课助学】

观看微视频《同光十三绝》。

【在线测学】预习结束后，通过平板电脑完成本节课的“预习检测”。

【自主学习反思】

我的收获	我的疑问

【互动探究案】

探究一：

欣赏下列书法作品。

柳公权《玄秘塔碑》

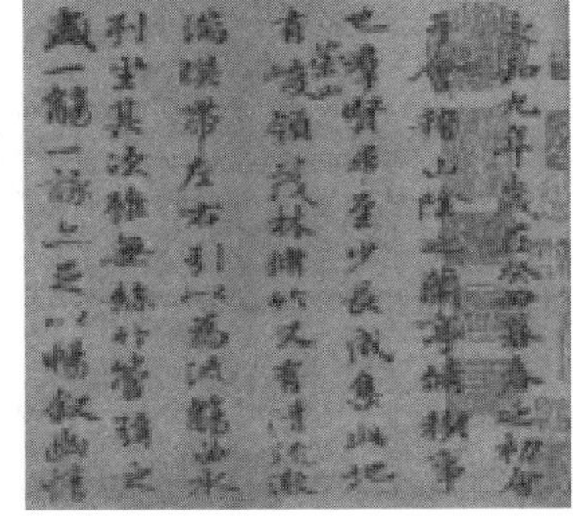

王羲之《兰亭序》

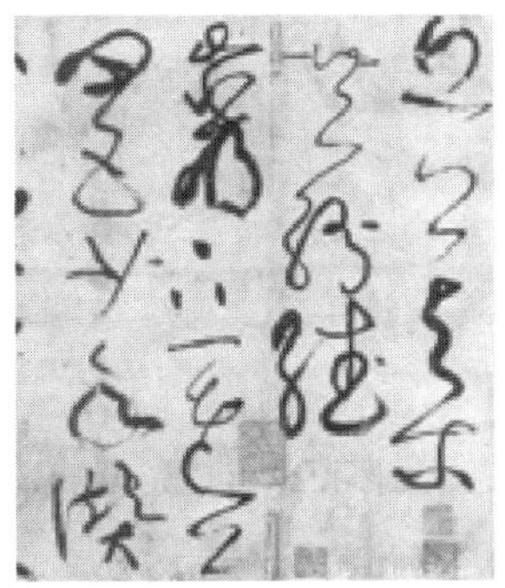

张旭《古诗四帖》

根据以上图片结合教材，概括书法艺术发展脉络，指出以上作品分别属于哪种书法艺术类型，概括其各自的特征。

探究二：

法国著名史学家、评论家丹纳说：“要了解一件艺术品、一个艺术家、一群艺术家，必须正确地设想他们所属时代的精神和风俗概况。这是艺术品的最后的解释，也是决定一切的基本原因。”你是否同意他的观点？用唐宋元明清时期绘画艺术发展的史实来论证你的观点。

【巩固训练案】

请同学们及时完成平板上的自主学习效果检测习题。

知识延伸：

1. 甲骨文特点

由于是刀刻的，所以其线条多方折，以劲直为主，同时字体的结构、长短、大小都没有定式。

由于处于象形文字到表意文字的过渡期，所以字形变化非常大，常常一个字就有很多种写法且象形意味比较大，带有较明显的图画意味。

2. 金文

在甲骨文之后，出现了新的字体，这种字体多是铸在青铜器上，故称为铭文或钟鼎文，也叫金文。这种字体盛行于西周，其产生时代和甲骨文相差无几。但与甲骨文相比，它的成熟度已大大提高。

3. 篆书（大篆）

又称籀文，相传是西周周宣王太史籀所创，是一种较为统一的文字，使用起来较为方便。

4. 小篆

小篆也称秦篆，是秦始皇统一六国后（前 221 年）向全国颁布的官定文字。源于当时六国的文字过于混乱而决定“书同文”。文字发展到小篆已经相当规范，偏旁有统一的样式，笔画委婉曲折，粗细匀称，字形狭长。

5. 隶书

隶书的出现是秦代书法发展的结果，由于小篆的复杂，秦代的狱吏程邈进行了改进，他把大小篆的笔画由圆转改为方折。这个变化使书写速度提高，随后这种字体在公文中广泛使用。

6. 楷书

魏晋时期是隶书向楷书的过渡阶段，楷书盛行于隋唐。因其字形方正，笔画平稳，结构均匀，具有较强的书写规范，可作楷模，故名楷书。

7. 中国古典戏曲以富于艺术魅力的表演形式，为历代人民群众所喜闻乐见。在世界剧坛上，与古希腊悲喜剧、印度梵剧并称为世界三大古剧。

3. 自主学习效果检测习题及参考答案

1. 下列汉字字体中，得名源于书写材质的是（　　）。

A. 隶书　B. 金文　C. 小篆　D. 草书

2. 清末金石学家王懿荣发现一味叫“龙骨”的药材上有许多刻画的符号，经研究发现原来是一种象形、表意的古老文字。这种文字主要使用于（　　）。

A. 夏朝　B. 商朝　C. 战国　D. 秦朝

3. 唐朝窦冀在描述某书法家的作品时作诗云：“狂僧挥翰狂且逸，独任天机摧格律。龙虎惭因点画生，雷霆却避锋芒疾。”该书法家是（　　）。

A. 王羲之　B. 柳公权　C. 怀素　D. 颜真卿

4. 汉字独特的象形、表意等功能，使它可以成为各方言区的人群及各民族用来交际的共同工具。汉字把广大地域内的居民拉近，从而增强了中华民族的凝聚力。这主要体现了（　　）。

A. 汉字重意境的特征　　B. 各地文字完全一致

C. 中国语言的多样性　　D. 中华文化的内聚性

5. 元代城市中“瓦肆”“勾栏”等演出场所兴盛，这一社会现象形成的主要因素是(　　)。

A. 蒙古贵族文化水平相对较低

B. 元代杂剧创作兴盛

C. 城市经济发展繁荣，市民文化需求强烈

D. 统治阶级娱乐的需求

答案：1. B　2. B　3. C　4. D　5. C

4. 课前教师任务与学生任务说明

课前阶段教师的主要任务是完成自主学习任务单的设计与研发，并依据任务单的设计和不同层次学生学习的需求进行教学资源的收集、制作、设计或者整合，完成后将自主学习任务单与教学资源上传到学习平台，做好电子教材。学生根据自主学习任务单的要求和教师预设的学习任务，通过观看微课和电子教材获取知识基础，完成学习任务和习题检测。而后学生将自主学习过程中遇到的问题与疑惑线上或者线下反馈给教师，教师据此并结合课前平台中反馈的习题检测情况了解学生课前学习状况，对学生的问题进行精准分析，利用平台或在课堂教学过程中给予有针对性的问题解答和学习指导，也可以让基础较好的学生向其他同学讲解。教师可据此开展智慧课堂合作探究课的教学活动的设计与组织，有针对性地给予学习者学习方法指导。

（三）课中阶段教与学活动的设计与组织

1. 课中教与学活动设计方案

（1）导入：中国文化博大精深，源远流长，我们的日常生活无不包含着中华文化的气息。由我们学校教学楼前题字导入，走进历史，去感受魅力中国之书画与戏曲艺术。

（2）疑难突破：学生按照班内划分的 6 个学习小组展开交流讨论，小组成员合作对课前自学的“自主学习”“合作探究”“训练巩固”部分内容进行交流，解决小组内部的疑难问题。参考自主学习任务单中的教材自学部分的问题，自主核对自主学习导学案，可以探讨各自学习中遇到的疑问，共同解决课前自主学习中的疑难困惑并进行反馈；如果没有疑惑也可以小组成员两两结合的形式进行基础知识的检测提问。

（3）展示交流：学生小组之间解决疑难或相互提问后，合作完成任务单当中的探究一和课堂大屏幕中展示的探究题。每道探究题先用 3 分钟自主思考，然后用 5 分钟小组内部合作交流。

探究一：汉字书法字体的鉴赏分析

学生以小组为单位分析楷书、行书、草书字体及其特点。

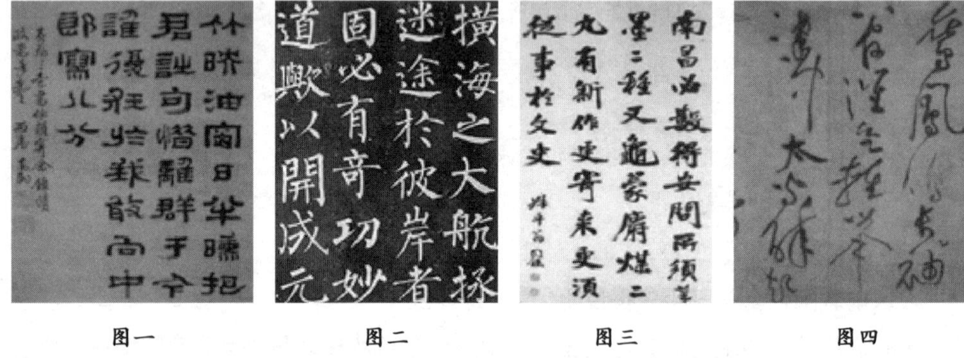

图一　　图二　　图三　　图四

探究二：元明清时期文人画

观察《墨梅图》和《竹石图》，找出构成元素，结合所学谈谈文人画的特点。

墨梅图　　竹石图

小组成员相互交流，共同解决探究题。如果小组合力仍不能完成的，先由教师点拨，再让其他小组学生讲解，这样可以集中学生精力。关于每道探究题，学生阅读完材料进行合作交流后把本组内共同完善的一份答案写在纸上，拍照上传。利用平台中的小组活动进行分屏展示，让学生进行点评讲解各组答案，尽量点出答题思路和考查的知识点。最后，老师做总结，给各小组打分，调动学生学习的积极性。

（4）练习巩固：学生顺利完成合作探究题后，教师推送课上练习，学生在平板上作答，教师可以通过平台反馈及时掌握学生对本课知识的理解程度。

（5）总结归纳：回顾本节内容，小组合作完成本节课知识结构的制作，制作完成后由小组长拍照上传，教师课堂展示，让学生进行对比。小组推举一人总结本节课学习收获,反思学习过程中出现的问题,最后由教师来补充完善,针对本课中的疑难提供建议。

2. 课中学习支持资源

略。

3. 课中随堂巩固练习题及参考答案

学生完成本课的探究任务后接着完成随堂练习题。课中习题用于检测学生在课堂之中的学习成果，查看学生的基础知识掌握得是否牢固，是否理解本节课的知识。课中随堂练习的答题情况直接反馈到教师端平台，教师可以详细地掌握学生的学习效果。

1. 中国画注重写意传神，追求“得意忘形”，或者说注重用画面传达主观情致与神韵，并不拘泥于客观景物和人物的逼真摹写。这种特点可概括为（　　）。

A. 天人合一　　B. 诗画合一　　C. 情景合一　　D. 知行合一

2. 近代有美术史家言：“文人画不仅形于山水，无物不可寓文人之兴味也明矣。”该学者旨在强调文人画的特点是（　　）。

A. 描绘山水，讲究布局　　B. 注重诗意，画中有诗

C. 诗书画印，素养齐全　　D. 表现个性，蕴含精神

3. 在所有书体中最为奔放跃动，最能表现和抒发书法家感情的是（　　）。

A. 篆书　　B. 隶书　　C. 楷书　　D. 草书

4. 考古数据显示，春秋战国时期，各地工艺虽有地方性的特色，但基本上差别不大；各国文字，从出土的简牍与铭辞看，也大同小异。这说明春秋战国时（　　）。

A. 文化统一为政治统一准备了条件

B. 文化统一与政治统一之趋势并驾齐驱

C. 争霸战争促进了文化的发展与交流

D. 文化发展呈现统一性与多样性共生的局面

答案：1. C　2. D　3. D　4. B

4. 课中教师任务与学生任务说明

（1）通过大量图片、视频资料激发学生的学习兴趣。

（2）小组合作对课前自学的“自主学习”“合作探究”“自主学习检测”部分内容进行交流，解决疑难问题。仍解决不了的问题，由能够解决该问题的其他小组成员讲解，教师负责补充及归纳总结。

（3）教师根据课标要求，确定汉字的起源和演变过程；中国书画的基本特征和发展脉络是本节课重点问题，小组对其进行展示交流，教师完善、总结学生的展示情况。

（4）完成学习后教师推送当堂测验题，巩固课堂教学所学知识，教师查看平台反馈完成讲解，掌握学生本节课学习情况。

（5）小组合作制作本节课的知识结构，选一名学生介绍本节课的收获和学习过程中遇到的问题，最后教师补充完善。

（四）课后阶段教与学活动的设计与组织

1. 课后教与学活动设计方案

（1）学生课上小组合作完成的知识体系较为简单，还不能完整的体现本节课知识点和逻辑框架，经过教师讲解和提出改进意见，学生课下基于小组思维导图的基础上绘制属于个人的知识点思维导图，并上传于教学平台，大家可以分享交流，每个同学绘制的思维导图更能够体现学生个人的认知方式和对本节课知识点的理解。

（2）学生课下在平板学生端完成由教学平台推送的“课后测试试卷”，完成后提交由平台直接批改并推送答案，学生查看得分和答案，记录学习总结或在平台上形成错题本供以后使用。

（3）对于学生在上课之后仍然存在疑惑的问题，可以通过线上师生共同讨论的方式解决。

2. 课后进阶提升习题及参考答案

针对课上学习情况和本节课知识学习的重难点，形成课后习题。课后习题依据题目难度水平分为夯实基础题和拔高训练题，在学生平板端显示学生课前以及课上学习成果。老师通过平台推送两套试题，由于本校学生绝大多数是未被本县重点高中录取的学生，基础比较薄弱，因此要求学生先完成基础题，之后学有余力的学生可以去完成拔高训练题。

课后夯实基础题

1. 下表节选自东汉许慎的《说文解字》，说明（　　）。

象形字	指事字	会意字	形声字
364 字	125 字	1167 字	7697 字

A. 汉字具有强大的生命力　　B. 文字统一成为一种趋势

C. 文字推动社会治理进步　　D. 象形字失去了生活用途

2. 北京大学教授李志敏评价怀素擅长的书写字体时说：“奔逸中有清秀之神，

狂放中有淳穆之气。”下列与其评价中的书写字体风格一致的作品是（　　）。

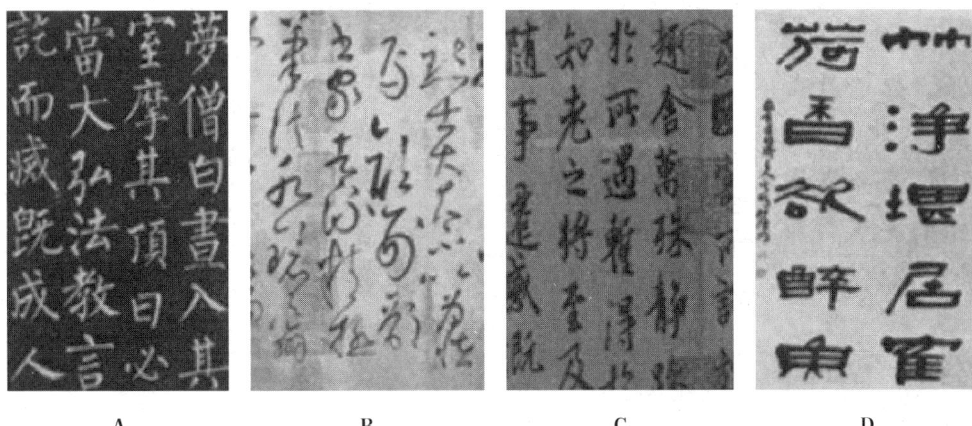

3. 张择端的《清明上河图》是中国绘画的杰作，带有浓厚的时代气息，呈现出艺术内容世俗化的倾向。其原因在于（　　）。

A. 商品经济发展　　B. 社会思潮变化

C. 传统文化影响　　D. 社会上层倡导

4. 京剧脸谱是根据某种性格、性情或某种特殊类型的人物而采用某些色彩的，具有“寓褒贬，别善恶”的艺术功能。如红色脸谱表示忠诚耿直、热情吉祥；黑色脸谱表示豪爽粗暴、刚正不阿。由此可知，京剧脸谱艺术（　　）。

A. 注重人物性格的多变　B. 具有社会教化的功能

C. 折射了社会伦理秩序　D. 表明了戏剧艺术成熟

5. 下图为唐代著名画家阎立本的《步辇图》，描绘了唐太宗李世民接见吐蕃使臣的情景。该作品体现了（　　）。

A. 西域风情与中土文化的交汇　B. 文人意趣与市井风情的杂糅

C. 艺术审美与史料价值的统一　D. 现实主义与浪漫主义的融合

6. 昆曲在明万历年间被视为“官腔”，到清代被誉为“雅乐”“盛世元音”，宫廷重要活动常有昆曲演出，江南地区“郡邑大夫宴款不敢不用”，甚至“演戏必请昆班，以示府城中庙会之高雅”。这些史实表明，昆曲在明清时期的流行是因为（　　）。

A. 陆王心学广泛传播

B. 吸收了京剧的戏曲元素

C. 社会等级观念弱化

D. 符合士大夫的文化品位

答案：1. A　2. B　3. A　4. B　5. C　6. D

拔高训练题

1. 明末清初书画家陈洪绶说：“今有人焉，聚徒讲学，禁民为非，人无不笑且诋也。伶人献俳，喜叹悲啼，使人之性情顿易，善者无不劝，而不善者无不怒。”其意在强调（　　）。

A. 理学正统地位的动摇　　　　B. 戏曲艺术的批判现实性

C. 戏曲艺术的教化作用　　　　D. 世俗文化源于大众生活

2. 中国古代戏曲的发展经历了漫长的过程，请阅读下列材料。

材料一：

（东京）街南桑家瓦子……瓦中多有货药、卖卦、喝故衣、探搏、饮食、剃剪、纸画、令曲之类。

——（宋）孟元老《东京梦华录》卷二

材料二：

梨园演戏……两淮盐务中尤为绝出。例蓄花、雅两部，以备演唱，雅部即昆腔，花部为京腔、秦腔、弋阳腔、梆子腔、罗罗腔、二簧调，统谓之乱弹班。

——（清）钱泳《履园丛话》卷十二

材料三：

金阊（今苏州城西北）商贾云集，宴会无时，戏馆数十处，每日演剧。

——（清）顾公燮《消夏闲记摘抄》卷上

材料四：

豆棚茅舍，邻里聚谈，父诫其子，兄勉其弟，多举戏曲上之言词事实，以为资料，与文人学子之引证格言、历史无异。

——高劳《东方杂志·农村之娱乐》卷十四

请回答：

（1）材料一中的“瓦子”又名“瓦舍”，它指的是什么？

（2）根据材料一、材料二、材料三结合所学知识，分析戏曲发展的主要原因。

（3）材料二中的“花、雅两部”不断融合兼收，最终导致哪一剧种的形成？根据材料三、四，概括戏曲的主要社会功能。

答案：1. C。2.（1）娱乐演艺场所。（2）商业的发展，城市的繁荣，市民阶层的扩大。（3）京剧。休闲娱乐功能，社会教化功能。

3. 教师与学生创制生成的教学资源

课堂上同学们一起讨论解决了探究问题：如何对待中国传统文化？

传统文化是民族的符号，要加以珍惜、保护；

对传统文化要理性、批判地继承；

要让传统文化与时俱进，充满活力；

中国传统文化是世界文化的重要组成部分，要发扬光大，让世界了解中国。

4. 学生学习质量评价方案

本节课的过程性评价分为课前学习、课中学习和课后学习三个不同阶段，而且不同评价阶段评价主体存在差异。课前学习评价主要由教师完成，评价内容依据网络教学平台提供的学习数据，包括平台上的班级成绩、个人成绩、任务点完成情况、线上作业完成情况等，此部分赋分占总评成绩的 40%。课中学习评价由教师和学生共同完成，课中学习评价占总评成绩的 40%。评价依据主要是学生和各学习小组在自主学习任务汇报及课堂主题讨论活动中的综合表现。此部分评价中教师评分的赋分占总评成绩的 35%，学生小组间评价的赋分占总评成绩的 15%。课后学习评价由教师和学生共同完成，占总评成绩的 20%。学生课后根据课堂教师答疑及组间交流的情况，将自主学习任务进一步完善整理后发布于平台，利用平台的评价功能对各小组的学习任务完成情况进行评价。其中，教师评价和学生组间评价各占总评成绩的 10%。

案例八 地理学科案例“地理环境的差异性”

一、教师基本情况介绍

姓　名	崔玉阁	执教年级	高中二年级
教材情况	山东教育出版社《地理》选择性必修一		
职　称	中学一级教师		
个人简介	辽宁师范大学硕士研究生，现任济宁一中地理教师、备课组长。荣获济宁市第八批教学能手称号，获中国教育电视优秀教学课例一等奖，山东省高中地理德育优质课一等奖，济宁市地理优质课一等奖，济宁市“一课一优”优质奖，荣获济宁市教育教学先进工作者称号，多次获得济宁一中“优秀教师”等荣誉称号。		
所在学校情况介绍	济宁市第一中学依托丰厚的文化积淀，秉承百年优良传统。以习近平新时代中国特色社会主义思想为统领，深入开展“不忘初心 牢记使命”主题教育，坚持立德树人，质量立校，解放思想，更新观念，改进作风，把握机遇，不断探索素质教育规律，加强学科建设，强化课程建设和实施能力，改进教育教学管理机制。 近年来，学校注重开发以学科为依托的拓展类课程，拓宽奥赛、创新、自主招生等校本课程设置，探索艺体选修课和专业训练课相结合的课程设置，构建学校特色类课程。完善和拓展以社团活动、社会实践、社会资源开发利用为主要内容的立体化培养模式。学校高考本科录取率、重点率、高分率、名校率均在全市遥遥领先，进入全省领先行列。在济宁市人民政府设立两年的嘉奖中，学校连续两次被授予“济宁市高中教育功勋学校”光荣称号，进一步凸显了综合性、示范性、高端性办学思路，展示了百年一中文化育人成效，给城区人民交上了一份满意的答卷。		

二、案例基本情况介绍

案例题目	地理环境的差异性
课　型	新授课☑　习题讲评课□　专题复习课□

续表

案例涉及的教学内容介绍	1. 自然带的基本概念 不同地域由于所处的纬度位置和海陆位置不同，水热状况及其组合不同，形成了不同的代表性植被和土壤，并在地球上呈带状分布，构成了自然带。 2. 水平地域分异规律 从赤道到两极的地域分异：地球表面获得的太阳辐射随着纬度发生变化，导致热量由赤道向两极方向递减。受其控制，形成了大致与纬线平行、沿东西方向延伸南北方向更替的热量带。 3. 从沿海到内陆的地域分异 受降水空间分布的影响，自然带表现出平行于海岸方向延伸、垂直于海岸方向更替的地域分异规律。 4. 垂直地域分异 地表景观（如植被、土壤等）随高度发生有规律的更替现象——垂直地域分异。 山地自然带的发育程度往往与该山体所在纬度及相对高度有关，通常纬度越低，山体越高，自然带越丰富。 垂直地域分异规律：山麓自然带与当地自然带一致；垂直地域分异类似于水平地域分异；山体的纬度越低，相对高度越高，自然带谱越丰富；同一自然带分布向阳坡高于背阴坡；迎风坡雪线低，背风坡雪线高。 5. 非地带性分异 某些地区因受海陆分布、地形起伏和洋流等因素的影响，往往表现出与上述规律不相吻合的现象，称为非地带性现象。
案例的自我评价	智慧课堂教学实施之后，我依据学习平台对整个学习过程的记录，仔细分析对比了学生课前对自主学习任务的完成情况和课后小组最终提交的任务完成情况，认为学生最后提交的思维导图都体现了对地域分异规律的深入理解。 在教学过程中充分发挥智慧课堂高效反馈性和个性化学习的优势，通过对地域分异规律的学习，了解地理环境差异性的分异规律；提高学生读图和语言表达能力，培养学生的地理空间思维能力；运用地理环境差异性的原理，分析人类生活和生产中的现象。 可以认为，经过整个智慧课堂的学习，基于“地理环境差异性”一节的课程内容，学生能够尝试运用所学的地理知识和技能对“世界陆地自然带分布图”进行分析，并可以图文转换；学会与他人合作，并学会从学习中发现问题和解决问题；运用适当的方法和手段表达、交流、反思自己学习本节课的体会和见解，培养了学生的地理学学科核心素养。

三、案例正文

（一）案例背景介绍

崔玉阁老师是济宁市第一中学的地理骨干教师，除了在地理学教学方面有着过硬的专业素养之外，她还精通信息化技术，负责济宁市第一中学平板班级的地理信息化资料、信息化设备的管理等工作。在学校决定开展智慧课堂的教学实践时，崔玉阁老师当仁不让地成为智慧课堂地理实验班的负责人，展开了相关的实践研究工作。

“地理环境的差异性”是鲁教版《地理》选择性必修一中的内容，这部分内容的学习除了能帮助学生认识自然带的概念、水平地域分异、垂直地域分异和非地带性分异外，还要求学生培养正确的劳动价值观；通过组内合作探究等环节，培养学生集体观念，提高集体意识。“一带一路”倡议的引入可帮助学生理解其战略意义，培养爱国主义情操。通过济宁市国家文明城市的创建，从乡土地理入手，培养学生热爱家乡、建设家乡的目标。那么，崔玉阁老师是如何在信息技术的支持下通过智慧课堂来上好这一堂课的呢？

（二）课前阶段教与学活动的设计与组织

1. 课前教与学活动设计方案

教师：在学习平台上发布自主学习任务单及学习资源，在学生完成自主学习任务之后，整理统计学生反馈的共同疑难问题，并线上解决个别同学的疑难问题。

学生：仔细阅读自主学习任务单的学习指南部分，把握学习目标、重点，根据教学系统平台上提供的本节重难点知识的提示，依据学习方法的指导依次完成自主学习任务，结合观看教学微视频、教材学习、教学课件学习，初步掌握本节的主要内容，完成导学案。将遇到的疑难问题于自主学习任务单中“困惑与建议”部分向教师反馈。最后阅读课堂活动预告，为课中学习做好准备。

【困惑与建议】

学生：老师，水平地域分异、垂直地域分异和非地带性地域分异规律，三者有什么区别？

教师：水平地域分异主要适用在水平方向，由于热量和水分差异导致的自然带的变化，垂直地域分异主要是不同海拔高度下水分条件、热量状况及其组合的垂直变化产生的差异，而非地带性地域分异规律则是因受海陆分布、地形起伏、洋流、水资源的影响，表现出和上述分异规律不相吻合的现象。

2. 自主学习任务单

一、基础信息	
课程名称	第五单元第一节“地理环境的差异性”
教材情况	鲁教版《地理》选择性必修一
授课对象	高二年级选学地理的全体学生
开课学期	2020—2021 学年第一学期
课堂授课地点	高二选学地理各班
网络授课平台	希沃平台

续表

二、学习指南	
学习内容	地理环境的差异性
课前学习 拟达成目标	一、知识目标 1. 认识地域差异，了解地理环境差异性的分异规律。 2. 提高学生的读图和语言表达能力，培养学生的地理空间思维能力。 3. 运用地理环境差异性的原理，分析人类生活和生产中的现象。 二、能力目标 1. 尝试运用所学的地理知识和技能对“世界陆地自然带分布图”进行分析，并可以图文转换。 2. 学会与他人合作，并学会从学习中发现问题和解决问题。 3. 运用适当的方法和手段，表达、交流、反思自己学习本节课的体会和见解。 三、德育目标 1. 通过校园内值日生劳动场景，培养学生正确的劳动价值观。 2. 通过组内合作探究等环节，培养学生集体观念，提高集体意识。 3. 通过引入“一带一路”倡议，理解其战略意义，培养爱国主义情操。 4. 通过济宁市国家文明城市的创建，从乡土地理入手，培养学生热爱家乡、建设家乡的情感。
本节知识重点	1. 自然带的分布规律； 2. 水平地域分异的分类及实际应用； 3. 垂直地域分异规律的表现及实际应用； 4. 非地带性地域分异规律分布的地区。
学习方法建议	案例探究与问题讨论，引导学生开展自主学习、合作探究等学习活动。
三、课前任务	
课前自主学习任务	1. 根据教学系统平台上提供的本节重难点知识的提示，结合观看教学微视频、教材学习、教学课件学习，初步掌握本节的主要内容，完成导学案。 2. 通过 PPT 展示微信图片，让学生直观感受南方与北方地理环境的巨大差异。 3. 师：以手中落叶引出为什么植被落叶，从而归纳气候影响植被。 树叶观察：每个小组都有一份树叶资料，这些树叶分别是法桐叶、冬青和松树，区别很大。为什么会有这样的区别呢？ 师：我们了解了身边的植被特点，下面我们通过叶片去认识更多的植被，首先我们一叶看中国。 美文欣赏：古往今来，文人雅士喜欢把自己的情感寄托于自然环境，那么下面我们一起来欣赏分布在全国各地的多姿多彩的植被。 （承转）这是大陆东部季风气候区的植被类型，那么大陆西部有哪些植被景观呢？我们通过考察路线来一叶看世界。
课前学习效果检测	利用平台上的考试模块完成对本节知识内容学习效果的检测。

续表

四、困惑与建议	
课前学习后存在的疑难与困惑	
对教师课堂授课内容与形式的建议	
五、课堂活动预告	
教师精讲	针对学生课前学习过程中存在的疑惑进行重点讲解，并通过希沃平台上课前学习效果检测结果，对存在较多的知识点进行讲解。
课前学习任务汇报与研讨	各小组对于课前自主学习任务汇报交流，教师对汇报进行点评。

3. 自主学习效果检测习题、答案及评分细则

略。

4. 课前教师任务与学生任务说明

课前阶段教师的主要任务是完成自主学习任务单的设计与开发，并依据自主学习任务进行教学资源的收集、设计、开发与整合，并将自主学习任务单与教学资源上传到学习平台。学生根据自主学习任务单的指导和教师设定的学习任务，通过观看微课获取知识基础，并在教师提供的其他辅助学习资源支持下完成学习任务和习题检测。而后学生将自主学习过程中遇到的问题与疑惑反馈给教师，教师据此并结合课前习题检测了解学生课前学习状况，对学习者的问题进行精准分析，利用网络或在课堂教学过程中给予有针对性的问题解答和学习指导。教师可据此开展智慧课堂教学活动的设计与组织，有针对性地给予学习者学习方法指导和适当的决策支持服务。

（三）课中阶段教与学活动的设计与组织

1. 课中教与学活动设计方案

师：我们了解了身边的植被特点，下面我们通过叶片去认识更多的植被，首先我们一叶看中国。

古往今来，文人雅士喜欢把自己的情感寄托于自然环境，那么下面我们一起来欣赏分布在全国各地的多姿多彩的植被。

（承转）这是大陆东部季风气候区的植被类型，那么大陆西部有哪些植被景观呢？我们通过考察路线来一叶看世界。

（合作探究）：我给同学们一条考察路线，①—⑧依次对应哪些气候类型呢？每个气候区又对应哪些植被呢？每个小组首先粘贴 8 种气候类型，然后粘贴每个气候区对应的植被景观图片。以小组为单位进行探究，最后请小组代表上台展示作品，其他小组参照展示作品对自己的作品进行相应的修正。

（1）疑难突破

学生以小组的形式划分为6个学习小组展开交流讨论，小组合作对课前自学的“自主学习”“合作交流”“训练巩固”部分内容进行交流，解决同伴间的疑难问题。参考老师平板推送的解析指导，自主核对自主学习导学案，组内成员互相展示自主学习导学案，相互讨论你掌握了哪些知识，对哪些知识还有疑惑，共同解决课前自主学习中的疑难困惑并进行反馈。

（2）展示交流

学生小组之间相互展示自主学习任务单的完成结果，并对任务单当中“理想大陆自然带分布”的案例相互交流解决方案，共同解决课前自主学习中的疑难困惑并进行反馈，实在无法解决的可以寻求老师帮助，老师解答大家的共性问题。由三个小组分别选出一名代表对“理想自然带”的问题进行展示交流，教师完善、总结学生的展示情况。

【课堂探究一】畅游世界，认识植被

（1）探究材料

每组一套资料袋（内装：大尺寸的北半球气候分布理想模式图、写有气候名称的双面贴、不同自然带景观图片）。

（2）探究活动任务

①贴一贴：根据老师给出的考察路线，复习回顾前面所学“世界主要气候类型分布图”，粘贴下面左图“北半球气候类型分布理想模式图”。把每一组资料袋中的自然植被景观图片（每一幅左下角编号 A 到 H）和“气候模式图”（序号①到⑧）配对。

★提示：小组代表展示程序：如序号 1 对应气候类型为______（名称），对应的植被景观图片为______（字母）。

②填一填：根据老师提问在右图的自然带图中填写相应的自然带名称。

（3）练习巩固

针对学生自主任务学习单和课上学习情况推送课上练习，学生在平板上作答并上传到平台，教师可以看到学生完成情况。针对学生易错知识点“地域分异规律”进行习题操练与教师针对性精讲，巩固疑难知识点。

（4）总结归纳

回顾本节所学关于地理环境差异性内容，小组合作完成本节课思维导图绘制，小组用平板屏幕共享的方式展示交流，教师总结发言。小组选出代表总结本节课所学知识，反思学习过程中出现的问题，教师补充完善，对进一步的学习提出建议。

2. 课中随堂巩固习题、答案及评分细则

学生在教师引导下完成表格“地理环境差异性”，并完成随堂练习题。课中习题用于检测学生经过小组讨论和组间展示交流之后的学习成果，看学生的知识掌握是否相较于课前学习有一定的提高。在习题中，对重难点知识点进行进一步的考查，要求学生提高读图和语言表达能力，提升地理空间思维能力，会运用地理环境差异性原理分析人类生产和生活中的现象。课中随堂练习的答题情况会上传至教师端平台，教师可以掌握学生的学习效果。（习题及答案略）

3. 课中教师任务与学生任务说明

（1）通过 PPT 展示微信图片，让学生直观感受南方与北方地理环境的巨大差异。“正所谓你在北方大雪纷飞，他在南方骄阳似火。地理环境的差异性是绝对的，今天我们就来学习第三单元第一节——地理环境的差异性”，以此来激发学生对本节课的学习兴趣。

（2）小组合作对课前自学的“自主学习”“合作交流”“训练巩固”部分内容进行交流，解决同伴间的疑难问题，仍解决不了的问题，由小组代表进行展示，由解决了该问题的其他小组讲解，教师负责补充及精讲。

（3）通过活动我们已知地理环境是有差异的，差异性的背后是有章可循的，这个章就是地域分异规律，我们继续分析。古有张骞出使西域开创了举世闻名的丝绸之路，今有习近平主席提出的“一带一路”倡议。什么是“一带一路”，有什么样的意义呢？首先来看视频。看图归纳总结规律。教师完善、总结学生的展示情况。

（4）观看“一带一路”视频，以小组为单位总结并展示完成地理环境差异性的总结，交流探讨在现实生活中的反映。

（5）完成教师推送的当堂检测习题，巩固课堂教学所学知识，教师完成讲解。

（6）通过“一带一路”的学习，我们认识了地理环境是有差异的，并且这个差异是普遍存在的，学习是为了应用，下面我们来进行案例剖析。（提问）同学们，这两个案例反映了哪种地域分异规律？

总结：认识地理环境的差异性和地域分异规律，有利于树立“因地制宜”的思想，充分发挥地区优势，扬长避短，合理安排生产、生活。选出代表总结本节课所学知识，反思学习过程中出现的问题，教师补充完善，对进一步的学习提出建议。

（四）课后阶段教与学活动的设计与组织

1. 课后教与学活动设计方案

小组针对在课堂初步完成的“地理环境的差异性”思维导图，适合教师点评和提出的改进意见，进一步完善思维导图，形成本节课知识点完整的逻辑框架。

学生课下在平板学生端完成由教学平台推送的“课后同步测试 A 卷”或“课后同步测试 B 卷”，完成后提交由平台评分并推送答案及其解析，学生查看得分以及答案解析记录学习心得或形成错题档案。

学生对在本节课学习之后仍然存在的疑惑或对同步测试卷中存在的疑难问题可以在平台讨论区和教师或者其他学生进行互动提问，教师随时登录平台解答疑惑，还可以在互动讨论区与学生讨论交流。

2. 课后进阶提升习题、答案及评分细则

依据课上学习情况和本节课知识学习的重难点形成课后习题。课后习题依据题目难度水平分为基础题和拔高题，根据学生平板端显示的学生课前以及课上学习成果，个性化、针对性地向学生推送不同难度的习题作为监测学生学习效果的依据。对于基础较差的学生，平台可以只向他们推送基础题，即“课后同步测试 A 卷”，完成之后若检测结果较好，可以继续答题完成拔高题，即“课后同步测试 B 卷”；对于课上学习成果较好的同学可以直接向他们推送拔高题，即“课后同步测试 B 卷”，完成之后他们可以自由决定是否做“课后同步测试 A 卷”，不做强制性要求。

提升习题、答案及评分细则（略）。

3. 教师与学生创制生成的教学资源

学生课上小组合作完成了本节课的思维导图，但课上完成的部分较为简单，还不能完整的体现本节课知识点和逻辑框架，经过教师讲解和提出改进意见，学生课下基于小组思维导图绘制个人的思维导图，并上传于教学平台，大家可以分享交流，每个同学绘制的思维导图更能够体现学生个人的认知方式和对本节课知识点的理解，还能够学习思维导图应用软件的使用方法。

（五）学生学习质量评价方案

本节课的过程性评价分为课前学习、课中学习和课后学习三个不同阶段，且不同评价阶段评价主体存在差异。课前学习评价主要由教师完成，评价内容依据网络教

学平台提供的学习数据，包括平台登录次数、在线时长、任务点完成情况、线上作业完成情况等，此部分赋分占总评成绩的 40%。课中学习评价由教师和学生共同完成，课中学习评价占总评成绩的 40%。评价依据主要是学生和各学习小组在自主学习任务汇报及课堂主题讨论活动中的综合表现。此部分评价中教师评分的赋分占总评成绩的 35%，学生组间评价的赋分占总评成绩的 15%。课后学习评价由教师和学生共同完成，占总评成绩的 20%。学生课后根据课堂教师答疑及组间交流的情况，将自主学习任务进一步完善整理后发布于平台，利用平台的评价功能对各小组的学习任务完成情况进行评价。其中，教师评价和学生组间评价各占总评成绩的 10%。

案例九　地理学科案例“服务业区位因素”

一、教师基本情况介绍

<table>
<tr><td>姓　　名</td><td>孙海杰</td><td>执教年级</td><td>高中一年级</td></tr>
<tr><td>教材情况</td><td colspan="3">中国地图出版社《地理》必修二</td></tr>
<tr><td>职　　称</td><td colspan="3">中学一级教师</td></tr>
<tr><td>个人简介</td><td colspan="3">2004 年毕业于山东师范大学地理科学专业。
从教以来《让幽默使地理课堂活起来》《地球的运动——自转与公转》《小班化教育教学实施过程中的问题及对策》等论文先后获奖。获得过省、市级优课，课例《洋流与航海》被评为教育部 2016—2017 年度“一师一优课、一课一名师”活动“优课”。
教学风格幽默，语言诙谐，寓教于乐，善于用鲜活的案例进行教学，启发学生。能够熟练运用现代教育技术进行教学，是学校智慧课堂教学的先行者。</td></tr>
<tr><td>所在学校情况介绍</td><td colspan="3">同第六章 案例二</td></tr>
</table>

二、案例基本情况介绍

案例题目	服务业区位因素
课　　型	新授课☑　习题讲评课□　专题复习课□

续表

案例涉及的教学内容介绍	1. 服务业的概念 服务业指生产和销售服务类产品的部门。 2. 服务业的特征 非实物性、不可存储性和生产与消费同时性等。 3. 服务业的基本分类 生产性服务业，指为生产、商务活动和政府管理等提供服务的部门，具有信息、知识和技术密集型等特点。 生活性服务业，指直接为个体消费者提供服务的部门。 4. 影响服务业的区位因素 ①市场需求。一个地区的市场需求与该地区的人口数量、经济发展水平和居民收入等因素紧密相关。人口越多、经济水平和居民收入越高，市场需求越大，服务种类越多。 ②交通运输。不同类型的服务业对交通运输条件的要求存在差异。 ③劳动力。餐饮、商贸等生活性服务业对劳动力素质要求较低，其区位选择的要求则相对宽泛；高技术服务业和科技服务业等生产性服务业，对劳动力素质要求较高，从业者需要具备专业知识和技术等。 ④政策。政策因素可以影响服务业的空间分布格局。 ⑤地价。大型综合购物中心一般布局在地价高的地方，零售业及其他生活性服务业一般布局在地价较低的地方。 ⑥其他。科技因素对服务业区位的影响越来越强。
案例的自我评价	我执教的教学班中有两个智慧课堂班、三个传统教学班。经过实践对比发现，在课前、课中和课后三个教学环节，智慧课堂教学都发挥了强大的作用。 课前阶段，学生根据学习任务单，明确了学习任务。通过查看推送的文字、图片资料和鲜活的视频资料，提前了解具体的服务业类型，使预习环节更加有效。教师根据课前学生的反馈，及时调整教学策略，使教学更加精准。上课过程中，学生能够全体参与，特别是在角色扮演进行服务业的布局环节表现出极大的学习积极性。通过平台的展示，教师更能清楚学生的个体差异，学生也能从他人的展示中获得新的启发。课后的习题巩固环节能帮助学生落实课堂所学知识，同时也便于教师快速掌握总体学情，及时查漏补缺。 在本节课例中，智慧课堂使学生的个体差异得到了尊重。学生从以往单纯的听讲变成了课堂的主人，从知识的被动接收者变成了主动学习者。

三、案例正文

（一）案例背景介绍

“服务业区位因素”是中图版《地理》必修二第三章第四节的内容，教材对于服务业的介绍比较简练，学生在对服务业深入理解时会遇到困难。在以往的教学中，往往需要花大量时间在课堂上介绍什么是服务业，服务业的具体门类有哪些，而且效果未必很好。而智慧课堂在课前可以为学生推送大量关于服务业的视频、文字等相关资料，开拓了学生的视野，丰富了学生的知识，使课前预习更加有效。而且，课堂上全体学生在平板上现场绘图展示交流，老师进行补充说明，学生可以更好地理解影响服务业区位的因素，同时也培养了学生的综合思维和地理实践能力。另外，课中的随堂检测可以当堂反馈学生对本节内容的掌握程度，教师及时根据数据分析答疑解惑，减少了教学的滞后性，使教学活动可以更有针对性、更加高效，这在以往的课堂教学中是难以做到的。

在智慧课堂学习模式下，借助智能学习终端和云计算技术，学生的学习方式将更加自主。智慧课堂可以以学生喜欢的方式，推送给他们最为需要的学习内容。基于对每一位学生日常学习数据的精准分析，让每一位学生学到真正属于自己的知识。学习不再局限于教材，而是有条件地为每个学生量身定制。借助大数据分析诊断学情后，老师可以了解到学生的薄弱点，在课堂中因材施教。老师还可以通过从云端获取学情数据，了解学生在学习过程中的疑问、困惑，提出解决方案，学生的学习将事半功倍。

（二）课前阶段教与学活动的设计与组织

1. 课前教与学活动设计方案

教师：

（1）设计开发服务业区位因素自主学习任务单。

（2）收集与服务业相关的文字、图片、视频资料，进行分类整合。

（3）针对学生预习可以达到的能力，编写预习检测练习题。

（4）将以上资源推送到学习平台。

（5）收集学生自主学习的问题与疑惑，根据检测练习结果分析学情，及时调整课堂教学策略，使教学更有针对性。

学生：

（1）预习平台上老师发布的各种资料。

（2）根据学习任务单，完成课前自主学习任务和预习检测练习。

（3）将预习和检测练习过程中产生的疑问、困惑反馈给老师。

2. 自主学习任务单

一、基础信息	
课程名称	服务业区位因素
教材情况	中国地图出版社《地理》必修二
授课对象	高一学生
开课学期	2020—2021 学年第二学期
课堂授课地点	高一平板班
网络课程平台	科大讯飞智学网
二、学习指南	
学习内容	第三章第三节“服务业区位因素”
课前学习 拟达成目标	1. 能够说明什么是服务业，理解服务业的含义。（区域认知） 2. 能够举例说出两种基本类型的服务业分别包含的具体种类。（地理实践力） 3. 至少能说明两类身边所熟悉的服务业的区位因素。（综合思维、地理实践力）
本节知识重点	1. 服务业的概念、特征、基本类型。 2. 服务业的区位因素。
学习方法建议	自主学习、合作探究
三、课前任务	
课前自主学习任务	1. 查看老师推送的介绍服务业的相关资料，了解什么是服务业，掌握服务业的特征和基本类型。 2. 想一想自己所了解的服务业，尝试说明其区位因素并依此填写《身边的服务业》调查表格。
课前学习效果检测	完成老师在平台发布的服务业区位因素课前预习效果检测题。
四、困惑与建议	
课前自主学习后 存在的疑问与困惑	1. 第三产业与本节课讲的服务业有什么区别？ 2. 自然条件对服务业区位有影响吗？
对教师课堂授课 内容与形式的建议	

续表

五、课堂活动预告	
教师精讲	重点讲解学生在预习中反馈的困惑,对课前预习效果检测出现的问题重点讲解。
课前学习任务交流	交流“身边的服务业”调查表,总结服务业区位因素。
角色扮演绘图	任意扮演一种角色,在平板上进行服务业布局绘图。

3. 自主学习效果检测习题、答案及评分细则

生产性服务业是与制造业直接相关的配套服务业,是从制造业内部生产服务部门中独立发展起来的产业。据此回答1—2题。

1. 生产性服务业包含的主要部门有(　　)。

①物流服务 ②餐饮服务 ③旅游服务 ④管理咨询 ⑤机构培训

A. ①②③　　B. ②③⑤　　C. ①③④　　D. ①④⑤

2. 关于生产性服务业的叙述,正确的是(　　)。

A. 生产性服务业服务于各生产环节,相对独立,不能形成产业链

B. 发展中国家劳动力丰富,是生产性服务业首先兴起和发展的地区

C. 科学技术的发展可以使生产性服务业的服务方式实现虚拟化

D. 随着产业升级和生产专业化的推进,生产性服务业将会逐渐衰落

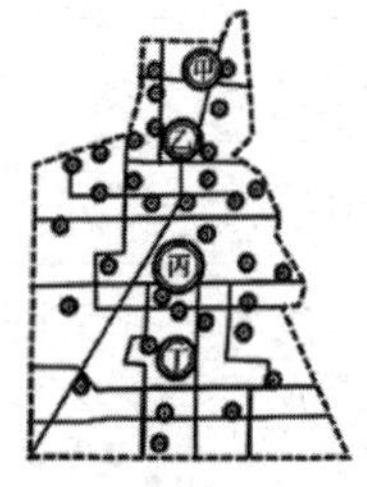

商业网点是指从事商品流通,为生产和生活服务的商业经营场所或在同一区域内统一开发、统一经营或统一管理的综合商业经营场所,包括零售商店、购物中心、商品批发市场、汽车交易市场等。右图为我国某城市商业网点规划图(2015—2030)。据此完成3—4题。

3. 服务范围最大的社区商业中心分布在该城市的(　　)。

A. 中部　　B. 西南部

C. 东南部　　D. 北部

4. 以销售高级商品为主的大型综合性商店适宜布局在该城市的(　　)。

A. 甲　　B. 乙

C. 丙　　D. 丁

5. 美团、饿了么等外卖平台的出现,为足不出户的人提供了便利,改变了我们的生活方式。与到店就餐相比,商家利用手机销售平台外卖可以(　　)。

A. 减轻对交通条件的依赖

B. 减少对市场位置的依赖

C. 不受恶劣天气的影响

D. 不必了解市场需求

答案:1. D　2. C　3. B　4. C　5. B

评分细则:每题2分,满分10分。

4. 课前教师任务与学生任务说明

由于教材中对服务业具体类型的介绍不多，定义与特征比较抽象，所以本节课课前阶段教师的主要任务是搜集和服务业有关的各种资料（文字、图片、视频等），完成自主学习任务单的设计。对学生通过预习可以达到的目标进行预判，合理编写预习检测练习。根据学生通过本节课的学习应该达到的能力编写课后练习题，并合理制定课前、课中、课后的过程性评价方法。学生课前通过查看老师在平台发布的任务清单，认真阅读与服务业相关的图文材料和几个具有代表性的服务业短视频，完成身边的服务业调查表格和预习检测练习，并将预习过程中的疑问与困惑反馈给老师。

（三）课中阶段教与学活动的设计与组织

1. 课中教与学活动设计方案

教学过程	环　　节	学生活动	教师活动
问题导入	疑难突破 1	认真聆听老师对课前反馈和预习检测的讲解，对比其他同学的疑惑，发现不足，及时反馈新的疑问。	平板投屏展示学生反馈较多的疑问与困惑，展示课前预习检测的大数据分析结果。解答学生反馈比较集中的问题，对预习检测进行分析讲评，点明学习重点。
	展示交流 1	在讨论区展示《身边的服务业》调查表格，并对其他同学展示的表格进行评价。	选择有代表性的调查表格进行展示、点评。
生活性服务业区位因素	展示交流 2	在三种角色（京东连锁超市老板、大超市老板、商业综合体老板）中任选一个感兴趣的进行角色扮演，在平板上进行服务业区位布局的绘制，将绘制结果发送至平台展示区域。	平板平台发布课堂活动任务，让学生进行角色扮演，完成生活性服务业的布局设计。
	疑难突破 2	三种典型布局的扮演者分别对自己的布局图进行讲解并阐述理由，其他同学及时质疑补充，讨论总结生活性服务业区位因素。	在每种扮演者中选择布局较为典型的进行展示，并要求相关学生说明布局因素，对学生的阐述、总结进行补充讲解。
生产性服务业区位因素	展示交流 3	拍照上传自己对材料的标注和总结的区位要素，对比不足，完善标注重点和区位因素。	将教材中的案例研究《上海的金融服务业》作为案例进行布置，让学生拍照上传展示所标注的材料要点，要求总结区位优势。
	疑难突破 3	根据老师补充讲解，总结完善区位因素。	展示上海的交通通达度、高校分布等图片，针对上海全融服务业特殊的区位因素做补充说明。

续表

区位因素变化	展示交流 4	在讨论区分析北京中关村电子城衰落的原因，尝试总结影响现代服务业区位因素的变化。	播放北京中关村电子城兴衰和转型的视频。在学生讨论分析后进行补充总结。
课堂练习	练习巩固	完成课上练习，根据答题后的系统反馈查找自己的薄弱知识环节。	推送课堂练习，及时查看学生答题情况，对集中出现问题的当堂予以重点讲解。
总　　结	总结归纳	根据课前和课中的学习，绘制本节课的思维导图，展示对比，发现不足课后改进。	对学生绘制的思维导图进行点评，提出完善建议。

2. 课中随堂巩固练习、答案及评分细则

学生经过课堂学习，应该对服务业区位因素有了新的认识，通过完成课堂练习检验自己的学习效果。课堂巩固习题与预习检测相比应该有一定的深度和广度，能够检验学生经过课堂学习后所达到的能力，让学生真正掌握服务业的特征、分类以及生产性服务业和生活性服务业的区位因素。

3. 课中教师任务与学生任务说明

（1）教师将课前学生的疑问反馈及预习检测的分析数据进行展示，集中解答学生的困惑。

（2）教师布置新的课堂任务，要求学生进行角色扮演并绘图展示所选角色的决策结果。学生自主选择角色，将绘图结果上传至展示平台。教师选取较为典型的绘图并要求相关同学讲解，教师补充提问、说明。

（3）学生自主学习案例《上海的金融服务业》，并将其区位因素进行展示，教师进行总结点评。

（4）学生完成当堂检测练习，教师根据检测情况，重点讲解。

（5）学生自主绘制本节课思维导图，教师进行点评，提出完善建议。

（四）课后阶段教与学活动的设计与组织

1. 课后教与学活动设计方案

（1）学生进一步完善服务业区位因素的思维导图，对本节课的重点形成较为完整的知识建构。

（2）学生完成教师推送的课后巩固练习和提高练习，完成后可以查看得分情况和答案详解，将依然容易出错的练习加入错题本。

（3）教师及时关注学生答题情况，对错误率较高的习题可以录制微课进行发布。

2. 课后进阶提升习题、答案及评分细则

根据学生的课上学习情况，精准筛选课后练习题。分为两个梯度：课后巩固练习和课后提高练习。根据系统的分析数据，要求基础较差的同学必做课后巩固练习，选做课后提高练习；要求基础较好的同学两种题型都要完成。

3. 教师与学生创制生成的教学资源

学生在课上初步完成了服务业区位因素的知识链，经过课上展示与教师点评，学生在课下继续进行完善，有了完整的知识建构。选取具有代表性的思维导图，如图 6-4 所示。

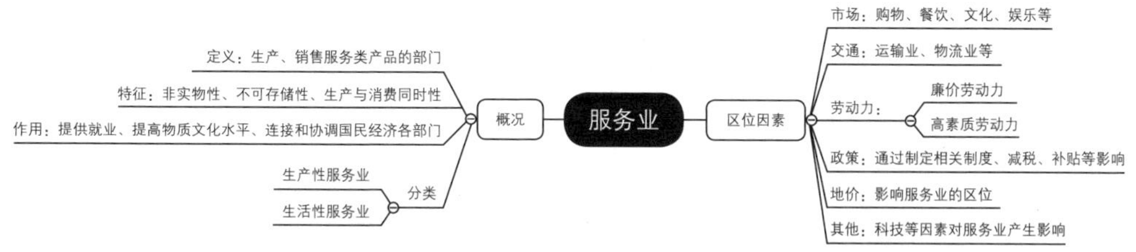

图 6-4 服务业区位因素思维导图

（五）学生学习质量评价方案

评价方案为过程性评价，满分 100 分。

本评价方案包含课前、课中和课后三个阶段。课前赋分 20 分，由教师完成。教师根据平台数据中学生对课前资料的学习情况、课前预习检测结果、自主学习任务单完成情况等进行赋分。课中赋分 50 分，由教师和学生共同完成。教师赋分占比 70%，主要包括课堂任务完成情况、展示交流环节的表现、课堂作业完成情况等。学生赋分占比 30%，主要包括评论区的补充建议、对同学展示图的点赞留言等。课后赋分 30 分，由教师完成。依据包括平台数据显示的课后作业完成质量、课后知识链的完善等情况。